सर्वप्रिय अटलजी

सर्वप्रिय अटलजी

डॉ. सुरेश चंद

प्र
प्रभात प्रकाशन

प्रकाशक • **प्रभात प्रकाशन प्रा. लि.**
4/19 आसफ अली रोड,
नई दिल्ली–110002

संस्करण • 2024
मूल्य • पाँच सौ रुपए
मुद्रक • नरुला प्रिंटर्स, दिल्ली

SARVAPRIYA ATALJI *by* Dr. Suresh Chand ₹ 500.00
Published by Prabhat Prakashan Pvt. Ltd, 4/19 Asaf Ali Road, New Delhi-2
e-mail: prabhatbooks@gmail.com ISBN 978-93-5266-654-6

हिंदी-पटल पर भारत
के बढ़ते मान और
उस अटल को, जिसने हमारे
विस्तार को नई ऊँचाइयाँ दीं
और कहा—
"जय जवान, जय किसान, जय विज्ञान!"

भूमिका

अटल बिहारी वाजपेयी का व्यक्तित्व विलक्षण प्रतिभा से ओत-प्रोत है। उनमें एक विशेष आकर्षण है। उनकी चिंतनशैली और उनके स्वभाव में वह शक्ति है, जो सहज ही किसी भी व्यक्ति को आकर्षित कर लेती है। वे अत्यंत सरल, सहज और दूरगामी दिखते हैं।

वाजपेयीजी का जन्म एक सामान्य ब्राह्मण परिवार में हुआ। उनकी शिक्षा-दीक्षा सामान्य ढंग से हुई, अपने पिता के चौथे पुत्र के रूप में उन्होंने ब्राह्मण परिवार के सभी संस्कार पाए, जो किसी संस्कृत और आस्तिक परिवार से मिल सकते हैं। बाद में उन्होंने अपने कर्तव्यशील जीवन में प्रवेश किया और पत्रकारिता को अपना प्रथम आधार माना। वे लखनऊ से प्रकाशित होनेवाले 'राष्ट्रधर्म' के प्रथम संपादक बने। एक संपादक के रूप में साहित्यकारों और अन्य व्यक्तियों से पहचान करने का उन्हें अच्छा अवसर मिला। इसी बीच उन्होंने राष्ट्रीय स्वयंसेवक संघ में प्रवेश किया और 'पाञ्चजन्य' के संपादक बन गए। पाञ्चजन्य में उन्हें सत्ता के साथ संघर्ष करना पड़ा। इसके बाद उन्होंने इलाहाबाद से प्रकाशित होनेवाले दैनिक पत्र 'स्वदेश' में संपादक का पद ग्रहण किया। यह भी एक विडंबना थी कि इस पत्र के सात अंक ही प्रकाशित हो सके और कार्यालय को सरकार द्वारा सील कर दिया गया। इसके बाद अटलजी कहीं चले गए, लौटकर उन्होंने 'चेतना' साप्ताहिक का संपादन स्वीकार कर लिया। यहाँ एक संपादक के रूप में उन्हें अच्छी कीर्ति मिली। मैं 32 वर्ष लगातार चार पत्रिकाओं का संपादन किया। चारों पत्रिकाओं में मैं सफल रहा। लेकिन मेरा संबंध किसी राजनैतिक दल से नहीं था। इसलिए मेरी जिम्मेदारी एक प्रतिष्ठित पूँजीपति और व्यवसायी तक ही सीमित रही। अटलजी राजनीति में प्रवेश कर चुके थे, इसलिए उन्हें संघर्षों का सामना भी करना पड़ा। मेरी अवधारणा है कि संभवतः इसी संघर्ष के परिणामस्वरूप उनके व्यक्तित्व का बहुआयामी विकास हुआ। जनसंघ, भारतीय जनता पार्टी और फिर राजनीति के शीर्षतम पद

तक पहुँचने में अटलजी सफल हुए। अटलजी के व्यक्तित्व की यह विशेषता रही कि राजनीति में रहने के बाद भी उन्होंने अपने कवि को श्रेष्ठता दी। संभवत: उनका कवि होना ही उनकी सफलता का सबसे बड़ा राज है।

प्रस्तुत पुस्तक में डॉ. सुरेश चंद ने अटलजी के समूचे व्यक्तित्व का चित्रण किया है। जन्म से लेकर भारतीय राजनीति और विश्व भर के नेताओं से मिलना और मिलकर उन पर अपनी छाप छोड़ देना, इसका विस्तार से इस पुस्तक में वर्णन है। आज भी वाजपेयीजी भारत के शीर्षतम राजनीतिक शिखर पर हैं और विश्व राजनीति के क्षेत्र में उनका प्रबल एवं अत्यंत महत्त्वपूर्ण स्थान है। ऐसी स्थिति में सही अर्थों में उनके समूचे व्यक्तित्व की संपूर्ण व्याख्या मेरी दृष्टि में अधूरी ही रहेगी। बहरहाल लेखक ने एक बहुत दुष्कर और कठिन कार्य सँभालने की कोशिश की है। यह लेखक की सहकारात्मक भूमिका है और इसे उनकी कुशलता का परिणाम भी कहा जाएगा। मैं समझता हूँ कि इस दुष्कर कार्य को करने के लिए डॉ. सुरेश चंदजी को अत्यंत कठोर श्रम करना पड़ा होगा, वह इस पुस्तक से स्पष्ट है। मैं इसके लिए सुरेश चंदजी को बधाई देना चाहूँगा।

आदरणीय अटलजी को मैं कई वर्षों से जानता हूँ। मैं उनके सौम्य स्वरूप, ज्ञान की अगाध ऊँचाइयों और मिलने-जुलने की चेतनापूर्ण व मजबूत पकड़ से परिचित हूँ। इस पांडुलिपि को पढ़ने के बाद मुझे विश्वासपूर्वक कहने दीजिए कि लेखक को बहुत सँभलकर और अत्यंत श्रम के साथ काम करना पड़ा होगा। इसका एक कारण यह है कि वे अटलजी के मित्र तो हैं नहीं। ऐसे व्यक्ति के लिए किसी भी व्यक्ति के भीतर के अनजाने मैत्री क्षेत्र में प्रवेश करना कितना दुष्कर होता है। यह दुष्कर कार्य सफलतापूर्वक संपन्न हुआ, यह प्रसन्नता की बात है।

मैं डॉ. सुरेश चंद की इस पुस्तक का स्वागत करता हूँ। प्राय: सभी अटलजी जैसे व्यक्तित्व से परिचित होंगे, लेकिन उनकी समूची जीवन-यात्रा और सफलताओं तथा असफलताओं से मिला विराट् व्यक्तित्व सभी नहीं समझ सकते। यह पुस्तक एक माध्यम के रूप में काम करेगी और सभी पाठकों को अटलजी को पूरी तरह समझने में सहायक सिद्ध होगी।

एक बात और, यदि कोई पाठक अटलजी के किसी एक स्वरूप को ही देखना चाहता है, तो इस पुस्तक में दिए हुए उस अध्याय को देखकर वह उससे पूरी तरह परिचित हो जाएगा। मैं डॉ. सुरेश चंद को इस कार्य के लिए फिर बधाई देता हूँ। उनका श्रम सार्थक हुआ।

—राजेंद्र अवस्थी

आमुख

माननीय श्री अटल बिहारी वाजपेयी भारतीय राजनीति के श्रेष्ठ कीर्तिमान हैं। उनका राजनैतिक और संसदीय जीवन भारतीय गणतंत्र के इतिहास का एक प्रामाणिक प्रतिबिंब है। विलक्षण है उनका व्यक्तित्व, अद्वितीय है उनका कृतित्व।

भारतीय राजनीति में और संसदीय मर्यादाओं के निर्वाह में माननीय श्री अटल बिहारी वाजपेयी ने जो अनुपम अवदान दिया है, वह स्वर्णाक्षरों में अंकित होने योग्य है। विपक्ष और पक्ष दोनों ही में वाजपेयीजी ने जो दृष्टि दी, दृष्टि को जो विस्तार दिया, विस्तार को जो सौष्ठव और दिशा दी तथा उस दिशा को, जो शब्द और अर्थ दिए, उनकी अपनी एक अलग पहचान है, एक मनोहर छवि है, एक वैचारिक आधार है और एक व्यावहारिक धरातल है। भारतीय राष्ट्र का यह प्रामाणिक स्वर भारतीय जनमानस को पाँच दशक से सम्मोहित है और राष्ट्रीय सोच को तराशता तथा सँवारता रहा है। उनकी वाणी में अर्थ संपृक्त होता है, संस्कृति का संदर्भ जुड़ता है, राजनैतिक आकांक्षाओं के आयाम जीवंत होते हैं और समूचे राष्ट्र को अनेकता में एकता और एकता में शक्ति के संचार की अनुभूति होती है।

सांसद के रूप में, संसदीय दल के नेता के रूप में, विदेश मंत्री के रूप में और फिर प्रधानमंत्री के पद पर उन्होंने भारत को एक कुशल एवं सशक्त नेतृत्व दिया। उन्होंने 'न दैन्यं न पलायनम्' का मंत्र देते हुए स्वाभिमान का चिंतन और समाधान का मानचित्र दिया। उनका जीवन इंद्रधनुष की प्रत्यंचा की तरह रहा है और अनुपम का उपमेय रहा है। इसलिए मैंने उनको समकालीन शरसंधान कालजयी दृष्टांत माना है। माननीय श्री अटलजी की पिछली वर्षगाँठ पर मैंने कविता की कुछ पंक्तियाँ लिखीं थीं, उनको उद्धृत करते हुए एवं लेखक को गागर में सागर की प्रस्तुति के लिए बधाई देते हुए अपनी वाणी को विराम देता हूँ—

(1)

युगपुरुष, यशस्वी जननायक,
इतिहास-पुरुष, लो अभिवंदन।
तुम स्वाभिमान, तुम समाधान,
शत शरद जियो, लो अभिनंदन।।

(2)

बरसों का मंथन-चिंतन था,
तुम जब बोले, भारत सस्वर।
शब्दों को अभिनव अर्थ दिए,
चैतन्य देश का हुआ मुखर।।

(3)

यह प्रत्यंचा इंद्रधनुष की,
शरसंधान तुम्हारा अनुपम।
समकालीन सव्यसाची का
कालजयी दृष्टांत मनोरम।।

(4)

थी कठिन मुहिम, राहें मुश्किल,
क्षमता, साहस, संकल्प अचल।
रणनीतिकुशल, सिद्धांत अटल,
तुम सहज, सरस, सहृदय निश्छल।।

(5)

तुम अद्‌भुत शिल्पी, निर्माता,
सपनों को आकार दे रहे।
आनेवाली पीढ़ी को तुम,
एक नया संसार दे रहे।।

—डॉ. लक्ष्मीमल्ल सिंघवी

प्रस्तावना

ऐतिहासिक पुरुष अटलजी का जीवन, अध्यवसाय, उदारता, परोपकार, दूसरों को चेतना देने वाली भक्ति, प्रेरणा एवं सहयोग, महान् गुणग्राही, जन्मभूमि एवं कर्मभूमि के प्रेमी आध्यात्मिक पुरुष छल-प्रपंच के विरोधी, महान् अनुशासन प्रेमी, युग-प्रवर्तक पुरुष के रूप में अद्यतन प्रथम पंक्ति में अग्रसर दिखाई पड़ता है। उनका जीवन एक आदर्श जीवन कहा जा सकता है। जिसके प्रति वे अपनी जिम्मेदारी अनुभव करते हैं, उसका बड़ी तत्परता से निर्वाह करते हैं। राष्ट्रभाषा हिंदी के खड्गहस्त समर्थक व हितैषी ही नहीं, बल्कि हिंदी साहित्यकारों तथा पत्रकारों के भी हितैषी हैं। कवि स्वभाव से ही बड़े भावुक होते हैं। भाव पर ही वे रीझते भी हैं। अटलजी में रिझा लेने वाला भाव प्रचुर मात्रा में है। प्रतिभा और पुरुषार्थ के पुंज, हिंदी के प्रति निष्ठा, शुद्धता के प्रतीक, हृदय एवं वचन के धनी, अद्भुत संगठन शक्ति, बेजोड़ प्रत्युत्पन्न मतित्व, विनोदी स्वभाव वाले अटलजी उदार, मनस्वी और सामाजिक, राजनीतिक, चरित्रवान प्राणी हैं। उनके जीवन में सार्वजनिक हित की अनंत जीवन रश्मियाँ प्रस्फुटित होती रहती हैं। ऐसा व्यक्तित्व कहीं-कहीं ही प्राप्त होता है। ठीक ही कहा गया है—

शैले-शैले न मणिक्यं, मौक्तिकं न गजे-गजे।
साधवो न हि सर्वत्र, चन्दनं न वने-वने।।

ऐसे महान् पुरुष, जिनकी प्रतिभा सर्वत्र प्रकाशशील रहती है, कभी-कभी जन्म लेते हैं। वह साथियों के सच्चे साथी, गुरुओं के गुरु, कर्मयोगियों में कर्मठ, महानता की प्रत्यक्ष मूर्ति है। उनके विषय में कुछ लिखना सूर्य को दीपक दिखाना है। वे अदम्य उत्साह, विलक्षण शक्ति, अपूर्व सफलता और अनुपम लोकप्रियता के धनी हैं। गीता में भगवान् कृष्ण अपने प्रिया सखा पार्थ से कहते हैं—सव्यसांची, जो बीत चुका है, उसे हम पुनः प्राप्त नहीं कर सकते, क्योंकि वह भूत में विलीन हो

गया और आगे आनेवाला है, उसे हम जानते नहीं। इसलिए हमारा जो वर्तमान है, उसे संपूर्ण दृष्टि से, पूरी निष्ठा के साथ उस परिणाम तक पहुँचा, जो मात्र व्यष्टि के लिए नहीं, समष्टि तक आधार बन सके, इसलिए वे पातंजलि के योग दर्शन योग: चित्तवृत्तिनिरोध: के सामानांतर एक दूसरी सोच देते हैं। दूसरा दर्शन देते हैं, एक ऐसा दर्शन प्रस्तुत करते हैं, जिसका लोहा मानना ही पड़ता है। योग: चित्तवृत्ति निरोध: नहीं, योग: कर्म कौशलम्, इसी कर्म-कौशल के पर्याय हैं श्री अटल विहारी वाजपेयी, जो इस पुस्तक के मूल में हैं।

मुझसे जहाँ तक बन पड़ा है अथवा जहाँ तक मेरी लेखन-शक्ति रही है, मैंने उसे पिरोने का प्रयास किया है, फिर भी यदि कोई त्रुटि रह गई हो, संदर्भ में व्यतिक्रम हो, उसके लिए मैं विद्वत् समाज से क्षमा चाहूँगा व सुझाव के लिए आग्रह करूँगा। इस पुस्तक को अटल समग्र नहीं कहा जा सकता। अटल अटल है। अटल था और आगे अटल रहेगा। अटलजी अब अपने छंद के माध्यम से यह कहते हैं कि रार नहीं ठानूँगा, हार नहीं मानूँगा। उस समय उनका कवि रूप भारतीय दर्शन को अथवा भारतीय विचारधारा को पूर्ण रूप से प्रस्तुत कर देता है। कबीरदास का कहना है—त्यों धर दीनी चदरिया, ज्यों मेरा भी यह विचार है कि एक थे कबीर और एक हैं अटल जैसी मिली, वैसी धर दीनी चदरिया।

इस पुस्तक के लेखन में प्रत्यक्ष या परोक्ष रूप में मेरे बहुत से मित्रों व शुभचिंतकों ने सहयोग दिया। मैं उन्हें हृदय से साधुवाद देता हूँ। इस पुस्तक की भूमिका लिखने में श्रेय माननीय राजेंद्र अवस्थीजी ने जिस अपनत्व का परिचय दिया, मैं अपना सौभाग्य व उनका आशीर्वाद मानता हूँ। उनका डॉ. लक्ष्मीमल़जी सिंघवी ने अटलजी के पूरे व्यक्तित्व को छंदों के माध्यम से जिस तरह पिरोया है, हृदय से आभार व्यक्त करता हूँ व अपने प्रति उनका स्नेह व आशीर्वाद मानता हूँ।

इस पुस्तक के लिए सामग्री चयन की बहुत बड़ी चुनौती थी। इसके लिए मैंने दिल्ली के भारतीय जनता पार्टी के कार्यालय एवं पुस्तकालयों से संपर्क किया। इसी क्रम में केंद्रीय सचिवालय एवं दिल्ली विश्वविद्यालय के पुस्तकालयों के साथ-साथ पत्र-पत्रिकाओं के कार्यालयों में जाकर सामग्री की खोज एवं अध्ययन करता रहा। मुझे इस कार्य में अनेक केंद्रीय राजनेताओं, जिनमें कुछ विपक्ष के भी थे, लेखकों, पत्रकारों, संगीतज्ञों इत्यादि से पर्याप्त सहयोग मिला। इस दुष्कर कार्य हेतु हिंदुस्तान के अन्यान्य क्षेत्रों से एकत्र की गई सामग्री को सुव्यवस्थित करने में डॉ. दुबे का विशेष योगदान रहा। डॉ. आर.जे. विश्वकर्मा ने इस पुस्तक के संपादन

व प्रस्तुतीकरण में जो सहयोग दिया, उसका ही परिणाम है कि यह पुस्तक पाठकों तक पहुँचने से पहले ही काफी सराही गई है।

मैं उन पत्र-पत्रिकाओं का विशेष आभारी हूँ, जिनके द्वारा आवश्यक विवरण प्राप्त हुए। इसी के साथ महात्मा गांधी काशी विद्यापीठ के अन्य शिक्षकों व गुरुजनों का विशेष आभारी हूँ, जिन्होंने मुझे समय-समय पर प्रोत्साहन दिया। महात्मा गांधी काशी विद्यापीठ में डॉ. जगदीश नारायण दुबे का इस कार्य में विशेष योगदान रहा है, अतएव उनके प्रति सविनय आभार प्रकट करता हूँ।

अंत में अपने पिताजी,. पितातुल्य चाचाजी, सभी परिवारीगण, धर्मपत्नी एवं बच्चों का विशेष आभार व्यक्त करना चाहूँगा, जिनके संतोष और सहयोग के बिना यह कार्य समय पर कभी पूरा न हो पाता।

—सुरेश चंद

अनुक्रम

भूमिका *7*

आमुख *9*

प्रस्तावना *11*

1. अटल बिहारी वाजपेयी : परिचयात्मक विवेचना 17
2. अटल बिहारी वाजपेयी की राजनीतिक यात्रा का क्रमिक विकास 32
3. राजनीति में नवयुग का प्रयोग 67
4. भारतीय राजनीति में नवगठित दल 71
5. अटल बिहारी वाजपेयी की राजनीतिक सक्रियता 85
6. अटलजी की अनोखी कार्यशैली 104
7. देश की अखंडता के प्रति अटल बिहारी वाजपेयी का चिंतन 132
8. देशहित में कठोर कदम 137
9. अटलजी का प्रधानमंत्रित्वकाल : प्रमुख उपलब्धियाँ 171
10. अटल बिहारी वाजपेयी : जनसम्मान्य की दृष्टि में 182
11. उपसंहार 202

संदर्भ ग्रंथ-सूची 207

अटल बिहारी वाजपेयी : परिचयात्मक विवेचना

श्री अटल बिहारी वाजपेयी का व्यक्तित्व हिमालय जैसा उन्नत, सागर जैसा गंभीर और गंगा जैसा पवित्र है। उन्होंने जीवन और सृजन के मंत्र को सिद्ध किया है। वे सिद्ध साधक एवं तपस्वी हैं। उनका किसी के साथ कोई व्यक्तिगत संघर्ष नहीं है। वे शरणागत हुए शत्रु को भी क्षमा कर देते हैं। सफलता उनकी चरणदासी है, साहस उनका सहचर तथा धर्म उनका रक्षक है। देश के प्रति उनकी दृष्टि वसुधैव कुटुंबकम् जैसी है।

अटलजी के व्यक्तित्व में अपूर्व आकर्षण है। उनके विरोधी भी उनके व्यक्तित्व से प्रभावित होकर अंत में उनके ही हो जाते हैं। उन्होंने अपने जीवन की नम्रता, साहस और सहिष्णुता को मानव-सेवा में अर्पित कर दिया है। उन्होंने मानवीय दुःखों का साक्षात्कार किया है, इसीलिए वे मानवता के सच्चे सेवक एवं पुजारी हैं तथा दिन-रात लोगों के कष्ट सुनने में व्यस्त रहते हैं और उन कष्टों का निवारण करने की चेष्टा करते हैं। इसके अनेक दृष्टांत हैं। अन्वेषी अटलजी का पथ अपना है, निजी है। अटलजी ने मानव-विकास की विरोधी शक्तियों को परास्त किया है। उनमें प्रदर्शन नहीं, वास्तविकता पाएँगे। उनकी नई विचारधारा सबको प्रभावित करती है। उन्हें आप कभी कल्पना और भावनाओं के वेग में बहते हुए नहीं देखेंगे। वे अडिग और यथार्थ की आधारशिला पर खड़े मिलेंगे। वे जो कुछ देखते हैं, प्रकृतिस्थ होकर देखते हैं। यही कारण है कि स्वयं के कष्टों से लड़ने वाले इस भागवत पुरुष की आँखों में पराए के कष्टों को देखकर आए आँसू भी आपको दिख जाएँगे। अटलजी की भारतीय एवं सार्वभौमिक जीवनदृष्टि इतनी पैनी है कि जीवन का कोई भी क्षेत्र उनसे बचा नहीं है। दूरदर्शिता उनकी निजी संपत्ति है। उन्होंने एक

नए युग सा निर्माण किया है। वे न केवल युग-पुरुष हैं, वरन् युग-प्रवर्तक भी।

अटलजी से आप जिस विषय पर वार्त्ता करना चाहें, कर सकते हैं। यदि आप उनके समवयस्क होंगे, तो आपको उनसे उचित परामर्श प्राप्त होगा। अगर उनसे छोटे हैं, तो आपको स्नेहपूर्ण शिक्षा और निर्देशन मिलेगा। सार्वभौमिक अटलजी किसी वर्ग-विशेष के नहीं वरन् राष्ट्र-निधि हैं। उनके मुख से आप समस्त समाज और राष्ट्र की बोली सुनते हैं। यही कारण है कि उनकी बोली को सभी मंत्रमुग्ध होकर सुनते हैं। वे वाणी और कर्म के जादूगर हैं।

अटलजी का एक दृष्टिपात ही व्यक्ति के जीवन की दिशा बदल सकता है। वे बंधनहीन नदी जैसे हैं, जो कभी गतिहीन नहीं होती। संयम अटलजी का जीवन-सूत्र है। वे सच्चे साधक हैं और हमेशा जागरूक रहते हैं। अटलजी की राजनीतिक यात्रा लंबी रही है। वह जीवनपर्यंत क्रियाशील रहे हैं। उनके व्यक्तित्व की छाप प्रत्येक व्यक्ति पर पड़ती है। उन्होंने अपने जीवन में आधुनिकीकरण के साथ भारतीय जीवनशैली का उन्होंने अद्भुत ढंग से समावेश किया है। उनकी मान्यता है कि भारत का विकास उसकी माटी, संस्कृति और परंपराओं को ध्यान में रखकर किया जाना चाहिए।

अटलजी चाहते है कि भारत का विकास उस वृक्ष की भाँति हो, जो अपनी जड़ों से ऊर्जा ग्रहण कर स्वस्थ रहता है और कोई भी आँधी या तूफान उसको हिला नहीं पाता। जिस प्रकार पतझड़ के समय वह अपनी पत्तियों को त्याग देता है और वसंत में नई कोपलों को जन्म देता है, उसी प्रकार भारतीय चिंतनशैली अपनी सारस्वत संस्कृति के वृक्ष की जड़ों की भाँति अपनी धमनियों को सींचती है तथा पतझड़ के रूप में सामाजिक कुरीतियों एवं कुंठाओं को त्यागकर नए मूल्यों का नवोन्मेष करती है। अटलजी की सोच सदा गत्यात्मक, सनातन और प्रति क्षण प्रवहमान है तथा उनका प्रेरक नवबोधवाद संपूर्ण चेतना का सार है। अलगाववाद और संप्रदायवाद के गढ़ में राष्ट्रीयता का बीजारोपण और दुराचारों का खंडन करने, शांति-दूत का कार्य निभाने के श्रेष्ठ लक्षणों को उन्होंने अपने जीवन में उतारा। अटलजी बिल्कुल आम आदमी की तरह सीधे-सादे, सरल किंतु दिलो-दिमाग से अत्यंत प्रभावशाली हैं। वे असाधारण बौद्धिक प्रतिभा, सुदृढ मनोबल, कार्य-कुशलता, वृत्ति और अभय जैसे अनेक सद्गुणों से ओत-प्रोत पुरुषोत्तम व्यक्ति हैं। उनमें अनुकंपा एवं करुणा की धारा प्रवाहित होती रहती है।

आधुनिक भारतीय राजनीति के कर्णधार श्री अटल बिहारी वाजपेयी भारतीय संस्कृति के संवाहक एवं नैतिकता की प्रतिमूर्ति हैं। वे अपनी वाणी से कोटि-कोटि

भारतवासियों के लिए आदर्श पुरुष हैं। वे जाति, धर्म, संप्रदाय, देश-विदेश के संकीर्ण विचारों से परे भारत नहीं वरन् विश्व के महान् राजनेता हैं। उनका परिचय एवं व्यक्तित्व बहुमुखी है।

जन्म एवं परिवार

श्री अटल बिहारी वाजपेयी का जन्म मध्य प्रदेश के ग्वालियर जिले के शिंदे की छावनी में 25 दिसंबर, 1924 ई. में हुआ था। श्री वाजपेयी के पिता पंडित कृष्णबिहारी वाजपेयी संस्कृत के जाने-माने विद्वान् थे। उनके चार पुत्र—अवध बिहारी वाजपेयी, सदा बिहारी वाजपेयी, प्रेम बिहारी वाजपेयी एवं अटल बिहारी वाजपेयी तथा तीन पुत्रियाँ—विमला वाजपेयी, कमला वाजपेयी एवं उर्मिला वाजपेयी हुईं।

शैक्षणिक परिचय

अटलजी की बी.ए. तक की शिक्षा ग्वालियर में ही हुई। वहाँ के विक्टोरिया कॉलेज से उन्होंने उच्च श्रेणी में बी.ए. उत्तीर्ण किया। वे विक्टोरिया कॉलेज के छात्रसंघ के मंत्री और उपाध्यक्ष भी रहे। उन दिनों छात्रसंघ का अध्यक्ष कोई प्राध्यापक बनाया जाता था। वाद-विवाद प्रतियोगिताओं में वे सदैव भाग लेते थे।

इलाहाबाद विश्वविद्यालय में आयोजित राष्ट्रीय स्तर की वाद-विवाद प्रतियोगिता में भाग लेने के लिए उन्हें विक्टोरिया कॉलेज का प्रतिनिधि बनाकर भेजा गया। दूर का सफर था, विलंब हो गया। जब म्योर हॉल पहुँचे तो प्रतियोगिता समाप्त हो चुकी थी। निर्णायक मंडल अपना निर्णय तैयार करने में व्यस्त था। सभी लोग निर्णय की घोषणा की प्रतीक्षा कर रहे थे। तभी धूल-धूसरित अटलजी मंच पर चढ़ गए और 'अध्यक्ष महोदय!' कहकर क्षमायाचना करते हुए अपना भाषण प्रारंभ कर दिया। भाषण में ऐसा सम्मोहन था कि सभी श्रोता मंत्रमुग्ध! निर्णायक मंडल भी स्तंभित भाव से भाषण सुनने लगा। हर दो मिनट बाद तालियों से अटलजी का स्वागत होने लगा। परिणाम यह हुआ कि उन्हें प्रथम पुरस्कार प्रदान किया गया। कविश्रेष्ठ डॉ. हरिवंशराय बच्चनजी भी निर्णायक मंडल के सदस्य थे।

अटलजी ग्वालियर से उत्तर प्रदेश की व्यावसायिक नगरी कानपुर के प्रसिद्ध शिक्षा केंद्र डी.ए.वी. कॉलेज आए। राजनीतिशास्त्र से प्रथम श्रेणी में एम.ए. की परीक्षा उत्तीर्ण की। साथ ही एल-एल.बी. की पढ़ाई को बीच में ही विराम देकर संघ कार्य में जुट गए।

राष्ट्रीय स्वयंसेवक संघ में प्रवेश

पं. श्यामाप्रसाद मुकर्जी की प्रेरणा से एल-एल.बी. की पढ़ाई छोड़कर संघ के पूर्णकालिक प्रचारक के रूप में अटलजी कार्य में जुट गए। राष्ट्र और समाज को जीवन समर्पित करनेवाले अटलजी ने अविवाहित रहकर सेवा-धर्म को स्वीकार किया। पं. श्यामाप्रसाद मुकर्जी और पं. दीनदयाल उपाध्याय के निकट संपर्क में रहकर अटलजी ने उनके निर्देशन में सकारात्मक राजनीति की शिक्षा ग्रहण की।

पत्र-पत्रिकाओं का संपादन

अटलजी ने सन् 1946 में संडीला में संघ के विस्तारक के रूप में कार्य किया। सन् 1992 में उसी संडीला में एक विशाल जनसभा को संबोधित करते हुए उन्होंने कहा था, "सेवा की पुस्तक का पहला पाठ मैंने संडीला में ही पढ़ा था। यहाँ के चौराहे की चाय की दुकान को मैं कभी नहीं भूल सकता।"

कुछ मास यहाँ रहने के पश्चात् वे लखनऊ में 'राष्ट्रधर्म' के प्रथम संपादक नियुक्त किए गए। उनके परिश्रम और कुशल संपादन से राष्ट्रधर्म ने कुछ ही समय में अपना राष्ट्रीय स्वरूप बना लिया। लखनऊ के साहित्यकारों में अपनी पहचान बनाने में उन्हें अधिक समय नहीं लगा। एक ओर उनके प्रशंसकों की संख्या बढ़ने लगी, तो दूसरी ओर मार्क्सवाद के समर्थक वामपंथियों के लिए अवरोधक बने। अटलजी निर्भयतापूर्वक निष्कंप दीपज्योति की भाँति वामपंथी विचारों का जमकर सामना करते रहे। यहाँ की साहित्यिक संगोष्ठियों के वे नायक बन गए। उनके संपादकीय को पढ़कर पं. नारायण चतुर्वेदी, अमृतलाल नागर, डॉ. रामकुमार वर्मा और महीयषी महादेवी वर्मा आदि वरिष्ठ एवं लब्ध-प्रतिष्ठ रचनाकार उनकी प्रशंसा करने लगे।

पाञ्चजन्य का प्रकाशन प्रारंभ हुआ और अटलजी को ही उसका संपादक नियुक्त किया गया। पाञ्चजन्य के प्रथम अंक की चारों ओर भूरि-भूरि प्रशंसा हुई। राष्ट्रधर्म के कार्यालय को सन् 1948 में शासनादेश से सील कर दिया गया। प्रेस के कर्मचारी बंदी बनाकर जेल में ठूस दिए गए। किंतु अटलजी सबकी आँखों में धूल झोंककर बच निकलने में कामयाब हो गए। कुछ दिन लुक-छिपकर इलाहाबाद में रहे। न्यायालय के आदेश से मई 1948 में राष्ट्रधर्म का ताला खुल गया।

इलाहाबाद से अटलजी ने दैनिक पत्र 'स्वदेश' का संपादन प्रारंभ किया। पत्र के सात अंक ही निकल पाए थे कि कार्यालय को पुनः सील कर दिया गया। यहाँ से अटलजी काशी चले गए और वहाँ 'चेतना' साप्ताहिक का संपादन करने लगे। प्रखर राष्ट्रवादी चिंतक और संपादक के रूप में समूचे देश में अटलजी की

कीर्ति फैल गई। अनेक पूँजीपति उन्हें अपने पत्रों का संपादक बनाना चाहते थे, पर अटलजी ने तो हिंदू, हिंदी, हिंदुस्तान के लिए अपना जीवन दान दे दिया था। मातृभूमि की एक मुट्ठी रज उनके लिए किसी सेठ की भरी तिजोरी से अधिक थी। मातृभूमि का सेवक-प्रहरी कहीं किसी का चाकर बन सकता था।

स्वतंत्रता आंदोलन के सजग प्रहरी

बचपन से ही अटलजी की सार्वजनिक कार्यों में विशेष रुचि थी। उन दिनों ग्वालियर रियासत दोहरी गुलामी में थी। राजतंत्र के प्रति जनमानस में आक्रोश था। सत्ता के विरुद्ध आंदोलन चलते रहते थे।

सन् 1942 में जब गांधीजी ने 'अंगेजो भारत छोड़ो' का नारा दिया, तो ग्वालियर भी अगस्त क्रांति की लपटों में आ गया। छात्र वर्ग ने उग्र रूप धारण कर लिया तो पकड़-धकड़ होने लगी। कोतवाल, जो उनके पिता श्री कृष्णबिहारी के परिचित थे, ने पिताजी को बताया कि उनके चिरंजीव कारागर जाने की तैयारी कर रहे हैं। पिताजी को अटलजी के कारागार जाने की तो चिंता नहीं थी, किंतु अपनी नौकरी जाने की चिंता जरूर थी। इसलिए उन्होंने अपने पुत्र को अपने पैतृक गाँव बटेश्वर भेज दिया। वहाँ भी क्रांति की ज्वाला धधक रही थी, अटलजी के बड़े भाई श्री प्रेम बिहारी उन पर नजर रखने के लिए भेजे गए थे। अटलजी पुलिस की लपेट में आ गए। उस समय वे नाबालिक थे, इसलिए उन्हें आगरा जेल के बच्चा-बैरक में रखा गया। चौबीस दिनों की जेल यात्रा रही।

भारतीय जनसंघ के संस्थापक सदस्य के रूप में

जनसंघ के संस्थापक सदस्य के नाते अटलजी के कंधों पर अब गुरुतर भार आ गया। भारतीय मनीषा के आचार्य, राष्ट्रीय मान-सम्मान के संरक्षक पूज्य डॉ. श्यामाप्रसाद मुकर्जी को एक कर्मठ, निष्ठावान और भारतीय संस्कृति के ज्ञाता को अपने निजी सचिव के रूप में रखने की आवश्यकता प्रतीत हुई। उन्होंने उन सभी गुणों और संभावनाओं को तरुण अटलजी में भाँप लिया और अपने निजी सचिव के रूप में रख लिया। वे महान् नेता डॉ. श्यामाप्रसाद मुकर्जी के साथ छाया की तरह लगे रहे। उनके व्याख्यानों के आयोजन का प्रबंध अटलजी ही करते थे। डॉ. मुखर्जी की सभाओं में जनता का मेला उमड़ता था। अटलजी भी इन सभाओं को संबोधित करते थे। इनके व्याख्यानों की शैली डॉ. मुखर्जी को अत्यंत प्रिय थी। अपना एक हाथ उठाकर विनोदपूर्ण शैली में जब ये चुटीला व्यंग्य करते थे तो तालियों की

गड़गड़ाहट से सभास्थल गूँज उठता था। अब अटलजी की पहचान राष्ट्रीय स्तर पर बन गई।

भारतीय राजनीति में प्रवेश

सन् 1955 में श्रीमती विजयलक्ष्मी पंडित ने लोकसभा की सदस्यता से त्याग-पत्र दे दिया। वे लखनऊ की सांसद थीं। चुनाव की तिथि घोषित हुई। अटलजी जनसंघ के प्रत्याशी के रूप में चुनाव मैदान में कूद पड़े, किंतु साधनहीनता के कारण वे विजयी न हो सके। इससे उनके उत्साह में कमी नहीं आई, अपितु उनका मनोबल ऊँचा ही हुआ, क्योंकि उनके चुनाव-भाषणों में श्रोताओं, विशेषकर युवकों की भीड़ अधिक रहती थी।

केंद्रीय राजनीति में योगदान

सन् 1957 में द्वितीय आम चुनाव हुआ। अटलजी बलरामपुर (जनपद गोंडा, उ.प्र.) से संसद् के लिए जनसंघ के प्रत्याशी थे। इस चुनाव में हिंदू मतदाताओं के साथ मुसलमान मतदाताओं ने भी उन्हें अपना मत दिया। उनकी सभाओं की भीड़ देखकर विरोधी दलों के छक्के छूटने लगे। प्रतिद्वंद्वी दलों का एक न एक राष्ट्रीय नेता अटलजी को पराजित करने के लिए वहाँ चुनाव सभा करता रहा; किंतु विजयश्री ने अटलजी का ही वरण किया।

अपनी विजय पर अटलजी ने अपार जनसमूह की सभा में कहा था, "यह विजय मेरी नहीं, बलरामपुर क्षेत्र के समस्त नागरिकों की है। आपने मुझे प्यार-दुलार दिया। मैं वचन देता हूँ कि एक सांसद के रूप में इस क्षेत्र की सेवा एक राष्ट्रभक्त सेवक की तरह करूँगा।"

धोती, कुरता और सदरी पहने, भरे-भरे गोल चेहरे वाले गौरवर्णी अटलजी संसद् में अपना प्रथम भाषण देने जब उठे, तब सभी की दृष्टि उन पर टिक गई। लोग हिंदी में उन्हें नहीं सुनना चाहते थे; किंतु वे क्यों मानते ? उन्होंने तो राष्ट्रभाषा की सेवा का व्रत ले रखा था। उनका संबोधन हिंदी में सुनकर अनेक सांसद उठकर बाहर चले गए, पर अटलजी अबोध रूप से बोलते रहे। ये दिन उनके धैर्य और संयम के थे। उन्होंने हिंदी की बजाय अंग्रेजी में न बोलने का दृढ संकल्प ले लिया था।

एक दिन ऐसा आया कि संसद् सदस्यों ने उनकी भाषण-शैली और तथ्य-प्रस्तुति कला की प्रशंसा करना शुरू कर दिया। अटलजी का भाषण सुनने के लिए सांसद विशेष रूप से संसद् पहुँचते।

संसदीय दल का नेता

- सन् 1957 से 77 तक अटलजी जनसंघ के संसदीय दल के नेता रहे। सन् 1962 में वे राज्यसभा के सदस्य चुने गए।
- चौथी लोकसभा में सन् 1967 में वे पुनः सांसद चुने गए।
- सन् 1968 से 73 तक वे भारतीय जनसंघ के राष्ट्रीय अध्यक्ष के गौरवमय पद पर आसीन रहे।
- सन् 1971 में वे लोकसभा (पंचम) में पुनः सांसद निर्वाचित हुए।
- सन् 1977 की छठी लोकसभा में वे विजयी होकर संसद् में आए।

विदेश मंत्री के रूप में

आपातकाल के बाद सर्वोदयी नेता जयप्रकाश नारायण के नेतृत्व में जनता पार्टी का गठन किया गया। कांग्रेस और साम्यवादी दलों को छोड़कर शेष सभी दल जनता पार्टी के टिकट पर चुनाव लड़े। अटलजी अस्वस्थ रहने के बावजूद दिल्ली से भारी बहुमत से विजयी हुए। जनता पार्टी की सरकार बनी और अटलजी विदेश मंत्री बनाए गए।

प्रारंभ में कानाफूसी होने लगी कि अटलजी के विदेश मंत्री होने से संसार के मुसलिम देशों से भारत के संबंध खराब हो जाएँगे, किंतु ऐसा कुछ नहीं हुआ। अपितु अन्य मुसलिम देशों की तो बात ही नहीं, पाकिस्तान तक से भारत के संबंध इतने अच्छे हो गए, जितने पहले कभी भी नहीं रहे और न बाद में। पाकिस्तान के तत्कालीन राष्ट्रपति जियाउल हक से भी उन्होंने भेंट की। अटलजी ने अपने विदेश मंत्री के कार्यकाल में विदेशों में सदैव दुभाषिए की सहायता से हिंदी में बातचीत की।

भारतीय जनता पार्टी के राष्ट्रीय अध्यक्ष

6 अप्रैल, 1980 का दिन अटलजी के जीवन में विशेष महत्त्वपूर्ण रहा। इस दिन बंबई में भारतीय जनता पार्टी का जन्म हुआ और अटलजी उसके राष्ट्रीय अध्यक्ष बनाए गए। इस महाधिवेशन में उनका जो भव्य स्वागत किया गया, वह ऐतिहासिक था।

शोभायात्रा में देश के कोने-कोने से आए पच्चीस हजार से अधिक लोगों ने अपने जननायक को अभूतपूर्व सम्मान दिया। इस अवसर पर उन्होंने जो व्याख्यान दिया, वह देश की राजनीति को नई दिशा देने वाला था।

जागरूक संसदीय प्रतिनिधि

सन् 1980 में अटलजी सातवीं लोकसभा का चुनाव दिल्ली से लड़े और विजयी हुए। भारतीय जनता पार्टी के सांसदों ने उन्हें लोकसभा में अपने दल का नेता बनाया। सन् 1986 में उन्हें राज्यसभा के लिए निर्वाचित किया गया। पार्टी ने उन्हें अपने दल का नेता चुना।

सन् 1991 में उन्हें लखनऊ और विदिशा दोनों लोकसभा क्षेत्रों से विजयश्री प्राप्त हुई। जनता के मनोभावों का एक राष्ट्रीय नेता के लिए इससे बड़ा उपहार क्या हो सकता था! उन्होंने विदिशा की सीट से त्याग-पत्र दे दिया और लक्ष्मणपुर का प्रतिनिधित्व करना स्वीकार किया।

सर्वश्रेष्ठ सांसद की उपाधि से सम्मानित

25 जनवरी, 1992 को उन्हें पद्म विभूषण से अलंकृत किया गया। 20 अप्रैल, 1993 को कानपुर विश्वविद्यालय ने उन्हें डी.लिट्. की मानद उपाधि प्रदान की। 28 सितंबर, 1992 को उन्हें उत्तर प्रदेश हिंदी संस्थान ने हिंदी गौरव सम्मान से सम्मानित किया और 51 हजार रुपए की धनराशि और देकर संस्थान को सादर भेंट कर दी। हिंदी के इस सपूत पर राष्ट्रभाषा का मस्तक सदैव ऊँचा उठा रहेगा।

1 अगस्त, 1994 को श्री वाजपेयी को लोकमान्य तिलक सम्मान प्रदान किया गया, जो उनके सेवाभावी, स्वार्थ-त्यागी तथा समर्पणशील सार्वजनिक जीवन के लिए सम्मान था। 17 अगस्त, 1994 को संसद् ने उन्हें सर्वसम्मति से सर्वश्रेष्ठ सांसद के सम्मान से सम्मानित किया।

अटलजी की रचनाएँ

श्री अटल बिहारी वाजपेयी की कविताओं, लेखों और भाषणों के कितने ही संकलन विभिन्न रूपों, आकारों और विषयानुरूप अनेक संकलन प्रकाशित हो चुके हैं। यह श्री अटलजी की लोकप्रियता का ही प्रमाण है कि उन पर कई पुस्तकें लिखी जा चुकी हैं। श्री अटलजी द्वारा लिखित पुस्तकों और उनके भाषणों, लेखों के कुछ चर्चित एवं चुनिंदा संकलनों की सूची निम्न है—

कैदी कविराय की कुंडलियाँ	(प्रकाशक—सरस्वती विहार)
मेरी इक्यावन कविताएँ	(प्रकाशक—किताब घर)
न दैन्यं न पलायनम्	(प्रकाशक—किताब घर)

शक्ति से शांति	(प्रकाशक—किताब घर)
कुछ लेख कुछ भाषण	(प्रकाशक—किताब घर)
बिंदु-बिंदु विचार	(प्रकाशक—किताब घर)
भारत की विदेश नीति	(प्रकाशक—राजपाल ऐंड संस)
संसद् में तीन दशक (3 खंड)	(प्रकाशक—प्रवीण प्रकाशन)
मेरी संसदीय यात्रा (4 खंड)	(प्रकाशक—प्रभात प्रकाशन)
सुवासित पुष्प (श्रेष्ठतम भाषण)	(प्रकाशक—पं. दीनदयाल उपाध्याय प्रकाशन)
संकल्पकाल (प्रधानमंत्री के रूप में)	(प्रकाशक—प्रभात प्रकाशन) (दिए गए भाषण)
राजनीति की रपटीली राहें	(प्रकाशक—प्रवीण प्रकाशन)
संसद् में तीन दशक (3 खंड)	(प्रकाशक—शिप्रा पब्लिकेशंस)

कवि के रूप में

अटल बिहारी वाजपेयी का व्यक्तित्व कवि के रूप में विशेषतः निखरा दिखलाई देता रहा। उनके प्रति उनके मित्रों का निम्न विचार दृष्टव्य है—

"राजनेता और कवि कुछ विचित्र सा लगता है पर सच तो सच है। अटलजी राजनेता और कवि दोनों हैं। हाँ, यह जरूर है कि एक मूर्ति, आधे में नेता, आधे में कवि। मेरे विचार से वे कवि तो पूरे हैं, राजनेता भले ही आधे हों, क्योंकि उनका रहन-सहन, बोलचाल, व्यवहार सबकुछ एक कवि जैसा ही रहा, राजनेता जैसा नहीं। राजनीति के गंदे खेल वे नहीं खेल सकते, क्योंकि उनका कविहृदय वर्जना के लिए तत्पर रहता है। उनके व्यक्तित्व में कवि और राजनेता का अद्भुत समन्वय है। इसी का परिणाम है कि वे बड़ी जल्दी विचलित हो जाते हैं। किसी की तनिक सी दुःख भरी बात सुनकर उसकी सहायता करना मानो उनकी प्रकृति का हिस्सा हो गया है। वहीं, देश के विरुद्ध यदि कोई कुचक्र रचता है तो उनके हृदय का दावानल प्रज्वलित हो उठता है और वे भारतीय गौरव की रक्षा के लिए सबसे आगे रहकर अपना सर्वस्व न्योछावर करने का आह्वान करते हैं।"

अटलजी का समग्र व्यक्तित्व पूनम की चाँदनी जैसा मनभावन है। कटे हुए खेतों, मैदानों, वृक्षों और जलाशयों पर चंद्रप्रभा की तरल छिटकन, सभी

चंद्रकिरणों के चँदोबे से समान रूप से ढके रहते हैं। चारों ओर चाँदनी-ही-चाँदनी। ऐसा ही कुछ अटलजी का व्यक्तित्व भी है। विभिन्न दलों के राजनेता जिस आत्मीयता के साथ घुल-मिलकर उनसे ठहाकों के साथ बातें करते थे, वह उल्लेखनीय है। इसका मनोवैज्ञानिक कारण यदि ढूँढ़ा जाए तो यही उत्तर मिलेगा कि उनका व्यक्तित्व अभ्यर्थना और अवमानना के मोह-पाश में आबद्ध नहीं है। वे काव्य-व्यक्तित्व के छंद बन गए हैं। कहीं रूप घनाक्षरी की लय प्रधानता है, तो कहीं सवैया की अंतिम पंक्ति की मोहकता। कहीं दोहे की सूक्ष्मता, तो कहीं कुंडलियों की प्रभावता और कहीं गीत की स्वरलहरी। वे अपने चुंबकीय व्यक्तित्व के कारण जनमानस में रस के स्थायी भाव बन गए हैं, जिसमें उत्साह का प्रवाह निरंतर होता रहता है। अपनी स्वच्छ और निष्ठा-प्रधान विचारधारा के कारण वे उपमेय से उपमान हो गए हैं। आकाश में सप्तर्षि मंडल जिस तरह ध्रुव नक्षत्र की परिक्रमा करता है, उसी तरह अटलजी मेरी दृष्टि में भारतीय राजनीतिक गगन के धुव बन गए हैं।

अटल बिहारी वाजपेयी का अंदाज

श्री अटल बिहारी वाजपेयी का भाषण, भाव-भंगिमा एवं अनुभव बहुत महत्त्वपूर्ण हैं, जो निम्न प्रकार हैं—

भाषण : पहले से तैयार भाषण को पढ़ते समय अटलजी अपने स्वाभाविक अंदाज से कुछ हटकर बोलते हैं। लेकिन उन्हें भीड़ के सामने संसद् में खड़ा कर दीजिए तो अपने शब्दों से लोगों को मंत्रमुग्ध कर देते हैं। 1996 के विश्वास प्रस्ताव पर उनके भाषण ने लोगों में काफी सहानुभूति पैदा की और लाहौर में उनका भाषण सुनकर पाकिस्तानी वाह-वाह कह उठे।

भाव-भंगिमा : वाजपेयीजी का संतुलन अद्भुत है। इसमें मर्यादित आचरण का भी योगदान है। वे शायद ही कभी अपना संतुलन खोते हैं और उनकी शालीनता उन नेताओं के मुकाबले उन्हें बिल्कुल अलग खड़ा कर देती है, जिन्होंने ओछेपन को अपनी पहचान बना रखा है। कारगिल संघर्ष के दौरान वे उग्रता की जगह आश्वस्ति के प्रतीक नजर आए।

अनुभव : उनकी अद्वितीय योग्यता के पीछे उनका सन् 1952 से अब तक का लंबा राजनैतिक अनुभव है। अटलजी जल्दबाजी में कोई प्रतिक्रिया व्यक्त नहीं करते; उन्हें ज्ञात है कि कब क्या करने की जरूरत है। आयु का प्रभाव कभार थकान के रूप में हो जाता है। लेकिन यह उनके विवेक का भी परिचय देता है।

अटल बिहारी के गुण एवं दोष

गुण—

सर्वसम्मति की चाह : अटलजी की सहज वृत्ति ऐसा उपाय खोजने की रही है, जिस पर व्यापक सहमति हो, जो गठजोड़ के लिए महत्त्वपूर्ण है।

जिम्मेदारियों का बँटवारा : अपनी हैसियत को कोई चुनौती न होने के बावजूद अटलजी ने अपने सहयोगियों को काम करने की अधिक-से-अधिक आजादी दे रखी थी।

संस्थाओं का सम्मान संसद् हो या मंत्रिमंडल या पार्टी, वाजपेयीजी संस्थागत ढाँचे के माध्यम से ही काम करना पसंद करते हैं, वे सामूहिक प्रयास में विश्वास करते हैं।

दोष—

अपनी बात पर अडिग नहीं : सामूहिक प्रयास में विश्वास करना तो ठीक है, लेकिन सबको बरदाश्त करते रहने से उनकी सरकार कई मुश्किलों से घिरी रहती थी।

दूरदर्शिता की कमी : उन्हें नेहरूवाद के करीब माना जा सकता है, लेकिन वे इस बड़े साये से जानबूझकर अलग रहे। वे शब्दों से जादू तो करते हैं, लेकिन सपना नहीं गढ़ते।

जुझारूपन का अभाव : पाकिस्तान को तगड़ी मात तो दी, लेकिन मुश्किलों से सामना होने पर टकराव से कतराते रहे। भलेमानस बने रहना पसंद है।

श्री अटल बिहारी वाजपेयी की अभिरुचि

दिल्ली में दिए गए एक साक्षात्कार में वाजपेयीजी ने विभिन्न प्रकार से अपनी अभिरुचि निम्न प्रकार व्यक्त की—

प्रिय कवि (हिंदी में)	सूर्यकांत त्रिपाठी निराला, बालकृष्ण शर्मा नवीन, जगन्नाथ प्रसाद मिलिंद
प्रिय कवि (उर्दू में)	फैज अहमद
प्रिय वस्त्र	धोती-कुरता, कभी-कभी पठानी सूट
प्रिय रंग	नीला
प्रिय स्थान	मनाली, अल्मोड़ा, माउंट आबू
प्रिय भोजन	खीर, मालपुआ, चाइनीज खिचड़ी

प्रिय भोजस्थल	दिल्ली में पराँठे वाली गली, सागर और चुगना
प्रिय संगीतकार गायक	भीमसेन त्यागी
सरोद वादक	उस्ताद अमजद अली खाँ
बाँसुरी वादक	श्री हरिप्रसाद चौरसिया
प्रिय कलाकार (अभिनेता)	दिलीप कुमार, देवानंद, कन्हैयालाल
(अभिनेत्री)	मीना कुमारी, राखी
प्रिय खेल	हॉकी, फुटबॉल
प्रिय गायक	लता मंगेशकर, मुकेश, मुहम्मद रफी
प्रिय फिल्में (हिंदी)	देवदासी, बंदिनी, तीसरी कसम
(अंग्रेजी)	ब्रिज ओवर रिवर, क्वाई वोर्न फ्री, गांधी
प्रिय गीत	ओरे माँझी¨ गायक—एस.डी. बर्मन
	कभी-कभी मेरे दिल में¨ गायक—मुकेश, लता मंगेशकर

ज्योतिषी की दृष्टि से श्री अटल बिहारी वाजपेयी

प्रसिद्ध ज्योतिषी पं. सुशीलकुमार त्रिपाठी के अनुसार श्री अटल बिहारी वाजपेयी का भविष्यफल निम्न प्रकार है—

जन्मांग चक्र

जन्म : 24-25 दिसंबर, 1924 की मध्य रात्रि

जन्म लग्न : तुला

राशि : वृश्चिक

नक्षत्र : ज्येष्ठ

योगकारक ग्रह : तुला लग्न का योग कारक ग्रह शनि लग्न में उच्चस्थ है।

राजयोग की स्थिति : लग्नेश द्वितीय भाव में दूसरे योग कारक ग्रह के साथ द्वितीय भाव में स्थित है एवं चंद्रमा दशमेश है। इस प्रकार संपूर्ण राजयोग कारक स्थित है। योगिनी मतानुसार 5 अगस्त, 1999 से उल्का योगिनी में उल्का का अंतर चल रहा है। ग्रह दशा फल के अनुसार दशमस्क राहु में दशमेश का अंतर शुभ फल कारक होता है।

राजनीतिक उपलब्धियाँ

1980	भाजपा का गठन। वाजपेयी उसके निर्विवाद अध्यक्ष बने।
1984	चौ. चरण सिंह के साथ गठबंधन लड़खड़ाया और वाजपेयी लोकसभा सीट हारे।
1990	अयोध्या आंदोलन में वाजपेयीजी ने खुद को अलग-थलग पाया। वे वफादार सैनिक बने रहे, पर लालकृष्ण आडवाणी भाजपा के प्रमुख नेता बने।
1993	तीन प्रदेशों में हार के बाद भाजपा ने हिंदुत्व के मुद्दे को पीछे किया। वाजपेयी का उदारवाद सही साबित हुआ।
1996	चुनाव के बाद वाजपेयी को सरकार बनाने का निमंत्रण। समर्थन की कमी के चलते 13 दिनों में त्याग-पत्र।
1998	प्रधानमंत्री बने, परमाणु परीक्षण करवाया और जयललिता के समर्थन वापस लेने से लड़खड़ाए।

युग और व्यक्तित्व

- वर्ष 1952 में जनसंघ के संस्थापक श्री श्यामाप्रसाद मुकर्जी के सचिव के रूप में अटलजी का पत्रकारिता-जगत् से सार्वजनिक जीवन में पदार्पण।
- वर्ष 1957 में लोकसभा सदस्य बने।
- वर्ष 1967 में गोवध विरोधी और हिंदी आंदोलन में आगे रहे।
- वर्ष 1977 में मोरारजी देसाई सरकार में विदेश मंत्री रहे। यह अटलजी की देन थी कि उसं दौरान भारत-पाकिस्तान काफी नजदीक आए।
- वर्ष 1980 में भारतीय जनता पार्टी का गठन पर वाजपेयीजी निर्विवाद रूप से पार्टी के प्रथम अध्यक्ष बनाए गए।
- वर्ष 1984 में श्री चरण सिंह के साथ गठबंधन लड़खड़ाया और वाजपेयी लोकसभा सीट हार गए।
- वर्ष 1990 में वाजपेयीजी ने अयोध्या आंदोलन में खुद को अलग-थलग पाया। परंतु वे एक वफादर सैनिक बने रहे। उस समय लालकृष्ण आडवाणी भारतीय जनता पार्टी के प्रभावशाली नेता बने।
- वर्ष 1993 में तीन प्रदेशों में हार के बाद भारतीय जनता पार्टी ने हिंदुत्व के

मुद्दे को पीछे किया। श्री अटल बिहारी वाजपेयी का दिया गया उदारवाद का सिद्धांत सही साबित हुआ।

- वर्ष 1996 में चुनाव के बाद श्री वाजपेयी को राष्ट्रपति द्वारा सरकार बनाने का आमंत्रण मिला। वे प्रधानमंत्री बने, लेकिन समर्थन के अभाव में 13 दिन में ही त्याग-पत्र देना पड़ा।
- वर्ष 1998 में वे भारत के प्रधानमंत्री बने। परमाणु परीक्षण करवाया।
- वर्ष 1999 में सद्भावना यात्रा के तहत 'समझौता एक्सप्रेस' से लाहौर गए। एक वोट कम होने के कारण उनकी सरकार गिर गई। कारगिल युद्ध में उन्हें विजयश्री मिली।
- वर्ष 1999 में पुनः प्रधानमंत्री का पदभार सँभाला, जो 2004 तक चला।

भारतरत्न पंडित गोविंद वल्लभ पंत सर्वश्रेष्ठ सांसद पुरस्कार

श्री अटल बिहारी वाजपेयी 1957 से करीब 46 वर्ष से संसद् सदस्य रहे। भारतीय राजनीति के एक शीर्ष सितारे, पद्म विभूषण से सम्मानित और अपने नाम को सार्थक करनेवाले अटलजी एक प्रख्यात राष्ट्रीय नेता, विनम्र राजनेता, निस्स्वार्थ समाजसेवक, प्रखर वक्ता, कवि और लेखक, पत्रकार तथा बहुआयामी व्यक्तित्व के धनी रहे। अपनी वक्तृत्व कला और खास शैली के लिए विख्यात अटलजी अपने भाषणों में जनता की आकांक्षाओं को सबसे प्रभावी ढंग से प्रस्तुत करते थे। वे संसदीय परंपराओं के कट्टर समर्थक रहे।

संसद् की गरिमा और व्यवस्था बनाए रखने में उनका योगदान उल्लेखनीय रहा। चाहे विदेश मंत्री के रूप में या सदन में विपक्ष के नेता के रूप में या फिर संसद् सदस्य के रूप में, उनके शब्दों में हमेशा राष्ट्रवाद के प्रति पूरी प्रतिबद्धता दिखाई देती है। उनके लिए राजनीति, राजनीतिक दल और सार्वजनिक पद स्वयं की स्वार्थपूर्ति का नहीं, बल्कि आम जनता की आकांक्षाओं को पूरा करने का माध्यम है। कई संसदीय समितियों के अध्यक्ष रहे खुले दिमाग का होने के कारण समूचा राष्ट्र उनके लिए एक परिवार है। सभी राष्ट्रीय नेता उनके मैत्रीपूर्ण और मधुर व्यवहार के कारण उनका सम्मान करते हैं।

ह्यूमर से दुश्मनों को दोस्त बनाते थे अटलजी

पूर्व प्रधानमंत्री अटल बिहारी वाजपेयी ह्यूमर राजनीति के समर्थक थे। वह अपने राजनीतिक संवाद में 'सेंस ऑफ ह्यूमर' का खूब प्रयोग करते थे। उनके के

करीबियों के अनुसार राजनीतिक जीवन और व्यक्तिगत जीवन को अलग रखने के कारण ऐसा वह बखूबी निभा लेते थे। अपने कट्टर विपक्षी नेताओं से भी उनके आत्मीय रिश्ते रहे। उनके अपने धूर विरोधी राजीव गांधी से संबंध कैसे थे, इससे जुड़ा एक किस्सा उन्होंने स्वयं सुनाया था। एक बार उनके पाँव में गंभीर बीमारी हो गई थी। डॉक्टरों ने अमेरिका में इलाज कराने की सलाह दी। इलाज महँगा था। आर्थिक स्थिति अच्छी नहीं थी। राजीव गांधी तब पीएम थे। राजीव गांधी को किसी नेता के जरिए उनकी बीमारी के बारे में पता चला। राजीव गांधी जानते थे कि अगर सीधे मदद करेंगे तो अटलजी स्वीकार नहीं करेंगे। ऐसे में उन्होंने सांसद अटल बिहारी वाजपेयी को एक संसदीय कमेटी का हेड बनाकर न्यूयॉर्क का दौरा कर एक रिपोर्ट बनाने की जिम्मेदारी सौंपी। साथ ही उस दौरान ऑपरेशन के सारे इंतजाम भी करा दिए गए। अटलजी समझ गए कि यह सब उनके इलाज के लिए किया गया था। बाद में अटलजी ने एक पोस्टकार्ड लिखकर राजीव गांधी का धन्यवाद जताया। लेकिन आमने-सामने से दोनों ने कभी इस बारे में बात नहीं की और राजनीति में दोनों धुर विरोधी बने रहे। राजीव गांधी के देहांत के बाद अटलजी ने रोते हुए यह किस्सा सुनाया था। उन्होंने कहा था, “देश ने एक नेता खोया, लेकिन मैंने एक छोटा भाई खोया।” यह सिर्फ एक मिसाल है।

अटलजी ने कहा था कि राजनीति से अलग अपने विरोधियों से भी मजाक करेंगे, सुख-दुःख में साथ दिखना चाहिए। संविधान के जानकार फली एस. नरीमन ने भी कहा था कि टॉप पर बैठे लोगों में अटल बिहारी की तरह सेंस ऑफ ह्यूमर होना चाहिए। इससे बेहतर फैसले लेने में मदद मिलती है। वाजपेयी के बाद लालू प्रसाद यादव ने भी हास्य को अपना मजबूत राजनीतिक अस्त्र बनाया और अपने विरोधियों पर अटैक करने के लिए हँसी-मजाक का इस्तेमाल किया। लेकिन लालू पर यह भी आरोप लगे कि उनका ह्यूमर कई बार राजनीतिक सीमाओं को लाँघता गया और उनकी मंशा हँसी-मजाक से ज्यादा राजनीतिक लाभ लेने की रही। दिल्ली के वर्तमान मुख्यमंत्री अरविंद केजरीवाल ने भी कुछ मौकों पर ह्यूमर को प्रमोट करने की कोशिश की। वह खुद पर बने ह्यूमर वीडियो के एक प्रोग्राम तक में शामिल हुए, जो वायरल हुआ था।

□

अटल बिहारी वाजपेयी की राजनीतिक यात्रा का क्रमिक विकास

विभाजन के कारण उत्पन्न सामाजिक तनाव व शरणार्थी-समस्या विकट बन गई थी। पाकिस्तान में हिंदुओं का रह पाना कठिन हो गया था। इस संदर्भ में 8 अप्रैल, 1950 को दिल्ली में नेहरू-लियाकत समझौता हुआ। इस समझौते को 'पूर्वी बंगाल के हिंदुओं के साथ धोखा' की संज्ञा देते हुए डॉ. श्यामाप्रसाद मुकर्जी ने नेहरू मंत्रिमंडल से त्याग-पत्र दे दिया।

जनसंघ की संगठनात्मक रूपरेखा

राष्ट्रीय स्वयंसेवक संघ ने भारतीय राजनीति की सत्ता में भागीदारी करने के उद्‌देश्य से एक राजनैतिक दल के गठन का निर्णय लिया। फलस्वरूप 21 अक्तूबर, 1951 को दिल्ली में श्री श्यामाप्रसाद मुकर्जी की अध्यक्षता में 'भारतीय जनसंघ' नाम से राजनैतिक दल गठित करने का निर्णय लिया गया, जिसके महत्त्वपूर्ण उद्‌देश्य थे—नए राजनैतिक दल के लिए इतने कम समय में प्रत्याशियों का चयन, घोषणा-पत्र का प्रारूप तैयार करना, उसको अंतिम रूप देना तथा देश भर में प्रचारित करना आदि। दल के नेता के लिए सभी लोगों का पूर्ण समर्थन भी आवश्यक था। इन सभी कार्यों के लिए धन की भी आवश्यकता थी। फलतः दल के उदय के साथ-साथ सभी सदस्य एवं नेतागण चुनाव, संगठन एवं धन-संग्रह हेतु उद्यत हुए।

सन् 1952 में राष्ट्रीय स्वयंसेवक संघ ने अपने ढंग से अत्यंत अनुशासित होकर देशव्यापी कार्य किया। उसके सदस्य कठिन परिश्रम और देशभक्ति के लिए पहले से ही ख्याति प्राप्त कर चुके थे। ऐसे देशभक्त नवयुवकों को जनसंघ में कार्य करने के लिए सम्मिलित कर लिया गया। राष्ट्रीय स्वयंसेवक संघ के

कुशल स्वयंसेवकों को, विशेष रूप से ऐसे विशिष्ट स्वयंसेवकों को, जो कट्टर सिद्धांतवादी थे और अत्यंत अनुशासित थे, जनसंघ के प्रत्याशी के रूप में खड़ा करने का निश्चय किया गया। इनमें से अधिकांश छोटे–छोटे व्यापारी थे। शहर की दुकानदारी करते थे, वकील थे, डॉक्टर तथा अध्यापक थे। उस समय राष्ट्रीय स्वयंसेवक संघ का वास्तविक प्रभाव मध्य भारत, मध्य प्रदेश, विंध्य प्रदेश, उत्तर प्रदेश तथा पंजाब में था। उन्हीं प्रांतों में जनसंघ अपना आधार बना सकता था और राष्ट्रीय स्वयंसेवक संघ के सहयोग से सफलता प्राप्त कर सकता था। पंजाब के सिखों का राष्ट्रीय स्वयंसेवक संघ पर विश्वास नहीं था, परंतु नगर के हिंदू क्षेत्र में यह संगठन अत्यंत सुदृढ था।

(क) सन् 1952 का चुनाव एवं जनसंघ की स्थिति

सन् 1952 के प्रथम आम चुनाव में जनसंघ ने पंजाब विधानसभा के लिए 95 प्रत्याशी और विधान परिषद् के लिए 8 प्रत्याशी खड़े किए। पैसे के अभाव तथा दल के नए गठन के कारण ऐसे ही व्यक्तियों को चुनाव लड़ने की अनुमति दी गई, जो सक्षम हों और अपना व्यय स्वयं वहन कर सकें। इनमें से कुछ हिंदू महासभा के सदस्य थे, जिनका जनसंघ ने स्वागत किया और राष्ट्रीय स्वयंसेवक संघ के समर्थकों द्वारा पंजाब के प्रत्येक क्षेत्र में सहायता की। प्रत्याशियों में अधिकांश युवा वर्ग के थे। यद्यपि राष्ट्रीय स्वयंसेवक संघ का कोई भी नेता चुनाव के मैदान में नहीं था, परंतु उन लोगों की सहानुभूति हार्दिक रूप से जनसंघ के प्रत्याशियों के साथ थी।

उत्तर प्रदेश की चुनाव सूचना में कहा गया, "जनसंघ को लगभग एक लाख राष्ट्रीय स्वयंसेवकों की सहायता सशक्त रूप में मिली। इन लोगों ने चुनाव के समय जनसंघ का खुलकर प्रचार किया।"

मध्य प्रदेश में भी राष्ट्रीय स्वयंसेवक संघ में मुख्य रूप से ब्राह्मणों का वर्चस्व था तथा गांधीजी की हत्या के फलस्वरूप एवं मराठा नेतृत्व के कारण इसका प्रभाव विपरीत पड़ गया। दक्षिण भारत में यह अपनी बाल्यावस्था में ही था। सचमुच जनसंघ की सदस्यता के लिए राष्ट्रीय स्वयंसेवक संघ के कार्यकर्ताओं का योगदान अधिकांशतः रहा। जनसंघ दल की स्थापना हुई तथा अन्य वर्गों से भी लोग इसमें सम्मिलित हुए।

डॉ. श्यामाप्रसाद मुकर्जी एवं शर्मा का भी राष्ट्रीय स्वयंसेवक संघ से कोई घनिष्ठ संबंध नहीं था, अर्थात् ये लोग न तो राष्ट्रीय स्वयंसेवक संघ के पूर्णकालिक

कार्यकर्ता थे और न संघ के सदस्य ही। कुछ सदस्य अपने प्रभाव को सुरक्षित रखने के लिए जनसंघ में सम्मिलित हुए। उदाहरण के लिए, पी.टी. गोले, मध्य प्रदेश के भूतपूर्व मंत्री भारतीय जनसंघ के प्रांतीय अध्यक्ष चुने गए। कर्नाटक तथा असम शाखाओं में भी इसी वर्ग के लोग अध्यक्ष बने। कुछ व्यापारी वर्ग के लोग, जैसे लाला पौधराज तथा हंसराज गुप्त एवं अनेक जमींदार तथा जागीरदार भी जनसंघ में सम्मिलित हुए।

भारतीय जनसंघ का गठन मुख्य रूप से संघ के आधार पर तथा उसके पूरक के रूप में हुआ, परंतु बाद में इस दल में अन्य दलों के लोग भी आए। मुखर्जी को यह आशा थी कि नेहरू-विरोधी वर्ग के कांग्रेसी भी अधिक संख्या में अलग होकर इसमें सम्मिलित होंगे। परंतु उनका यह विश्वास गलत सिद्ध हुआ, क्योंकि वे कांग्रेसी आचार्य कृपलानी, जयप्रकाश नारायण, अशोक मेहता तथा राममनोहर लोहिया के साथ मिल गए। पुरुषोत्तमदास टंडन नेहरू से पराजित होने के बाद भी कांग्रेस में बने रहे। यह तय सा हो गया कि कांग्रेस में नेहरू वर्ग की विजय निश्चित होगी और मंत्री का पद उन्हीं लोगों को मिलेगा, जो विजयी वर्ग के साथ रहेंगे। ऐसी परिस्थितियों के बीच जनसंघ के प्रत्याशियों का चुनाव करना अत्यंत कठिन कार्य था। फिर भी अत्यंत जल्दबाजी के कारण बिना गंभीरतापूर्वक विचार किए ही निर्णय किया गया कि जनसंघ के प्रत्याशियों के पास निम्न दो योग्यताएँ आवश्यक हों—

1. अपने चुनाव का आर्थिक व्यय स्वयं वहन करें।
2. वे जनसंघ की घोषित नीति के अनुसार आचरण को संचालित करें तथा अगले (1957) चुनाव के लिए निर्वाचन क्षेत्र की सेवा कर सकें।

(ख) द्वितीय चुनाव (1957) में जनसंघ की स्थिति

जनसंघ का नेतृत्व डॉ. श्यामाप्रसाद मुकर्जी के बाद ऐसे व्यक्ति के हाथ में गया, जो राष्ट्रीय ख्याति प्राप्त नहीं थे। चटर्जी उस स्थान की पूर्ति कर सकते थे, परंतु हिंदू महासभा तथा जनसंघ के बीच विलय-वार्त्ता सफल न होने के कारण ऐसा न हो सका। फलतः नेतृत्व ऐसे युवा वर्ग के हाथों में आया, जो राष्ट्रीय स्वयंसेवक संघ से जनसंघ में सम्मिलित हुए थे। राष्ट्रीय स्तर के वक्ताओं में मात्र बलराज मधोक तथा अटल विहारी वाजपेयी ही थे, जिन पर इतने बड़े दल का दायित्व सौंपा जा सकता था।

जनसंघ की हृदयभूमि भारतवर्ष का हिंदीभाषी क्षेत्र ही था, मुख्य रूप से उत्तर

प्रदेश, मध्य प्रदेश, राजस्थान, दिल्ली और गुजरात। गुजरात प्रांत जनसंघ का गढ़ बन चुका था। डॉ. मुकर्जी के बाद बंगाल में इसका अस्तित्व लगभग समाप्त हो चुका था, क्योंकि वहाँ राष्ट्रीय स्वयंसेवक संघ का आधार नहीं था।

असम और उड़ीसा में भी कोई विशेष प्रभाव नहीं था। दक्षिण में आंध्र प्रदेश, केरल, मैसूर आदि प्रांतों में भी इसका प्रभाव बहुत कम था। महाराष्ट्र में विदर्भ तथा मध्य महाराष्ट्र में राष्ट्रीय स्वयंसेवक संघ काफी शक्तिशाली था। परंतु मराठा जाति के प्रभुत्व के कारण संघ के पाँव वहाँ ठीक से जम नहीं सके।

1957 के आम चुनाव में जनसंघ ने अपने दल के प्रत्याशियों का चुनाव बड़ी सावधानी से किया। 1952 में 725 प्रत्याशी खड़े किए गए थे, जिनमें से केवल 47 प्रत्याशियों को सन् 1957 में चुनाव के लिए चुना गया तथा 8 अन्यप्रत्याशी, जो विधानसभा के लिए 1952 में खड़े थे, उन्हें 1957 में लोकसभा के लिए प्रत्याशी चुना गया। 35 विजयी विधायकों में से केवल 14 को पुन: मनोनीत किया गया तथा लोकसभा के तीन सदस्यों में से केवल एक को टिकट दिया गया। इस प्रकार 21 विधानसभा के सदस्यों तथा दो लोकसभा के सदस्यों को अवकाश प्राप्त करना पड़ा। इन सदस्यों पर या तो अनुशासनहीनता का आरोप था या उनकी मृत्यु हो चुकी थी या न्यायालय ने उनको चुनाव लड़ने से वंचित कर दिया था।

(ग) तृतीय चुनाव (1962) में जनसंघ की स्थिति

1962 के आम निर्वाचन में जनसंघ को यह आशा थी कि वह कांग्रेस से सत्ता छीन लेगी, परंतु यह आशा निराशा में परिणत हुई। कांग्रेस को कुछ कम स्थान मिले तथा अन्य समाजवादी दल (लोहिया गुट) ने अपना स्थान सुरक्षित रखा। कांग्रेस को लोकसभा में 10 कम स्थान प्राप्त हुए तथा मतों का प्रतिशत भी कम था। इस चुनाव में दक्षिणपंथी दल स्वतंत्र पार्टी को 22 तथा जनसंघ को 10 स्थान लोकसभा के लिए मिले। विधानसभा के भी निर्वाचन हुए, क्योंकि केरल तथा उड़ीसा में 1960 एवं 61 में चुनाव नहीं हुए थे। मात्र ये दोनों प्रांत ही चुनाव से वंचित रहे।

जनसंघ कार्य समिति की एक अनौपचारिक बैठक में मतभेद उभरकर सामने आए, परंतु प्रतिनिधि सभा में जाने से पूर्व दल के सभी मतभेदों का निराकरण हो गया। जनसंघ दल की प्रतिष्ठा को इसके विधायकों ने बनाए रखा। लोकसभा में बलराज मधोक तथा अटल बिहारी वाजपेयी ने निरंतर अपने विचारों को रखा और जनता में अपनी ख्याति बढ़ाई।

जनसंघ ने 1962 के चुनाव में पुनर्मनोयन के लिए उदारता का परिचय दिया। 1952 की तुलना में 1957 में दल के भूतपूर्व प्रत्याशियों को चुनाव लड़ने का अवसर नहीं दिया गया था। 1962 में कुछ ही ऐसे सदस्यों को चुनाव लड़ने से वंचित किया गया, जिन पर सामान्य अनुशासनहीनता का आरोप था। डॉ. रघुवीर, जिन्होंने दल की उसी समय सदस्यता स्वीकार की थी, वाराणसी संसदीय निर्वाचन क्षेत्र से वरिष्ठ कांग्रेसी नेता डॉ. रघुनाथ सिंह के विरुद्ध लड़े। डॉ. रघुनाथ सिंह का व्यक्तिगत विचार जनसंघ से मिलता-जुलता था। इसी प्रकार चौधरी लहरी सिंह को रोहतक संसदीय निर्वाचन क्षेत्र से चुनाव लड़ने के लिए चुना गया। ज्ञातव्य है कि लहरी सिंह ने प्रताप सिंह कैरो का विरोध किया था और पृथक् हरियाणा राज्य की वकालत की थी। स्वामी रामेश्वरानंद को करनाल लोकसभा संसदीय निर्वाचन क्षेत्र के लिए चुना गया।

विधानसभा के 46 सदस्यों में से केवल 30 सदस्यों को पुनः चुनाव लड़ने का अवसर दिया गया। इनमें से 9 व्यक्तियों के विरुद्ध अनुशासनहीनता का आरोप था। फिर भी उन्हें तथा अन्य लोगों को भी चुनाव कार्य में लगाया गया। उन 30 में से 16 उम्मीदवारों ने विजय प्राप्त की, जिनका ब्योरा निम्न प्रकार है—

मध्य प्रदेश के 17 स्थानों में 5, पंजाब के 4 स्थानों में 3, राजस्थान के 4 स्थानों में से 2 तथा उत्तर प्रदेश के 12 स्थानों में 6 और महाराष्ट्र के 3 में से कोई स्थान नहीं मिला। अन्य जिन लोगों को चुनाव के लिए टिकट दिया गया था, उनके पास चुनाव लड़ने का पर्याप्त अनुभव नहीं था। पार्टी का संगठन अत्यंत सुदृढ हो चुका था और वह विकास के मार्ग पर चल पड़ी। राष्ट्रीय स्वयंसेवक संघ (संगठन) का समर्थन ही इसका मुख्य कारण था।

(घ) चतुर्थ चुनाव (1967) में जनसंघ की स्थिति

भारतीय जनसंघ अब एक राजनैतिक दल के रूप में सामने आ गया था और इसका संगठन संपूर्ण भारत में फैल चुका था। जनसंघ की इकाइयों की स्थापना शहर से गाँवों तक की जा चुकी थी। सबसे अधिक उल्लेखनीय बात यह थी कि हिंदू महासभा के कुछ महारथी, जैसे—निरंजनलाल वर्मा, वी.जी. देशपांडे, जयपुर, मालाबार तथा कोटा के महाराज चुनाव के लिए जनसंघ में सम्मिलित हुए। बलराज मधोक तथा अटल बिहारी वाजपेयी ने प्रचार कार्य के लिए काफी प्रयास किया।

जनसंघ प्रत्याशियों के चुनाव के लिए कांग्रेस की तरह ही प्रक्रिया अपनाई।

यह निर्धारित किया गया कि स्थानीय इकाई अपनी सूची राज्य को प्रस्तुत करे, जो अपनी अंतिम संस्तुति के साथ राष्ट्रीय संसदीय समिति के समक्ष विचारार्थ प्रस्तुत करे। राष्ट्रीय समिति की अनेक बैठकों में गंभीरता से विचार-विमर्श किया गया, क्योंकि 1960 के चुनाव के लिए बहुत से निर्वाचन क्षेत्रों को असुरक्षित घोषित कर दिया गया था। इस कारण सभी सदस्यों का चुनाव लड़ना संभव नहीं था।

लोकसभा तथा राज्यसभा दोनों के लिए यथासंभव पुनर्मनोयन की सूची बनाई गई। बिहार के चारों सदस्यों को चुना गया, परंतु सभी पराजित हुए। हरियाणा के 4 उम्मीदवारों में से 3 विजयी हुए। जम्मू और कश्मीर में 3 में से 2 विजयी हुए। पंजाब में 3 उम्मीदवारों को खड़ा किया गया था और तीनों विजयी हुए। उनमें से 26 ने ही 1967 में चुनाव लड़ा। इनमें से बीस विधानसभा के लिए चुने गए तथा 6 ने लोकसभा का चुनाव लड़ा, जिसमें 2 विजयी हुए। मध्य प्रदेश से विधानसभा के 37 सदस्यों में से 21 ने जनसंघ के टिकट पर चुनाव लड़ा, जिनमें से 14 विजयी हुए। राजस्थान में 12 में से 10 ने चुनाव लड़ा एवं 6 विजयी हुए।

लोकसभा के लिए 35 जनसंघ के सदस्य चुने गए, जिसमें से 17 जनसंघ और हिंदू महासभा के सदस्य थे। राजमाता ग्वालियर के तथा अन्य कांग्रेस से आए हुए थे, जिनमें से 93 पहले से ही विधानसभा के सदस्य रह चुके थे। निस्संदेह जनसंघ की स्थिति 1967 में अन्य चुनावों की तुलना में अच्छी रही। यद्यपि इन स्रोतों का अधिकाधिक उल्लेख करना कठिन है, फिर भी समाचार-पत्रों के माध्यम से जैसा संकेत मिला है, उसके आधार पर यह कहा जा सकता है कि दल को मध्य वर्ग एवं व्यापारिक संगठनों से सबसे अधिक सहायता मिली थी।

चुनाव प्रचार के लिए जो साधन प्रयोग में लाए गए थे, उनमें से एक विज्ञापन जिसका राष्ट्रीय स्तर पर प्रसारण किया गया था, उनमें खटाऊ मिल्स, मोरारजी केमिकल कंपनी, सीमेंट एलोकेशन, टाटा तथा सिंधिया स्टीम नैवीगेशन कंपनी आदि सम्मिलित थी। दूसरा विज्ञापन जो दिल्ली में प्रो. मधोक के चुनाव प्रचार में प्रयोग में लाया गया था, उसमें हिंदुस्तान मोटर्स, मोटी इंडस्ट्रियल कॉम्प्लेक्स आदि के नाम उल्लेखनीय हैं।

भारतीय जनसंघ पार्टी के विभिन्न राजनेताओं का कार्यकाल

सर्वविदित है कि 1962 से भारत की स्वतंत्रता व स्वायत्तता पर तीन बार पड़ोसी देशों से प्रहार हुए। सर्वप्रथम 1962 में चीन ने धोखा दिया और उसके बाद

दो बार 1965 एवं 1971 में पाकिस्तान ने आक्रमण किया। देश ने नेहरू जैसा कर्मठ एवं राष्ट्रप्रेमी नेता 27 मई, 1964 को खो दिया। उसके कुछ ही दिन बाद 11 जनवरी, 1966 को ताशकंद में लोकप्रिय नेता लालबहादुर शास्त्री की मृत्यु संदिग्धावस्था में हो गई। अब कोई सर्वप्रिय व्यक्ति नहीं था, जो प्रधानमंत्री के रूप में जनता को सही दिशा दे सकता। कामराज योजना से भी अनेक कुशल कांग्रेसी मंत्रियों को हटना पड़ा था तथा शीघ्र ही इस दल के लोग अन्य दलों में चले गए। फलस्वरूप 1967 के चुनाव में कांग्रेस की स्थिति ठीक नहीं रही।

इसी प्रकार विरोधी दलों में भी परिवर्तन एवं विघटन हुआ। साम्यवादी दल दो भागों में बँट गया। समाजवादी दल के नेता अशोक मेहता अपने कुछ साथियों के साथ कांग्रेस में शामिल हो गए और उन्होंने संयुक्त समाजवादी दल की स्थापना की। बिहार में राजा कामाख्या नारायण सिंह ने स्वतंत्र दल को छोड़ दिया।

जनसंघ के संगठन में परिवर्तन कम हुए। प्रो. बलराज मधोक, अटल बिहारी वाजपेयी एवं दीनदयाल उपाध्याय सदैव सतर्क थे कि दल में फूट न पड़े। वाजपेयी लोकसभा के लिए चुने गए और लालकृष्ण आडवानी भी उभरकर सामने आए।

डॉ. रघुवीर का कार्यकाल

1962 के चुनाव में लोकसभा में जनसंघ ने 14 स्थान प्राप्त किए। परंतु संसद् में उसका कोई कुशल वक्ता नहीं था। जनसंघ के संसदीय नेता उमाशंकर एम. त्रिवेदी ने पाँच वर्षें तक स्थिति सँभाली, परंतु उनके सहयोगी स्वामी रामेश्वरानंद तथा हुकुमचंद रहे, जिनको अनर्गलता के आरोप में लोकसभा से निष्कासन का आदेश मिला।

बाद में 1962 में राज्यसभा के चुनाव हुए, जिसमें वाजपेयी उत्तर प्रदेश एवं विमल कुमार घौड़िया मध्य प्रदेश से चुने गए। वाजपेयी कुशल वक्ता थे। बाद में ये दोनों ही दोनों सदनों के नेता बने एवं जनसंघ का कार्य तेजी से करने लगे। राज्यों की विधानसभाओं में भी जनसंघ का प्रभाव पड़ा। मध्य प्रदेश विधानसभा में सकलेचा जनसंघ के प्रमुख नेता रहे। बस्तर के राजा भंजदेव का समर्थन भी जनसंघ को प्राप्त हुआ, परंतु शीघ्र ही उनकी हत्या कर दी गई। उत्तर प्रदेश में 1967 के चुनाव के बाद शारदा भक्त सिंह के स्थान पर माधो प्रसाद त्रिपाठी सशक्त नेता बने। राजस्थान में शेखावत एवं सतीशचंद्र अग्रवाल एवं महाराष्ट्र में बापू साहब सोहनी भी तेजस्वी नेता रहे। बिहार में मुंगेर से तीन जनसंघी विजयी हुए। आंध्र प्रदेश के दक्षिणी स्नातक क्षेत्र से भी विजय मिली।

इधर देश पर 20 अक्तूबर, 1962 को चीन ने आक्रमण कर दिया। जनसंघ ने साम्यवाद एवं साम्यवादी चीन तथा पाकिस्तान के विरुद्ध कठोर दृष्टिकोण अपनाया। अटल बिहारी वाजपेयी ने चीन के विरुद्ध पूर्णशक्ति से विरोध करने का आह्वान किया। जनसंघ ने पंचवर्षीय योजना में रक्षा उत्पादन व्यय में वृद्धि करने तथा अस्त्र-शस्त्र खरीदने हेतु सरकार को सुझाव दिया। दीनदयालजी ने अपने वक्तव्य द्वारा घोषणा की कि जनसंघ आपातकाल में सरकार के साथ पूर्ण सहयोग करेगा।

उसी समय नई दिल्ली में अमेरिकी तथा ब्रिटिश दलों के आगमन से जनसंघ केवल इसीलिए चिंतित न था कि वे लोग रक्षा सामग्री देने के लिए आए हुए थे, बल्कि पाकिस्तान से वार्त्ता करने के लिए जो प्रयास उन लोगों द्वारा किए जा रहे थे, उससे अधिक चिंता थी। नेहरू तथा अयूब खाँ ने 21 नवंबर, 1962 को एक संयुक्त वक्तव्य दिया। दिसंबर से मई 1962 तक 6 बार भारत-पाक में वार्त्ताएँ हुईं, जिनमें भारत-पाक समस्याएँ एवं कश्मीर समस्या श्री दीनदयाल मुख्य विषय थे। किसी भी समझौते के बिना दोनों देशों के बीच वार्त्ता असफल रही। जनसंघ ने इसके विरोध में अपनी प्रतिक्रिया व्यक्त की। उपाध्याय ने वार्त्ता के विरुद्ध तथा आंग्ल-अमेरिकी प्रयासों के विरुद्ध कई वक्तव्य दिए।

इस राष्ट्रीय संकट के समय जनसंघ ने अपना वार्षिक सम्मेलन भोपाल में आयोजित किया। चीन के आक्रमण के पहले ही दल को राष्ट्रीय ख्याति मिल चुकी थी। जनसंघ में इस समय डॉ. रघुवीर रामाराव के स्थान पर दल के अध्यक्ष बन चुके थे। चीन के संबंध में श्री रघुवीर विशेष ज्ञाता एवं विद्वान् माने जाते थे। बाद में दु:खी होकर इस प्रश्न पर डॉ. रघुवीर को कांग्रेस से त्याग-पत्र देना पड़ा था।

भोपाल अधिवेशन में विदेश नीति ही सम्मेलन का मुख्य विषय था। उस सम्मेलन में श्री वाजपेयी ने जो भाषण दिया था, उसमें उन्होंने भारत को पश्चिमी एवं दक्षिण-पूर्व एशियाई देशों के साथ, जो चीन की धमकी में भागीदार न रहे थे, घनिष्ठ संबंध एवं मित्रता स्थापित करने का सुक्षाव दिया। उन्होंने कांगो तथा मध्य-पूर्व के देशों से अपनी सेना वापस बुलाने के लिए भी सरकार से आग्रह किया और देश में गृह-समस्या को सुलझाने का पूर्ण प्रयास करने को कहा। दल ने पाकिस्तान के साथ कश्मीर विषय पर किसी प्रकार की वार्त्ता को अस्वीकार किया तथा चीन के विरुद्ध युद्ध की तैयारी में सरकार का पूर्ण समर्थन किया। सम्मेलन में राष्ट्रीयता की घोषणा की गई।

चीनी आक्रमण तथा आपातकालीन स्थिति की घोषणा के कारण सभी निकायों

का चुनाव निरस्त कर दिया गया था। मई 1963 में आपातकाल को सरकार ने उठा लिया। उस समय लोकसभा के चार स्थान रिक्त थे, जो जौनपुर सहिज तीन उत्तर प्रदेश में तथा एक गुजरात में। इनमें से प्रत्येक के लिए चुनाव प्रतिष्ठा का विषय था और प्रत्येक में जनसंघ की महत्त्वपूर्ण भूमिका थी।

जनसंघ ने केवल जौनपुर क्षेत्र से चुनाव में अपना प्रत्याशी खड़ा किया, जहाँ से दल के मंत्री पं. दीनदयाल उपाध्याय प्रत्याशी घोषित किए गए। जौनपुर के राजा के बल पर ही मुख्य रूप से चुनाव लड़ा गया। उत्तर प्रदेश कांग्रेस दल में फूट तथा इस निर्वाचन क्षेत्र के भूतपूर्व चुनाव परिणामों पर भी विचार किया गया। पहले के प्रत्येक चुनाव में इस क्षेत्र से राजपूत ही चुनाव जीतकर लोकसभा गए थे। दीनदयाल उपाध्याय ब्राह्मण थे, फलतः काफी मतों से पराजित हो गए। चार लोकसभा क्षेत्रों में से कांग्रेस को मात्र जौनपुर का स्थान ही प्राप्त हो सका।

उत्तर प्रदेश के अमरोहा लोकसभा निर्वाचन क्षेत्र से जनसंघ ने कुशल राजनीतिज्ञ आचार्य जे.बी. कृपलानी को समर्थन देकर विजयी बनाया। इस स्थान की रिक्तता हफीजुर्रहमान की मृत्यु के कारण हुई थी। कांग्रेस ने अपना प्रत्याशी हाफिज मुहम्मद इब्राहिम, जो सिंचाई मंत्री थे, को बनाया। कृष्ण मेनन तथा के.डी. मालवीय ने इब्राहिम को समर्थन दिया। आचार्य कृपालजी के कौशल एवं जनसंघ के कार्यकर्ताओं के सक्रिय सहयोग के कारण इब्राहिम साहब बुरी तरह पराजित हुए।

उत्तर प्रदेश के तीसरे लोकसभा निर्वाचन क्षेत्र में डॉ. राममनोहर लोहिया को दल ने समर्थन देकर विजयी बनवाया। लोहिया की जीत पर समाचार-पत्रों में प्रकाशित हुआ कि समाजवादियों की जीत तो हुई, परंतु उनके नेता जनसंघ के प्रभाव में आ गए हैं। चौथा चुनाव गुजरात के राजकोट में हुआ था, जहाँ से स्वतंत्र दल के महामंत्री मीनू मसानी की जीत सौराष्ट्र के राजकुमारों तथा राजकोट शहर के जनसंघी कार्यकर्ताओं के समर्थन से हुई। बाद में जनसंघ ने गुजरात विधानसभा का चुनाव 1967 में जीता।

चुनाव प्रचार के समय जनसंघ के अध्यक्ष डॉ. रघुवीर फर्रुखाबाद से जौनपुर के लिए 14 मई, 1963 को यात्रा कर रहे थे, जिसमें वे दुर्घटनाग्रस्त होकर घायल हो गए और बाद में उनकी मृत्यु हो गई। डॉ. रघुवीर ने रूढ़िवादी हिंदू विचारक होते हुए भी सांप्रदायिक कलंक को व्यर्थ सिद्ध करने में चक्रवर्ती राजगोपालचारी का साथ दिया था। उनकी दुःखद मृत्यु न केवल दल के लिए घातक सिद्ध हुई, बल्कि इससे परंपरागत विचार वाले दलों की एकता को भी आघात पहुँचा।

देवी प्रसाद घोष का कार्यकाल

डॉ. रघुवीर के स्थान की पूर्ति देवी प्रसाद घोष को कार्यकारी अध्यक्ष बनाकर की गई थी। अहमदाबाद सम्मेलन में इन्होंने अपना स्थान डॉ. मुखर्जी के समकक्ष बना लिया था। दल की नीतियों एवं कार्यों में सफलीभूत होने के लिए ये किसी प्रकार के प्रभाव में नहीं आते थे, जबकि डॉ. रघुवीर कभी-कभी अपनी इच्छा से भी कार्य कर लिया करते थे।

जनसंघ ने 9 जून, 1963 को दल की उड़ीसा इकाई की स्थापना की। लगभग एक सौ प्रतिनिधि उपस्थित हुए, जिनमें अधिकांश भूतपूर्व राजघरानों के प्रतिनिधि थे और पश्चिमी क्षेत्रों से आए थे। दल की उत्कल इकाई राज्य के चुनाव मैदान में इससे पूर्व कभी नहीं उतरी थी। उत्कल इकाई की स्थापना गोवा में हुई थी। असम में भी दल की इकाई की स्थापना हुई।

राज्यसभा के द्विवार्षिक चुनाव में जनसंघ को दो सफलताएँ मिलीं। भारतीय मजदूर संघ के प्रधानमंत्री दत्तोपंत बी. ठेंगड़ी उत्तर प्रदेश से व मध्य प्रदेश के जबलपुर निर्वाचन क्षेत्र से गिरिराज कुमार कपूर विजयी हुए। उनकी मृत्यु अगस्त 1965 में हो गई। जनसंघ को पंजाब के दो स्नातक निर्वाचन क्षेत्रों में से किशनलाल उत्तरी तथा श्रीचंद्र गोयल के रूप में दक्षिणी क्षेत्र से सफलता मिली। महाराष्ट्र में डॉ. वसंत कुमार पंडित विधान परिषद् के लिए चुने गए। स्थानीय चुनावों में मई 1964 में पंजाब में जनसंघ अंबाला पर नियंत्रण स्थापित कर लुधियाना तथा जालंधर में सबसे बड़े विरोधी दल के रूप में सामने आया।

दिसंबर 1963 में ख्याति प्राप्त मुहम्मद साहब का बाल कश्मीर की श्रीनगर मसजिद से गायब हो गया। तत्काल हिंदू-मुसलिम दंगे प्रारंभ हो गए, जिसका परिणाम यह हुआ कि बख्शी गुलाम मुहम्मद के स्थान पर गुलाम मोहम्मद सादिक को मुख्यमंत्री बनाया गया। कश्मीर तथा पूर्वी पाकिस्तान में हिंदुओं के विरुद्ध दंगे-फसाद होने लगे। प्रतिरोध में पश्चिमी बंगाल में भी मुसलमानों के विरुद्ध दंगे प्रारंभ हो गए। कुछ समय तक शांत रहने के बाद उड़ीसा, बिहार तथा मध्य प्रदेश में भी मुसलमान विरोधी दंगे शुरू हो गए। इन सभी दंगों के लिए बिना प्रमाण के राष्ट्रीय स्वयंसेवक संघ को दोषी ठहराया गया।

12 अप्रैल, 1964 को दीनदयाल उपाध्याय ने समाजवादी नेता डॉ. राममनोहर लोहिया के साथ संयुक्त वक्तव्य में निवेदन करते हुए कहा कि दोनों देशों की कृत्रिम स्थिति को समाप्त किया जाए और भारत-पाकिस्तान महासंघ की स्थापना की

जाए। दोनों नेताओं ने कहा कि पाकिस्तान के विरोध में जो भावनाएँ पूर्वी पाकिस्तान के सांप्रदायिक दंगों के फलस्वरूप आई हैं, उन्हें वे अच्छी तरह समझ रहे हैं। लेकिन उनका निवेदन जनता से यह है कि इसके लिए सरकार को दोषी माना जाए। किसी भी दशा में भारतीय मुसलमानों के विरुद्ध काररवाई न की जाए। संयुक्त रूप से महासंघ की कल्पना लोहिया का प्राचीन दर्शन था, लेकिन उपाध्यायजी का उसमें सम्मिलित होना एक आश्चर्यजनक बात थी, परंतु श्री मुखर्जी की मृत्यु के बाद वह समाप्त हो गया।

1957 के चुनाव के बाद जनसंघ ने राष्ट्रीय स्वयंसेवक संघ के कार्यकर्ता रमेश कुमार मिश्र को असम में कार्य करने के लिए भेजा। असम जनसंघ का प्रथम अधिवेशन 1 नवंबर, 1962 को गुवाहाटी में हुआ। श्री मिश्र मंत्री मनोनीत किए गए। जम्मू और कश्मीरी प्रजा परिषद् अक्तूबर 1963 से जनसंघ की इकाई में पूर्णतया रूप से सम्मिलित हो गई। अब तक नागालैंड को छोड़कर जनसंघ की शाखाएँ सभी राज्यों एवं केंद्रशासित क्षेत्रों में स्थापित हो गईं।

अहमदाबाद सम्मेलन में दल ने अपना समय मुख्य रूप से आर्थिक विषयों पर लगाया। अर्थशास्त्र के प्रोफेसर को, जो के पक्ष में विचार रखते थे, प्रतिनिधियों को संबोधित करने के लिए बुलाया गया। सरकार से प्रस्ताव के द्वारा निवेदन किया गया कि वह अपने सिद्धांतों को त्यागकर सभी आर्थिक विषयों को विकास की दृष्टि से स्वीकार करे। दल ने बैंकों के राष्ट्रीयकरण तथा परिवार नियोजन का विरोध किया। नानाजी देशमुख ने असम के संबंध में मुसलमानों की संख्या वृद्धि पर चिंता व्यक्त की और यह प्रस्ताव किया कि सीमा से 10 मील तक मुसलमानों से उस क्षेत्र को मुक्त रखा जाए। प्रस्ताव का दूसरा अंश पाकिस्तान तथा चीन को विरोधी-राष्ट्र घोषित करने के संबंध में था।

जनसंघ के नेताओं ने सम्मेलन के प्रारंभ में स्वतंत्र दल के गुजरात के नेता भूलाभाई पटेल से विचार-विमर्श किया। इससे लोगों में यह विश्वास होने लगा कि जनसंघ और स्वतंत्र दल एक-दूसरे के साथ संबंध स्थापित करना चाहते हैं। परंतु सम्मेलन चल ही रहा था, उसी समय राजस्थान के स्थानीय निकायों के चुनाव में दोनों दलों ने एक-दूसरे का पूरी शक्ति से विरोध किया। फलतः जयपुर नगर महापालिका से जनसंघ का अधिकार समाप्त हो गया, जिस पर उसने पूर्व चुनाव में अधिकार प्राप्त किया था। उधर उदयपुर के साथ-साथ अन्य स्थानों पर जनसंघ ने कांग्रेस के नियंत्रण को समाप्त कर अपना बहुमत स्थापित किया। मुद्दा था दो

विदेशी देशों के बीच संबंध स्थापित करना एक बात है, पर उसे अखंड भारत नहीं कहा जा सकता।

जनसंघ अगला वार्षिक अधिवेशन विजयवाड़ा में हुआ। घोष के स्थान पर अध्यक्ष पद पर श्री बच्छराज व्यास को चुना गया, जो पूर्वनिश्चित था। सन् 1916 में राजस्थान में जनमे श्री व्यास इसके पूर्व राष्ट्रीय स्वयंसेवक संघ के सचिव थे। व्यासजी की ख्याति राष्ट्रीय नेता के रूप में नहीं थी, फिर भी वे जनसंघ कार्यसमिति के सदस्य बराबर बने रहे। वे 1962 के लोकसभा चुनाव के लिए नागपुर से दल के प्रत्याशी थे। इससे पहले तीन बार महाराष्ट्र विधान परिषद् के सदस्य चुने जा चुके थे। इनके अध्यक्ष पद पर चुने जाने से दल पर राष्ट्रीय स्वयंसेवक संघ का पूर्ण नियंत्रण हो गया तथा नागपुर का होने के कारण वे श्री गोलवलकर एवं जनसंघ के बीच मध्यस्थता किया करते थे।

दल के सिद्धांतों एवं नीतियों को स्वीकार करने का कार्य सम्मेलन का था, जिसकी स्वीकृति प्रतिनिधि सभा में ग्वालियर में दी गई थी। प्रलेख का प्रारूप प्रो. मधोक, श्री वाजपेयी तथा उपाध्यायजी ने तैयार किया, उनमें से संशोधन एवं परिवर्तन के लिए अनेक सुझाव आए, कुछ को स्वीकार भी कर लिया गया।

उक्त प्रलेख जनसंघ की ख्याति-नीति की हस्तपुस्तिका बन गया, जिसे हिंदुओं के परंपरागत आधुनिक जनतंत्र का दर्शन कहा जा सकता है। दल का मुख्य उद्देश्य भारतीय संस्कृति एवं मर्यादा के आधार पर धर्मराज्य स्थापित करने का था। धर्मराज्य का अंग्रेजी में अर्थ होता है 'रूल ऑफ लॉ'। धर्मराज्य की प्राप्ति केवल जनतंत्र के माध्यम से नहीं हो सकती है। इसके रूप में देशकाल के अनुसार परिवर्तन हुआ करता है। 'डेमोक्रेसी' का अर्थ है लोकतंत्र, जिसमें लोकाधिकार की रक्षा की जाती है। दल ने कहा कि वह ऐसा जनतंत्र चाहता है, जिसमें आर्थिक, सामाजिक तथा राजनैतिक क्षेत्र में वास्तविक अर्थ में जन-विकास की व्यवस्था हो।

राजनीतिक जनतंत्र का मुख्य लक्ष्य अपने प्रतिनिधि शासकों को चुनने और स्वयं उसके लिए चुने जाने का अधिकार हो। स्थान पाने की स्वतंत्रता तथा इच्छानुसार वस्तु प्राप्त करना आर्थिक जनतंत्र के लिए सही कदम है। सामाजिक जनतंत्र के स्तर तथा सुअवसर की समानता से यह प्रारंभ होता है।

आर्थिक क्षेत्र में व्यक्तिगत संपत्ति का अधिकार सामाजिक नियंत्रण के अंतर्गत संभव होना चाहिए, यद्यपि सामाजिक नियंत्रण की समानता के लिए गैर-हिंदू सोच सकते हैं कि जनसंघ ने अपने पूर्व पक्ष को उलट दिया है। जनसंघ का पूर्व पक्ष, एक

देश, एक जनता, एक संस्कृति तथा एक राष्ट्र का नारा था।

व्यासजी की अध्यक्षता के समय में हिंदुस्तान और पाकिस्तान का संबंध 1965 के युद्ध के दौरान विच्छेद हो गया। कच्छ-रन (गुजरात) में युद्ध प्रारंभ हो गया। लालबहादुर शास्त्री ने धमकी दी कि भारत भी जहाँ चाहेगा अंतरराष्ट्रीय सीमा को पार करेगा। ब्रिटेन की मध्यस्थता से दोनों देशों ने अंतरराष्ट्रीय न्यायालय को पंचनामा दिया। जनसंघ ने अंग्रेजी में एक पुस्तिका 'दी ग्रेट बिट्रेयल' प्रकाशित कर यह घोषणा कि जिस क्षेत्र पर किसी प्रकार का झगड़ा नहीं था, उस क्षेत्र को भी पंचनामा के सुपुर्द कर देना देश के साथ घोर विश्वासघात है। जुलाई 1965 में दिल्ली में जनसंघ ने प्रदर्शन किया, जिसमें वाजपेयी को बंदी बना लिया गया। 4 जुलाई, 1965 को विरोध दिवस के लिए आह्वान किया गया। अनेक शहरों में बैठकें हुईं। राय समिति द्वारा कार्यकर्ता जबलपुर बैठक में सरकार की पुनः आलोचना करते हुए माँग की गई कि असम के 10 मील सीमाक्षेत्र को सुरक्षाक्षेत्र बनाया जाए। संसद् सत्र शुरू होने के समय 16 अगस्त को जनसंघ ने एक विशाल प्रदर्शन किया। समाचार-पत्रों की सूचना के आधार पर लगभग 50 हजार कार्य कर्ता उस प्रदर्शन में सम्मिलित हुए थे।

उधर कश्मीर में पाकिस्तान के कबालियों ने युद्ध-विराम रेखा को पार कर घुसपैठ का परिणाम यह हुआ कि भारतीय सेना ने 6 सितंबर, 1965 को लाहौर तथा स्यालकोट की ओर कूच किया। श्री मधोक तथा अन्य जनसंघी नेताओं ने पाकिस्तान के आक्रमण के फलस्वरूप जो शरणार्थी जम्मू से आए थे, उनकी देखभाल करने के लिए जम्मू के लिए प्रस्थान किया।

जनसंघ पाकिस्तान के साथ समस्याओं का समाधान सेना द्वारा ही चाहता था। एक बार पुनः युद्धविराम की घोषणा हुई और जनसंघ ने इसे देश के साथ विश्वासघात की संज्ञा दी। 10 जनवरी, 1966 को ताशकंद में एक समझौता हुआ, जिसका जनसंघ ने विरोध किया। पाकिस्तान में भी कुछ लोगों ने इसका विरोध किया था।

15 जनवरी, 1966 को दल की कार्यसमिति ने इस घोषणा को राष्ट्रहित की विरोधी बतलाया। वाजपेयी ने कहा कि भारतीय क्षेत्र से सैनिकों को वापस बुलाना भारतीय सैनिकों के त्याग के साथ विश्वासघात है। दल ने 6 फरवरी को संगठित होकर 'हाजीपीर दिवस' मनाने का निश्चय किया। दल के नेताओं ने अन्य शहरों में भी विरोध व्यक्त किया। समझौते के अनुसार सैनिक वापस आ गए।

माननीय संत फतेह सिंह ने अलग पंजाबी सूबे की अपनी माँग को फिर से दोहराया। मास्टर तारासिंह एवं फतेह सिंह द्वारा आमरण अनशन की घोषणा से जनसंघ के सामने एक नई समस्या आई। 1962 के चुनाव में अकाली दल को लोकसभा के लिए मात्र तीन स्थान मिले तथा विधानसभा के लिए मात्र उन्नीस। चुनाव के ठीक बाद अकाली दो दलों में बँट गए थे। एक का नेतृत्व संत फतेह सिंह कर रहे थे और दूसरे का मास्टर तारा सिंह।

संत फतेह सिंह की माँग भारतीय संघ के अंतर्गत भाषा के आधार पर पृथक् राज्य बनाने की थी। उसी समय मास्टर तारा सिंह सिखों के लिए एक धर्मराज्य के लिए कार्य कर रहे थे, जिसका अर्थ यह हो सकता था कि वे भारत से अलग हो जाएँ। पं. नेहरू की मृत्यु के पश्चात् सरदार प्रताप सिंह कैरो के विरोध में लगाए गए आरोपों की जाँच के लिए एक आयोग का गठन किया गया, जिसने अपने प्रतिवेदन में प्रताप सिंह को दोषी ठहराया, प्रताप सिंह ने त्याग-पत्र दे दिया। मुख्यमंत्री का स्थान चौधरी राम किशन को मिला।

1965 के बाद संत फतेह सिंह ने आमरण अनशन की योजना घोषित करते हुए यह कहा कि यदि पंजाबी सूबे की माँग स्वीकार नहीं की जाएगी तो मैं आत्मदाह कर लूँगा। संत फतेह सिंह से अनेक प्रकार से निवेदन किया गया कि वे कम-से-कम पाकिस्तान के साथ आपातस्थिति के समय तक के लिए अपनी योजना को स्थगित रखें।

जनसंघ ने पंजाबी सूबे की माँग का तीव्र विरोध किया। आर्यसमाजी लाला रामगोपाल ने भी संत फतेह सिंह से एक दिन पहले ही आमरण अनशन प्रारंभ कर दिया। उनकी मृत्यु के पहले ही लालबहादुर शास्त्री ने इस प्रश्न को सुलझाने के लिए एक मंत्रिमंडलय समिति के गठन की घोषणा की।

मध्य जनवरी के आस-पास श्रीमती इंदिरा गांधी ने भी उक्त समिति की सदस्यता हासिल कर ली। दूसरे सदस्य महावीर त्यागी ने भी ताशकंद घोषणा के विरुद्ध अपना त्याग-पत्र दे दिया। 19 मार्च, 1966 को कांग्रेस ने अपनी नीति निर्धारित की और निर्णय किया कि वर्तमान में पंजाब और हरियाणा राज्य बना दिए जाएँ एवं पहाड़ी क्षेत्रों को हिमाचल प्रदेश से मिला दिया जाए। संसदीय वर्ग का भी निर्णय लगभग इसी प्रकार का हुआ। मात्र अटल बिहारी वाजपेयी ने इससे अपनी असहमति व्यक्त की। बाद में एक विशेष आयोग के गठन द्वारा पंजाब एवं हरियाणा दो पृथक् राज्य बने।

जनसंघ ने इसके विरोध में अपनी तीव्र प्रतिक्रिया व्यक्त की। वीर यज्ञदत्त शर्मा अनशन पर बैठ गए। एक सप्ताह से अधिक समय तक जनसंघी तथा आर्यसमाजियों ने पंजाबी सूबा के विरुद्ध प्रदर्शन किया। यह प्रदर्शन पंजाब, हरियाणा तथा दिल्ली में किया गया। तीन कांग्रेसी पानीपत में मारे गए, जिसका परिणाम यह हुआ कि संपूर्ण राज्य में तेजी से यह प्रचार होने लगा कि उक्त घटना में जनसंघियों का हाथ है। अंबाला, जालंधर, अमृतसर, लुधियाना तथा अन्य शहरों में भी अशांति का माहौल पैदा हो गया। दिल्ली में हड़ताल प्रारंभ हुई। कुछ सिखों की संपत्ति को नुकसान पहुँचाया गया। मास्टर तारा सिंह, जो सरकारी निर्णय से असंतुष्ट थे, को बंदी बना लिया गया, साथ ही दो आर्यसमाजी संपादकों वीरेंद्र और यश को भी हिरासत में ले लिया गया।

जहाँ पंजाबी जनसंघी तथा आर्यसमाजी दंगे में लगे हुए थे, वहीं राष्ट्रीय स्वयंसेवक संघ के नेतृत्व ने शांति का मार्ग अपनाया। प्रो. मधोक जो अध्यक्ष चुने जानेवाले थे, तुरंत अमृतसर गए तथा 13 मार्च, 1966 को संत फतेह सिंह से वार्त्ता की। वीर यज्ञदत्त शर्मा की भूख हड़ताल समाप्त करने के लिए प्रयास किया गया। 21 मार्च को गुलजारीलाल नंदा, (तत्कालीन गृहमंत्री, भारत सरकार) के संसद् में पूर्ण आश्वासन देने के बाद यशदत्त शर्मा अनशन समाप्त कर दिया। आश्वासन में स्पष्ट कहा गया था कि भाषा के आधार पर ही राज्यों का विभाजन होगा, न कि जाति या संप्रदाय के आधार पर।

जनसंघ इस घटनाक्रम से संतुष्ट नहीं था। 23 मार्च को आर्यसमाजी सालवाले ओमप्रकाश त्यागी, प्रकाशवीर शास्त्री एवं वीरेंद्र, जो जेल से बाहर गए थे, एक साथ दिल्ली जाकर नंदाजी से मिले और निवेदन किया कि अल्पसंख्यकों की सुरक्षा की गारंटी दी जाए तथा बंदियों को मुक्त कर दिया जाए।

प्रो. बलराज मधोक कार्यकाल

जब पंजाबी सूबे के निर्णय की घोषणा हो चुकी थी, उसी समय प्रो. बलराज मधोक को जनसंघ का अध्यक्ष चुनने का निर्णय किया गया। श्री मधोक का जीवनचरित्र जनसंघ तथा राष्ट्र के लिए ख्याति प्राप्त कर चुका है। प्रो. मधोक भारत के अन्य दक्षिणपंथियों के साथ सहयोग करने के पक्षधर थे। वे बहुत से मुद्दों पर अपने साथियों के विचार से अधिक प्रोत्साहन उक्त दल को दिया करते थे। इनका संघर्ष श्री वाजपेयी तथा श्री उपाध्याय के साथ चुनाव के पश्चात् स्वतंत्र दल के

संचालन को लेकर हुआ था।

पंजाब की समस्या को अधिक महत्त्व देने के लिए जनसंघ ने अपने पूर्व निर्णय के अनुसार जालंधर में अधिवेशन बुलाया। प्रो. मधोक ने अपने अध्यक्षीय भाषण में कहा कि राज्य का विभाजन शुद्ध रूप से भाषा के आधार पर हो। किसी भी प्रकार के राजनीतिक अथवा सांप्रदायिक विचारों को इसमें न लाया जाए, जिससे अकाली एवं आर्यसमाजी उग्र विचार वाले तत्त्वों को स्थिति को और जटिल बनाने का अवसर न मिल सके। प्रो. मधोक ने कहा कि जनसंघ ने पंजाब विभाजन का विरोध किया, इसके मूल में स्पष्ट रूप से राष्ट्र का विकास उसकी सबसे पहली प्राथमिकता है। इसी प्रकार दल ने जम्मू-कश्मीर के विभाजन का भी विरोध किया है। उन्होंने आगे कहा कि हिमाचल प्रदेश तथा पंजाब के अन्य पहाड़ी क्षेत्रों को जम्मू-कश्मीर राज्य में मिलाकर संपूर्ण पश्चिम हिमालय क्षेत्रों को एक प्रशासनिक नियंत्रण में लाया जाए।

कश्मीरी हिंदू नेताओं तथा 1953 में डॉ. मुखर्जी ने सुझाव दिया कि पंजाब के गैर-आवासी हिंदुओं के लिए गुरुमुखी लिपि अनिवार्य न हो। प्रस्ताव में यह भी विचार व्यक्त किया गया कि नंदाजी द्वारा दिए गए आश्वासनों को पूर्ण रूप से कार्यान्वित किया जाए। प्रो. मधोक ने यह भी कहा कि जनसंघ सिखों को, हिंदू समाज का एक अभिन्न अंग मानता है। श्री मधोक ने निवेदन किया कि सिख भाई अपनी नेतागिरी के लिए पृथकतावाद के बीज बोने के प्रयास न करें। श्री मधोक ने पंजाबी हिंदुओं से यह निवेदन किया कि उन्हें गुरुमुखी लिपि भी सीखना चाहिए, क्योंकि यह भारत की भाषा है। इस तथ्य की पुष्टि जी. गोलवलकर ने भी अपनी पंजाब यात्रा के समय की थी।

मधोक का भाषण प्रत्यक्ष रूप से भारत-पाकिस्तान संघर्ष से संबंधित था। उन्होंने देखा कि पाकिस्तान प्रत्यक्ष अथवा अप्रत्यक्ष रूप से तीन संधियों के बाद भी भारत के विरुद्ध वातावरण बनाने के उद्‌देश्य से प्रयत्नशील है। उनमें से प्रथम रावलपिंडी-पीकिंग संधि, दूसरा भारत में साम्यवादियों का मुसलिम लीग से संबंध, तीसरा पाकिस्तान, तुर्की, ईरान का आर्थिक सहयोग, साथ-साथ सउऊदी अरबा तथा जॉर्डन भी इस संधि के समर्थन में थे। इनका यह भी विश्वास था कि संयुक्त अरब गणराज्य, जो भारत को मात्र अन्य देशों से अलग रखने के लिए विश्वास दिला रहा है, व्यावसायिक दृष्टि से मुसलमानों के ही साथ है।

प्रो. मधोक की दृष्टि में भारत को रक्षा आवश्यकताओं के संदर्भ में आत्मनिर्भर

बनना होगा। इजरायल को मान्यता देनी होगी तथा दक्षिण-पूर्व एशिया के देशों से घनिष्ठ संबंध स्थापित करने होंगे। जनसंघ ने अपने प्रस्ताव में रक्षा एवं विदेश नीति पर प्रस्ताव पारित किया।

इस प्रस्ताव में भारतीय सशस्त्र सेनाओं के विस्तार एवं आधुनिक परमाणु अस्त्रों के निर्माण पर अधिक बल दिया गया। साम्यवादी चीन के साथ विरोध रहने के कारण चीनी गणराज्य के साथ मित्रता संबंध स्थापित किया जाए, दलाई लामा को तिब्बत सरकार के प्रधान के रूप में निर्वासन की स्थिति में मान्यता दी जाए। प्रस्ताव में आगे यह भी कहा गया कि पूर्वी बंगाल के लिए स्वतंत्रता प्राप्त करने हेतु आंदोलन की शुरुआत शीघ्र की जाए, जिससे पाकिस्तान के नियंत्रण से वह अलग हो जाए। श्री मधोक ने कहा कि भारत सोवियत संघ के साथ सहयोगात्मक संबंध कायम रखे, जिससे चीन के खतरे से सावधान रहा जा सके। हमें संयुक्त राज्य अमेरिका पर आर्थिक रूप से निर्भर नहीं रहना चाहिए।

आर्थिक विषय पर सम्मेलन में मूल्य-वृद्धि, औद्योगिक उत्पादन में ह्रास एवं अन्न उत्पादन की दयनीय दशा पर गहरी चिंता व्यक्त की गई। इन सभी के लिए कांग्रेस की आर्थिक नीतियों एवं गलत निर्देशन को दोषी ठहराया गया। मूल्य नीति के कारण जनसंघ ने सरकार के विरुद्ध प्रदर्शन करने का संकल्प किया। ये सभी निर्णय आगामी आम चुनाव को ध्यान में रखते हुए किए गए थे, ताकि जनता को प्रभावित किया जा सके।

1966 के राज्यसभा चुनावों में जनसंघ के तीन सदस्यों की वृद्धि हुई। विधान परिषद् के चुनाव में उत्तर प्रदेश एवं पंजाब में आशा के अनुरूप विजय प्राप्त हुई। महाराष्ट्र, मैसूर तथा आंध्र प्रदेश में भी सफलता मिली। कलकत्ता नगर महापालिका के चुनाव में भी जनसंघ की विजय उल्लेखनीय रही।

पंजाब के विभाजन के लिए संत फतेह सिंह की सहमति हो जाने से मास्टर तारा सिंह काफी दुःखी हुए। संत फतेह सिंह भी दोनों नए राज्यों के सीमांकन से संतुष्ट नहीं थे। मुख्य असंतोष का कारण राजधानी शहर चंडीगढ़ था। संसद् में विधेयक प्रस्तुत किया गया, जिसमें चंडीगढ़ को केंद्रशासित क्षेत्र घोषित करके नई दिल्ली से प्रत्यक्ष शासन की व्यवस्था की गई, लेकिन हरियाणा और पंजाब दोनों के लिए राजधानी चंडीगढ़ बनाए जाने का विधान था। हिमाचल प्रदेश की राजधानी शिमला को बनाया गया।

संत फतेह सिंह ने चंडीगढ़ को पंजाब से निकाले जाने के विरोध में 25

दिसंबर, 1966 को आत्मदाह की धमकी दी। इससे राजनीतिक गतिविधियाँ तीव्र हो गईं। यह प्रयास किया जाने लगा कि कोई समाधान निकल आए। अंततः संत फतेह सिंह को आत्मदाह से बचा लिया गया। जनसंघ ने हरियाणा, पंजाब तथा हिमाचल प्रदेश में अपनी पृथक् शाखाएँ स्थापित कीं। परंतु न तो पंजाब शाखा और न ही हरियाणा। इस समस्या में अधिक उलझना चाहती थी। चंडीगढ़ के केंद्रशासित क्षेत्र होने के कारण जनसंघ का लोकसभा का प्रत्याशी 1967 में वहाँ से विजयी हुआ।

प्रो. मधोक की अध्यक्षता अत्यंत गतिशील एवं प्रगति के पथ पर रही। उन्होंने देश का भ्रमण कर प्रत्येक समस्या पर जनता को अपने विचारों से अवगत कराया। नवंबर 1966 में गौहत्या निषेध संघर्ष के कारण वे जेल भी गए।

संसद् भवन के सामने 5 सितंबर को एक प्रदर्शन हुआ, जिसमें संविधान के अनुरूप गौहत्या के पूर्ण उन्मूलन की माँग की गई। प्रदर्शन के समय तीन धार्मिक नेताओं ने 20 नवंबर को उक्त आंदोलन के समर्थन में अनशन पर बैठने की घोषणा की। उनमें से एक थे श्री प्रमुख ब्रह्मचारी, जो इलाहाबाद एवं वृंदावन में रहते थे। उन्होंने 1952 के चुनाव में नेहरू का विरोध किया था। दूसरे थे जैन समुदाय प्रवक्ता मुनि सुशील कुमार, जिन्होंने संसद् में लोकसभा के जनसंघी सदस्य स्वामी रामेश्वरानंद ने माँगों के समर्थन में लोकसभा में जोरदार आपत्ति व्यक्त की, जिससे लोकसभा अध्यक्ष ने सदन की काररवाई को स्थगित कर दिया।

नेताओं ने सर्वदलीय गोरक्षा महाभियान समिति की स्थापना की और उसकी बैठक नई दिल्ली में की। सर्वोच्च परिषद् में प्रभुदत्त ब्रह्मचारी, श्री गोलवलकर, स्वामी करपात्रीजी, जगद्गुरु शंकराचार्य, मुनि सुशील कुमार, स्वामी गुरुवरनदास (भारत साधु समाज) तथा हनुमान प्रसाद पोद्दार थे।

एक कार्यसमिति का गठन हुआ, जिसमें उच्चतम परिषद् के मनोनयन से हंसराज गुप्त, वी.पी. जोशी, सेठ गोविंद दास (कांग्रेस), रामगोपाल शॉलवाले (आर्यसमाज), नंदलाल शास्त्री तथा प्रो. राम सिंह सदस्य बनाए गए। संगठन की बैठक में दीनदयाल उपाध्यायजी ने भी उपस्थित होकर वक्ताओं में भाग लिया। 3 नवंबर को नागपुर में जनसंघ कार्य समिति ने इसे अपना पूर्ण समर्थन देने का वादा किया।

7 नवंबर, 1966 को गौहत्या के विरोध में नई दिल्ली में एक विशाल प्रदर्शन की योजना बनाई गई। लगभग 1.25 लाख लोगों ने उक्त प्रदर्शन में भाग लिया, जो संभवतः अभूतपूर्व था, इसका अंत अत्यंत दुःखद रहा। पुलिस को शक्ति का प्रयोग

करना पड़ा। यातायात के साधनों में आग लगा दी गई। सबसे उत्तेजनापूर्ण स्थिति यह थी कि श्री कामराज को उनके आवास से निकालकर अपमानित किया गया और उनके सेवक भी घायल हुए।

संसद् भवन के बाहर अनेक वक्ताओं ने भाषण दिया। स्वामी करपात्रीजी ने सर्वप्रथम उत्तेजनापूर्ण भाषण दिया। प्रदर्शनकारी शांत थे। ज्यों ही दूसरे वक्ता स्वामी रामेश्वरानंद ने मंच पर अपना स्थान ग्रहण किया और कहा कि संसद् भवन में प्रवेश या बाहर आने की किसी भी व्यक्ति को आप अनुमति न दें, उत्तेजित भीड़ ने संसद् भवन के सामने एक पंक्ति बना ली और पत्थर बरसाने लगे। डंडे आदि चलने के कारण मारपीट शुरू हो गई। श्री वाजपेयी तथा प्रभुदत्त ब्रह्मचारी ने समूह को रोकने का असफल प्रयास किया। लगभग 7 व्यक्ति मारे गऐ।

स्वामी रामेश्वरानंद को तुरंत गिरफ्तार कर लिया गया। 8 नवंबर को नंदलाल शास्त्री, श्री हरदयाल, श्री देवगुण, श्री जोशी, श्री ओमप्रकाश त्यागी, श्री वसंतराव तथा प्रो. विजय कुमार मलहोत्रा बंदी बना लिये गए। दूसरे दिन 9 नवंबर को लाला हंसराज गुप्त, लालचंद अठयानी, कुँवरलाल गुप्त तथा बलराज मधोक को भी गिरफ्तार कर लिया गया। जनसंघ ने उक्त समिति के साथ किसी भी प्रकार का संगठनात्मक संबंध अस्वीकार कर दिया और इसका समर्थन मुनि सुशील कुमार ने किया। बलराज मधोक तथा अन्य को 18 नवंबर को मुक्त कर दिया गया। मुख्य रूप से नंगे साधुओं को जेल में अधिक समय तक रोक लिया गया। प्रो. मधोक तथा जनसंघ ने समस्त घटनाक्रम की न्यायिक जाँच की माँग की।

प्रभुदत्त ब्रह्मचारी तथा जगद्गुरु शंकराचार्य अपने पूर्व निश्चित कार्यक्रम के अनुसार भूख हड़ताल पर बैठ गए। अनशन 30-31 जनवरी तक क्रमश: चलता रहा। इस बीच सरकार द्वारा गठित एक समिति ने यह प्रयास किया कि सरकार तथा अनशनकारियों के बीच समझौते का कोई मार्ग निकल आए। जनसंघ ने दोनों नेताओं से अनशन त्यागने के लिए अनुरोध किया एवं सुझाव दिया कि इस प्रश्न का जनमत तथा संवैधानिक तरीकों से समाधान निकाला जाए। इसमें संदेह नहीं कि उक्त आंदोलन का प्रभाव आगामी चुनावों पर पड़ने वाला था। करपात्रीजी ने इसीलिए जनसंघ का संयुक्त मोर्चे में सम्मिलित होने के लिए आह्वान किया। जनसंघ ने ऐसा नहीं किया, लेकिन गौहत्या उन्मूलन की माँग की, क्योंकि गौहत्या निषेध जनसंघ के चुनाव घोषणा-पत्र का अंश था।

1967 के आम चुनाव के पूर्व ही जनसंघ के लोकसभा के दो सदस्य दल

त्यागकर कांग्रेस में सम्मिलित हो गए। प्रतापगढ़ के राजा अजित सिंह ने 14 मार्च, 1966 को जनसंघ छोड़कर कांग्रेस की सदस्यता के लिए प्रयास किया। पंजाब विभाजन के ठीक बाद चौधरी लहरी सिंह ने पंजाब दंगे के लिए जनसंघ को दोषी ठहराते हुए दल से त्याग-पत्र दे दिया। लेकिन दल की लोकसभा की सदस्यता में एक सदस्य की वृद्धि 27 मई, 1966 को हुई, जब जयपुर के महाराजा विजयभूषण सिंह देव राम राज्य परिषद् को त्यागकर जनसंघ में सम्मिलित हो गए।

विधानसभाओं में जनसंघ के सदस्यों की संख्या में तीन गुना वृद्धि हुई। 1962 के चुनाव में विधानसभा में जनसंघ को कुल 119 स्थान मिले थे। 1967 के चुनाव के ठीक पहले वह संख्या 122 हो गई। इस परिवर्तन के कारण निम्न थे—

1. **बिहार :** बिहार में जनसंघ के कुल विधायकों की संख्या तीन थी, लेकिन मुंगेर के उप-चुनाव में जनसंघ ने कांग्रेस से सीट छीन ली।
2. **मध्य प्रदेश :** मध्य प्रदेश में जनसंघ के सदस्यों की संख्या 41 से 46 हो गई। 6 निर्दलीय एवं एक हिंदू महासभा के सदस्य जनसंघ में सम्मिलित हो गए। दल ने उप-चुनाव में अपना एक स्थान कांग्रेस को खो दिया और एक सदस्य प्रजा समाजवादी दल में सम्मिलित हो गया।
3. **पंजाब :** पंजाब में आठ स्थान प्राप्त हुए, जिनमें से एक सदस्य ने दल को त्यागकर कांग्रेस की सदस्यता स्वीकार कर ली।
4. **राजस्थान :** संख्या 15 से 13 रह गई, क्योंकि एक जनसंघ सदस्य को अवस्था के कारण विधानसभा में बैठने की अनुमति नहीं दी गई। इस स्थान को जनसंघ के समर्थन से स्वतंत्र दल ने प्राप्त किया तथा एक सदस्य ने त्याग-पत्र देकर कांग्रेस की सदस्यता स्वीकार कर ली।
5. **उत्तर प्रदेश :** उत्तर प्रदेश में संख्या सदस्य 49 पर स्थिर रही, परंतु हिंदू महासभा के एक विधायक जनसंघ में सम्मिलित हो गए तथा दल को बस्ती जिला में कांग्रेस से एक स्थान और प्राप्त हुआ। उप-चुनाव में एक स्थान छिनवा कर कांग्रेस को झटका दिया तथा एक ने त्याग-पत्र देकर कांग्रेस की सदस्यता स्वीकार कर ली।

पं. दीनदयाल उपाध्याय कार्यकाल

भारतीय जनसंघ के संस्थापक स्व. डॉ. श्यामाप्रसाद मुकर्जी ने एक बार कहा था, "यदि दीनदयाल जैसे कुछ व्यक्ति मुझे और मिल जाएँ, तो मैं सारे भारत की राजनीति बदल सकता हूँ।"

अपना संपूर्ण जीवन निस्स्वार्थ भाव से राष्ट्र की सेवा में समर्पित करनेवाले पं. दीनदयाल उपाध्याय का एक ही लक्ष्य था—राष्ट्र को राजनीतिक दृष्टि से सशक्त, सामाजिक दृष्टि से उन्नत एवं आर्थिक दृष्टि से समृद्ध करना। स्व-प्रचार एवं पदलिप्सा की भावना से सर्वथा दूर रहकर एकनिष्ठ भाव से राष्ट्रसेवा करने के कारण वे एक दल के नहीं अपितु समस्त राष्ट्र के पूज्य थे।

भारतीय जनसंघ को यदि डॉ. श्यामाप्रसाद मुकर्जी ने शरीर प्रदान किया, तो दीनदयालजी ने उसमें आत्मा और प्राण का संचार किया। उन्होंने जनसंघ की नीतियों और सिद्धांतों की रचना कर इसे आगे बढ़ाने में बहुत मदद की। लेकिन डॉ. मुखर्जी के बाद दीनदयालजी ने मुखर्जी और दीनदयाल की भूमिका एक ही साथ अदा की। यदि मुखर्जी जनसंघ के कृष्ण थे, तो दीनदयाल अर्जुन। अपनी प्रतिभाओं की बदौलत दीनदयालजी जनसंघ को आगे लिये जा रहे थे। उन्होंने एक महान् शिल्पी की भाँति छिन्न-भिन्न और अलग-थलग विचार रखनेवालों को एक सूत्र में बाँधने का कार्य काफी हद तक पूरा कर लिया था।

उनकी पुस्तकें भारतीय अर्थनीति की एक दिशा, एकात्म मानवतावाद, राष्ट्रीय जीवन की समस्याएँ, प्रीमिसेज, परफारमेंस ऐंड प्रॉस्पेक्ट्स, लड़ाई का दूसरा मोर्चा, विश्वासघात आदि इनकी योग्यता की परिचायक हैं।

इन्होंने साप्ताहिक पाञ्चजन्य और दैनिक स्वदेश का संपादन किया। संपादक रहते हुए भी ये प्रूफ रीडर का काम करते नहीं हिचकते थे। समय पड़ने पर साइकिल से अखबारों का बंडल स्टेशन तक ले जाने में भी संकोच नहीं करते थे।

पं. दीनदयालजी कालीकट अधिवेशन में अखिल भारतीय जनसंघ के अध्यक्ष चुने गए। कालीकट का अधिवेशन भारत के इतिहास में स्मरणीय है। 1967 के बाद भारत में उतना शानदार अधिवेशन किसी भी दल का नहीं हुआ, जैसा सत्ता में न रहते हुए भी जनसंघ ने कर दिखाया। अधिवेशन ने प्रमाणित किया कि सभी सत्तालोलुप लोगों ने भारतीयता को दिग्भ्रमित किया है और कर रहे हैं। जनता न समाजवाद चाहती है, न साम्यवाद, बल्कि वह अपना कल्याण अपने ही मौलिक अधिकारों द्वारा चाहती है।

भारतीय जनसंघ के 28 दिसंबर, 1967 को आयोजित 14वें अधिवेशन में श्रीनारायण नगर में निवर्तमान अध्यक्ष प्रो. बलराज मधोक ने अध्यक्ष पद का कार्यभार श्री दीनदयाल उपाध्याय को सौंपते हुए कहा कि आज मैं अध्यक्ष का काम उन हाथों में सौंप रहा हूँ, जो जनसंघ के किसी कार्यकर्ता के लिए नहीं है

और जिन्होंने गत 15 वर्षों से दल का वास्तविक नेतृत्व सँभाला है। आज केरल, कश्मीर और असम में कुछ ऐसी शक्तियाँ पनप रही हैं, जिनसे देश की सुरक्षा और अखंडता को खतरा हो सकता है और जनसंघ उस खतरे को समूल नष्ट करने के लिए कटिबद्ध है।

इसके पश्चात् श्री दीनदयाल उपाध्याय ने अपने अध्यक्ष निर्वाचित किए जाने के उपलक्ष्य में आभार प्रकट करते हुए कहा, "दल का अध्यक्ष तो बदलता ही रहता है, परंतु उसकी नीतियाँ, सिद्धांत और लक्ष्य नहीं बदलते। अपने संगठन की पद्धति सामूहिक कार्य करने की रही है। इसी के बल पर जनसंघ बढ़ा है। जनसंघ किसी नेता के नाम पर नहीं बल्कि अपने कार्यकर्ताओं के सामूहिक नेतृत्व के बल पर ही आगे बढ़ा है, जो उसकी प्रगति का संबल है।"

1967 का वर्ष भारतीय जनसंघ के विकास का सर्वोत्कृष्ट वर्ष था। एक तो पं. दीनदयाल उपाध्याय जैसा कर्मठ अखिल भारतीय अध्यक्ष मिला तथा दूसरी ओर केरल अधिवेशन से जनता का ध्यान जनसंघ के प्रति आकृष्ट हुआ।

केरल अधिवेशन में अध्यक्ष पद से भाषण करते हुए उपाध्यायजी ने समस्याओं का स्वरूप, राज्यपालों का व्यवहार, संयुक्त शासनों की उपलब्धियाँ, संसदीय प्रजातंत्र की कसौटी, दल परिवर्तन, केंद्र और प्रांतों के संबंध, स्थायी वित्त आयोग, कर पद्धति पर पुनर्विचार, अवमूल्यन से लाभ नहीं, ध्यान बँटाने वाले प्रश्न, बैंकों के सामाजिक नियंत्रण, योजना को बाधित न होने देने के मुद्दे, आर्थिक स्वाधीनता, कृषि की समस्याएँ, सस्ते गल्ले की सहायता, खाद्य क्षेत्र तोड़ो, राष्ट्रीय स्तर पर प्रश्नों का विचार हो, अंतर्प्रांतीय सीमा विवाद, असम की पुनर्रचना, हिंदू नागा क्यों नहीं, कश्मीर पर पीछे हटना असह्य, सादिक सरकार की असफलता, सांप्रदायिक दंगे और निहित स्वार्थ, भाषा, जागरण की वेला आदि विषयों की ओर जनता का ध्यान आकृष्ट कर अपने लक्ष्य का प्रतिपादन करते हुए कहा, "हमने किसी संप्रदाय या वर्ग का नहीं बल्कि संपूर्ण राष्ट्र की सेवा का व्रत लिया है। सभी देशवासी हमारे बंधु-बांधव हैं। जब तक हम इन सभी बंधुओं को भारतमाता के सपूत होने का सच्चा गौरव प्रदान नहीं करा देंगे, हम चुप नहीं बैठेंगे। हम भारतमाता को सही अर्थों में सुजला, सुफला बनाकर रहेंगे। हिंद महासागर और हिमालय से परिवेष्टित भारतखंड में जब तक एकरसता, कर्मठता, समानता, संपन्नता, ज्ञानवत्ता, सुख और शांति की सप्त जाह्नवी नहीं ला पाते, हमारा भगीरथ तप पूर्ण नहीं होगा। इस प्रयास में ब्रह्मा, विष्णु और महेश सभी हमारे सहायक होंगे। विजय का विश्वास है, तपस्या का निश्चय लेकर चलें, विजय हमारा वरण करेगी।"

सुरक्षा और वैदेशिक संबंध

सुरक्षा और वैदेशिक संबंध के विषय में जनसंघ का सुविचारित मत है कि विदेश नीति को तीव्रगति से बदलते हुए घटनाक्रम की पृष्ठभूमि में उसका पुनः निर्धारण किया जाए। इस नीति की प्रमुख रूपरेखा निम्नलिखित थी—

1. कम्युनिस्ट चीन और पाकिस्तान के मुकाबले भारत को मित्रता का प्रसार करना चाहिए। इनमें सैनिक और कूटनीतिक समर्थन देने वाले देशों का समावेश होना चाहिए।
2. संयुक्त राज्य अमेरिका और सोवियत रूस के साथ मित्रता के गहरे संबंध रखते हुए हमें स्वतंत्र विदेश नीति का अवलंबन करना चाहिए।
3. तिब्बत, सिकियांग, दक्षिणी मंगोलिया और पख्तूनिस्तान की स्वतंत्रता के लिए संघर्षरत शक्तियों को भारत को समर्थन देना चाहिए। दलाई लामा की निर्वासित सरकार को मान्यता और तिब्बत की स्वतंत्रता का प्रश्न भारत को संयुक्त राष्ट्र संघ में उठाना चाहिए।
4. सुरक्षा की दृष्टि से आणविक प्रतिरोध के विकास को प्राथमिकता दी जानी चाहिए।
5. सीमावर्ती क्षेत्रों में संदिग्ध निष्ठा वाले सभी तत्त्वों को हटाने व भूतपूर्व सैनिकों को बसाने के लिए आवश्यक कदम उठाने चाहिए।

आर्थिक प्रस्ताव

1. सार्वजनिक और निजी दोनों ही क्षेत्रों में विस्तार के ऐसे कार्यक्रम लाए जाएँ, जिससे उत्पन्न क्षमता का पूर्ण उपयोग हो सके।
2. आयात नीति को सुगठित कर उसे कठोर बनाया जाए। निर्यात से पूर्णतः संतुलित आयात नीति अपनाई जाए।
3. किसानों को उनकी फसल का अच्छा दाम दिया जाए। किसान बढ़ी हुई आय का उपयोग पूँजी निर्माण तथा कृषि विकास में करें। इस प्रकार भूमि में छूट, खाद, कुएँ आदि बनवाने के लिए सीमेंट में छूट, ईंधन, उन्नतशील बीज, गाँवों में बिजली की व्यवस्था तथा बैंक खोले जाएँ।
4. एक न्यूनतम मजदूरी की गारंटी देते हुए अधिक उत्पादकता को अतिरिक्त मजदूरी के साथ जोड़ा जाए।
5. शासन खर्च तथा अनुत्पादक खर्च घटाया जाए।

राजनीतिक प्रस्ताव

चौथे आम चुनाव ने देश के राजनीतिक इतिहास में एक नए अध्याय का श्रीगणेश किया। जनता ने अपने मताधिकार के महत्त्व को पहचाना और सत्ता पर कांग्रेस के एकाधिकार को समाप्त कर साबित कर दिया है कि लोकतांत्रिक तरीकों से शासन में परिवर्तन हो सकता है और कोई भी दल जनमत की अवहेलना करके अधिक दिनों तक सत्ता में नहीं रह सकता।

यह संतोष का विषय है कि आम चुनावों में जनसंघ को जनता का व्यापक समर्थन मिला। जीते हुए स्थान और प्राप्त मतों, दोनों ही दृष्टि से सभी गैर-कांग्रेसी दलों में भारतीय जनसंघ आगे रहा। दिल्ली और मद्रास को छोड़कर शेष प्रदेशों में किसी भी एक गैर-कांग्रेसी दल को स्पष्ट बहुमत नहीं मिला। जनसंघ ने जनभावनाओं का आदर कर कांग्रेस के कुशासन से त्रस्त जनता को राहत देने के आधार पर न्यूनतम कार्यक्रम के अनुसार संयुक्त मंत्रिमंडलों के गठन में योग दिया। यह पहला अवसर था, जब विभिन्न विचारधारा वाले दलों के मिले-जुले मंत्रिमंडलों का इतने व्यापक पैमाने पर गठन हुआ। जहाँ तक पश्चिम बंगाल का संबंध है, वामपंथी कम्युनिस्टों ने भूमि सुधार के नाम पर नक्सलबारी में सशस्त्र विद्रोह को उभारा, घेराव को प्रोत्साहन देकर औद्योगिक अशांति पैदा की और उद्योगपति-मजदूरों के रिश्तों को हानि पहुँचाई।

यह सोच का विषय है कि कांग्रेस ने बदलती हुई परिस्थिति में एक स्वस्थ विरोधी दल की जिम्मेदारी निभाने के स्थान पर गैर-कांग्रेसी मंत्रिमंडलों को तोड़ने के लिए हर प्रकार के अप्रजातांत्रिक, असंवैधानिक और भ्रष्ट साधन अपनाए।

भारतीय जनसंघ की माँग थी कि चुनाव में विदेशी धन के उपयोग के आरोपों की जाँच के लिए सर्वोच्च न्यायालय के किसी न्यायाधीश की अध्यक्षता में एक आयोग नियुक्त किया जाए।

आम चुनाव में कांग्रेस की भारी पराजय से लगने लगा कि अब उसका कोई भविष्य नहीं। कांग्रेस की आदर्शवादिता समाप्त हो चुकी थी। यह स्वार्थी लोगों और अवसरवादियों की एक टोली मात्र रह गई। संपूर्ण देश में कांग्रेस का स्थान लेने वाले एक वैकल्पिक दल का विकास न होने के कारण कुछ लोगों के मन में आशंकाएँ उत्पन्न हुईं। इन आशंकाओं के प्रति जनसंघ बेखबर नहीं था, किंतु उसका विश्वास था कि एकात्मकता तथा लोकतांत्रिक जीवन-मूल्यों में जनता की निष्ठा इतनी गहरी तथा अद्भुत है कि एक दल के उत्थान-पतन से उसे आँच नहीं आने पाएगी।

भारतीय जनसंघ ने जनता का आह्वान किया कि अब तक की अपनी उपलब्धियों की रक्षा और उज्ज्वल भविष्य की रचना के लिए कमर कसकर खड़ी हो जाए। भारत का भविष्य हमें पुकार रहा है। विवेक और आत्मविश्वास से काम लेकर और परिश्रम की पराकाष्ठा पर पहुँचकर हम झोंपड़ी-झोंपड़ी तक जनसंघ का संदेश और संगठन को पहुँचाने का संकल्प करें। वर्तमान संकट से देश को उबारने का यही एकमात्र मार्ग है।

26 सितंबर, 1967 को मध्याह्न 12 बजे भारतीय जनसंघ के अध्यक्ष श्री दीनदयाल उपाध्याय ज्यों ही उतरे, 'जनसंघ अमर रहे' के जयघोष से संपूर्ण वायुमंडल गूँज उठा। चारों तरफ केसरिया टोपी और ध्वज दिखाई दे रहे थे। केरल की परंपरागत पद्धति नयारापर (खान के पूर्ण कुंभ), नीलाविलक्डू (पूजा के समय प्रयोग में लाया जानेवाला दीप) से उपाध्यायजी का स्वागत किया गया और केरल जनसंघ के अध्यक्ष श्री पी.एस.एस. अय्यर सहित अनेक कार्यकर्ताओं ने उन्हें पुष्पमालाएँ पहनाईं।

इस अधिवेशन की सबसे बड़ी विशेषता यह रही कि नगरवासी अन्य राजनीतिक दलों से संबंध रखते हुए भी जनसंघ के अधिवेशन में सहयोग दे रहे थे। इसी प्रकार अनेक कम्युनिष्ट समर्थक ने भी दल को छोड़कर खुलेआम जनसंघ का झंडा लेकर काम करना शुरू कर दिया।

एक बैठक में दिल्ली से बिहार जाते समय 11 फरवरी, 1968 को मुगलसराय में रेलवे यार्ड में श्री उपाध्याय मृत पाए गए। उनका शव श्री अटल बिहारी वाजपेयी के दिल्ली आवास पर लाया गया। उसके बाद जनसंघ का भार अटलजी पर आ गया।

लालकृष्ण आडवाणी का कार्यकाल

श्री लालकृष्ण आडवाणी का जन्म 8 नवंबर को कराची में हुआ तथा शिक्षा हैदराबाद और कराची में हुई। उन्होंने विधि से स्नातक किया व पत्रकारिता भी की। 1966-67 में वे दिल्ली नगर महापरिषद् में जनसंघ दल के नेता रहे। 1957 से 1970 के बीच वे नगर महापरिषद् के अध्यक्ष भी रहे। ज्ञातव्य है कि आडवाणीजी भारतीय राजनीति में चुनाव पद्धति में सुधार के प्रथम प्रस्तुतकर्ता हैं। वे लगातार इस दिशा में प्रयत्सरत रहे हैं। भारतीय राजनैतिक धरातल पर चुनाव सुधार का जो दबाव बना है, उसके पीछे बहुत कुछ उनकी प्रतिभा और साधना रही है।

अपने दो वर्ष के कार्यकाल में उनकी राजनैतिक मेधा ने देश के नेताओं में एक उच्च स्थान बनाया। पिछले वर्ष जब राष्ट्रपति ने गुजरात से राज्यसभा के चुनाव के संदर्भ में सर्वोच्च न्यायालय से सम्मति माँगी, तब श्री आडवाणीजी को जनसंघ की ओर से बतौर विधिशास्त्री नियुक्त किया गया। उन्हें सर्वोच्च न्यायालय के न्यायाधीशों की ओर से भूरि-भूरि प्रशंसा प्राप्त हुई थी।

जनसंघ का 18वाँ अधिवेशन—कानपुर (1973)

10 फरवरी, 1973 को कानपुर के दीनदयाल नगर में भारतीय जनसंघ के 18वें श्री अधिवेशन का शुभारंभ करते हुए पीतांबरदास ने कहा कि इस देश की वर्तमान समस्याओं का हल ढूँढ़ने के लिए हम एकत्र हुए हैं। अधिवेशन में विचार-मंथन से जो नई दिशा प्राप्त होगी, वही हमारा मार्गदर्शन करेगी।

उधर, अधिवेशन का शुभारंभ होने के पूर्व ही भारतीय जनसंघ के भूतपूर्व अध्यक्ष प्रो. बलराज मधोक अधिवेशन में भाग लिये बिना ही दिल्ली वापस चले गए। उन्होंने पत्रकारों को बताया कि अनावश्यक विवाद और कटुता की वजह से अधिवेशन में भाग नहीं ले रहा हूँ।

लालकृष्ण आडवाणी का अध्यक्षीय वक्तव्य

श्री लालकृष्ण आडवाणी ने कानपुर अधिवेशन में अपने अध्यक्षीय भाषण में निरर्थक उपभोग पर रोक लगाने के लिए प्रत्यक्ष उपभोग कर लगाने, मितव्ययिता बरतने, वक्त की पाबंदी को प्रोत्साहन देने और निर्धन-धनी व्यक्तियों के जीवन-स्तर की विषमताओं को कम करने का सुझाव दिया।

अर्थव्यवस्था पर गंभीर चिंता प्रकट करते हुए उन्होंने कहा कि राष्ट्रीय विकास की दर 1970-71 में 4.7 प्रतिशत से घटकर 1971-72 में 1.5 प्रतिशत हो गई है। उन्होंने कहा कि विकास की दर में और कमी होने की संभावना है। दूसरी तरफ कीमतें बढ़ रही हैं और बेरोजगारों की संख्या 4 करोड़ को गई है। आगे चलकर स्थिति और बिगड़ने की आशंका है।

उन्होंने आगे कहा कि आनेवाले वर्षों में खाद्यान्न, उर्वरक, कोयला और बिजली की कमी का और अनुभव किया जाएगा तथा स्थिति गंभीर होगी। ऐसा अनुमान है कि खाद्यान्नों की कीमत अक्तूबर 1973 तक 16 प्रतिशत और बढ़ जाएगी।

उन्होंने कहा कि आर्थिक मोर्चे पर कांग्रेस पिछले तीन वर्षों में जितना अधिक

विफल रही है, उतनी विफलता शायद कभी देखने को नहीं मिली। प्रधानमंत्री का 'गरीबी हटाओ' कार्यक्रम पूर्ण रूप से विफल हुआ है। श्रीमती गांधी कहती हैं कि देश में हिंसात्मक उपद्रवों के कारण गरीबी हटाओ कार्यक्रम विफल रहा है, किंतु वास्तविकता यह है कि इस कार्यक्रम की विफलता के कारण ही हिंसात्मक उपद्रव हो रहे हैं। उन्होंने आयकर के ढाँचे को और तर्कसंगत बनाने का सुझाव दिया, ताकि करों की चोरी रोकी जा सके।

पाँचवीं पंचवर्षीय योजना को पुनः तैयार करने और उसे रोजगारपरक बनाने की सलाह देते हुए उन्होंने कहा कि इस योजना का लक्ष्य विकास की दर में वृद्धि होनी चाहिए, ताकि 1980 तक सभी लोगों को रोजगार मिल सके। रोजगार के अधिकार को संविधान के मौलिक अधिकारों की सूची में जोड़ा जाए। सरकार को सभी लोगों को रोजगार देने के लिए उत्तरदायी बनाया जाना चाहिए।

आंध्र के विभाजन पर बल

उन्होंने ने द्वितीय राज्य पुनर्गठन आयोग की नियुक्ति की माँग की और आंध्र को विभाजित करने का सुझाव दिया। उन्होंने कहा कि आंध्र का विभाजन ही वहाँ की समस्या का एकमात्र हल है।

शिमला समझौते को शांति के साथ विश्वासघात बताया

उन्होंने शिमला समझौते को देश के जवानों के रक्त और स्थायी शांति के प्रति विश्वासघात की संज्ञा दी और कहा कि समझौते के बाद पाकिस्तान के रुख से यह सिद्ध हो गया कि उसने भारत के विरुद्ध शत्रुता की भावना नहीं छोड़ी है। पाकिस्तान अपनी सैनिक शक्ति को बढ़ा रहा है। उन्होंने कहा कि जनसंघ वास्तविक नियंत्रण रेखा को अंतरराष्ट्रीय रेखा बनाने के विरुद्ध है, क्योंकि यह संवैधानिक, नैतिक और राजनीतिक हर दृष्टि से गलत है। युद्धबंदियों के संबंध में भारत ने सही रुख अपनाया है, किंतु हमें बांग्लादेश को युद्धापराधियों के विरुद्ध मुकदमा चलाने के लिए राजी करना चाहिए। उन्होंने वियतनाम समझौते का स्वागत किया और आशा व्यक्त की कि इससे संपूर्ण हिंद-चीन में शांति स्थापित हो सकेगी। उन्होंने भारत-चीन संबंधों का उल्लेख करते हुए कहा कि जब तक चीन की ओर से नया अध्याय शुरू करने का आश्वासन नहीं मिलता, तब तक भारत की ओर से उदारता दिखाने से कोई लाभ नहीं होगा।

उन्होंने रक्षा मोर्चे पर ढिलाई के विरुद्ध चेतावनी दी और आणविक अस्त्र बनाने के प्रश्न पर पुनर्विचार का आग्रह किया तथा शेख अब्दुल्ला के प्रतिनिधि से वार्त्ता चलाए जाने का विरोध किया।

18वें अधिवेशन के प्रस्ताव

ऋग्वैदिक मंत्रोचारण के बीच भारतीय जनसंघ के अध्यक्ष श्री लालकृष्ण आडवाणी ने दीप प्रज्वलित कर अधिवेशन का शुभारंभ किया। इसके बाद वंदे मातरम् का गायन हुआ। सबसे पहले प्रस्ताव पर बहस शुरू हुई। देश भर से आए जनसंघ के प्रतिनिधियों को दीनदयालनगर, कानपुर से संबोधित करते हुए निम्न प्रस्ताव रखा गया—

चिंताजनक आर्थिक परिदृश्य के निवारण की माँग

1. पाँचवीं योजना की निवेश संबंधी आवश्यकताओं को पूर्णतः बदलकर छोटी सिंचाई योजनाओं तथा शहरी-देहाती क्षेत्रों में छोटे उद्योगों का एक जाल बिछाया जाए और संतुलित परमाणविक टेक्नोलॉजी के विकास पर बल दिया जाए।
2. देहातों में निर्माण कार्यों का एक बड़ा कार्यक्रम अविलंब हाथ में लिया जाए।
3. खेती योग्य परती भूमि का तुरंत वितरण किया जाए और अकाल राहत कार्यों के माध्यम से स्थायी राष्ट्रीय संपत्ति का निर्माण किया जाए।
4. अधिकांश उपभोक्ता वस्तुओं का उत्पादन कुटीर और छोटे उद्योगों के लिए सुरक्षित कर दिया जाए और उन क्षेत्रों में बड़े उद्योगों के प्रवेश की मनाही हो।
5. काम का अधिकार मौलिक अधिकार के रूप में स्वीकार किया जाए, जिसे न्यायालय के द्वारा प्राप्त किया जा सके।
6. सार्वजनिक क्षेत्रों के सभी उद्योगों का उत्पादन बढ़ाकर पूर्ण क्षमता तक ले जाने के लिए कदम उठाए जाएँ।
7. विदेशी सहायता पूरी तरह और अविलंब समाप्त की जाए। पूर्णतया शुद्ध आत्मनिर्भरता लागू की जाए।
8. सभी आर्थिक हितों का गोलमेज सम्मेलन बुलाकर रोजगार, कीमतों,

उत्पादकता तथा आय के बारे में राष्ट्रीय नीतियों का निर्धारण किया जाए।

9. राष्ट्रीयकृत बैंकों में वित्तीय परामर्श सेवाएँ प्रारंभ की जाएँ।

आंतरिक स्थिति के संदर्भ में भारतीय जनसंघ माँग करता है कि

1. भारत सरकार वित्तीय राज्य पुनर्गठन आयोग की नियुक्ति करे, जो आर्थिक विकास तथा प्रशासनिक सुविधा की आवश्यकताओं को ध्यान में रखकर अलग-अलग राज्यों की माँगों पर पूर्वग्रह से रहित और शास्त्रोक्त तरीके से विचार करे। आयोग का निर्णय अंतिम होना चाहिए और सरकार को बिना किसी संकोच के उसे लागू करना चाहिए।
2. संविधान के अनुच्छेद 370 को, जो एक अंतरिम व्यवस्था का अंग है, अविलंब रद्द किया जाए, जिससे जम्मू-कश्मीर शेष राज्यों के समकक्ष हो सके।
3. एक नया प्रेस आयोग गठित किया जाए, जो पत्र-जगत् की सभी समस्याओं पर विचार करे। सरकार प्रेस-स्वामित्व के विकेंद्रीकरण संबंधी प्रस्तावित विधेयक को भी स्थगित कर दे।
4. लोकपाल तथा लोकायुक्त विधेयक को शीघ्रातिशीघ्र पारित किया जाए और प्रधानमंत्री तथा मुख्यमंत्रियों को उसकी परिधि से बाहर न रखा जाए।
5. दल-बदल को अवैध करने के लिए कानून बनाया जाए।
6. विदेशी गुप्तचर सेवाओं पर कड़ी नजर रखी जाए और विदेशी धन तथा प्रचार साहित्य के आगमन को प्रभावशाली ढंग से रोका जाए।
7. संकटकालीन स्थिति तुरंत समाप्त की जाए।

आज देश में अन्न के अभाव, महँगाई, बेरोजगारी तथा सामाजिक भेदभाव के विरुद्ध तीव्र असंतोष व्याप्त है। गरीबी हटाने में असफल सरकार मानो गरीब को ही हटाने पर उतर आई है। भारतीय जनसंघ असंतोष को संगठित करने तथा आर्थिक तथा सामाजिक मोर्चे पर होनेवाले संघर्षों का नेतृत्व करने का संकल्प करता है।

किसानों के लिए

1. किसानों को उनकी उपज का उचित मूल्य दिलाना, अनाज के व्यापार का सरकारीकरण रोकना तथा सस्ते दामों पर बिजली, खाद, पानी, बीज प्रदान करना।

2. भूमि संबंधी कानूनों में परिवर्तनो के फलस्वरूप 15 वर्षों में जोत संबंधी कानूनों में कोई परिवर्तन नहीं हुआ। विकास कर, लगान में वृद्धि आदि को समाप्त करना।
3. छोटे किसानों को 5 वर्ष के लिए ब्याज मुक्त ऋण दिलाना।

भूमिहीनों के लिए

भूमिहीन, जिनमें अधिकांश हरिजन हैं, के बीच भूमि का अविलंब वितरण कराना। विकास के लिए निःशुल्क भूमि की व्यवस्था करना।

कर्मचारियों तथा श्रमजीवियों के लिए

महँगाई के अनुरूप भत्ता दिलवाना, न्यूनतम वेतन सिद्धांत को लागू करना, वेतनभोगियों को महँगाई के परिणामस्वरूप एक माह का अतिरिक्त वेतन दिलाना, राज्य कर्मचारियों को केंद्र के बराबर महँगाई भत्ता दिलाना, निजी संस्थानों, उद्योगों, दुकानों में काम करनेवाले मजदूरों के लिए न्यूनतम वेतन एवं बोनस दिलाना।

दुर्बलों के लिए

हरिजन, जनवासियों, विशेषकर सफाई कर्मचारियों, धोबियों, चर्मकारों, जुलाहों, हाथ ठेला, रिक्शा, ताँगा, स्कूटर और टैक्सी चालकों तथा हस्तशिल्पियों को विशेष आर्थिक सुविधा दिलाने की व्यवस्था।

बैंकरों के लिए

1. हर व्यक्ति के लिए रोजगार का प्रबंध करना।
2. बेरोजगार इंजीनियरों, डॉक्टरों, तक्नीशियनों तथा अन्य नौज़वानों को उद्योग आरंभ करने के लिए कोटा परमिट लाइसेंस आदि दिलाना।

दिखावे पर अंकुश लगाने के लिए

1. राष्ट्रपति, राज्यपालों तथा मंत्रियों के निवास, प्रवास तथा आमोद-प्रमोद में कटौती करना और सरकारी समारोहों में सादगी लाना।
2. एक निश्चित सीमा के ऊपर होनेवाले उपभोग पर भारी कर लगाने और आयकर में वांचू समिति की सिफारिशों के अनुसार भारी कटौती करने के लिए कदम उठाना।

महिलाओं का विकास

महिला कर्मचारियों व सामान्य महिलाओं के विकास हेतु सकारात्मक वातावरण तैयार करना तथा उनके बच्चों की देखभाल के लिए शिशु-सदनों का निर्माण करना आदि।

व्यापारियों के लिए सुविधाएँ

बिक्री कर को उत्पादन कर में बदलना। छोटे दुकानदारों को राष्ट्रीयकृत बैंकों से आसान शर्तें पर ऋण दिलाना।

शहीदों की विधवाओं के लिए

विधवाओं, बच्चों तथा अन्य उचित परिवारों को सरकार द्वारा घोषित सुविधाएँ दिलाना।

गौवंश-वध निषेध

अकालग्रस्त क्षेत्रों में पशुधन को विनाश से बचाने के लिए गौवंश के वध पर पूर्ण प्रतिबंध लगाने के लिए कदम उठाना।

प्रशासन में शुद्धता के लिए

केंद्र और प्रादेशिक स्तर पर सत्तारूढ़ व्यक्तियों द्वारा दलगत तथा व्यक्तिगत स्वार्थ सिद्धि के लिए प्रशासन में हस्तक्षेप को रोकना, समाजविरोधी तत्त्व जो जगह-जगह पर हरिजनों तथा अन्य दुर्बल व्यक्तियों को प्रताड़ित करने के दोषी हैं, दंडित करना। निहित स्वार्थों के साथ गठबंधन, प्रशासन का भ्रष्ट बनाने के सत्तारूढ़ दल के संगठित प्रयास और पुलिस के माध्यम से लोकप्रिय जनांदोलनों को कुचलने तथा नागरिक स्वाधीनता के अपहरण की तानाशाही के विरुद्ध भारतीय जनसंघ के कार्यकर्ता सभी क्षेत्रों और वर्गों में प्रवेश कर तथा उनके कंधे-से-कंधा मिलाकर संघर्ष करें। जनता वर्तमान सरकार से असंतुष्ट है तथा परिवर्तन के लिए अधीर है। जनसंघ को स्वस्थ और कल्याणकारी परिवर्तन का अग्रदूत बनना है और सभी संप्रदायों तथा भाषा-भाषियों के प्रतिनिधि संगठन के रूप में खड़ा होना है।

जनसंघ की नीतियों के खिलाफ प्रो. बलराज मधोक

12 फरवरी, 1973 को श्री आडवाणी ने नई कार्यसमिति की घोषणा की। भारतीय जनसंघ के पूर्व अध्यक्ष प्रो. बलराज मधोक को जनसंघ की नई राष्ट्रीय कार्यसमिति में स्थान नहीं मिला।

पार्टी का अनुशासन भंग करने तथा गैर–जिम्मेदाराना ढंग से वक्तव्य आदि देने के विरोध में प्रो. मधोक को 'कारण बताओ' नोटिस दिया गया तथा 7 दिनों के अंदर उनसे स्पष्टीकरण की माँग की गई। पत्रकार सम्मेलन में पत्रकारों को संबोधित करते हुए श्री आडवाणी ने कहा कि अपनी असावधानियों के लिए प्रो. मधोक साहब खेद प्रकट करें तथा दलीय अनुशासन का पालन करें।

प्रो. मधोक ने कार्यसमिति से अपने निष्कासन आदेश पर प्रतिक्रिया व्यक्त करते हुए कहा, "कार्यसमिति के अधिकांश सदस्यों ने मेरे नोट पर विचार करने की बजाय बहुत सी बातों के लिए मुझसे पूछताछ करना और आरोप लगाना शुरू कर दिया। इतना ही नहीं, श्री नानाजी देशमुख सहित कुछ और सदस्यों ने मुझे इस्तीफा देकर एक मित्र की तरह पार्टी से अलग हो जाने की राय दी, किंतु मैंने इसे उपयुक्त नहीं समझा। मेरी धारणा है कि जनसंघ सैद्धांतिक रूप से स्वतंत्र पार्टी है तथा यह श्रीमती गांधी की कांग्रेस के विरुद्ध लोकतांत्रिक राष्ट्रवादी विकल्प के रूप में कार्य कर सकता है। उन्होंने कहा कि नोट में जो सैद्धांतिक सुझाव दिए गए थे, उनमें से अनेक कानपुर सम्मेलन में स्वीकार कर लिये गए, इससे वाजपेयी के नेतृत्व में पार्टी को वामपंथ की ओर ले जाने के लिए तीन वर्ष पूर्व शुरू किया गया अभियान रुक जाएगा।

उन्होंने कहा कि बड़े राज्यों को छोटा करने, 1971 के लोकसभा चुनाव की न्यायिक जाँच और भारत को सोवियत खेमे में ले जाने के खतरे की पूरी बात स्वीकार कर ली गई है।

श्री मधोक ने अपने एक वक्तव्य में राष्ट्रीय स्वयंसेवक संघ के स्वयंसेवकों से अपील की कि वे इस विवाद को संघ तथा उनके बीच का विवाद न मानें। उन्होंने जनसंघ के कार्यकर्ताओं को सलाह दी कि वे हीनभावना से ग्रस्त कुछ नेताओं की बातों से गुमराह न हों।

श्री वाजपेयी ने भारतीय जनसंघ के खुले अधिवेशन में भाषण करते हुए प्रो. बलराज मधोक के आरोपों का खंडन करते हुए कहा कि जनसंघ दक्षिण या वामपंथी चक्कर में नहीं है। दल के पूर्व अध्यक्ष श्री बलराज मधोक का यह आरोप

कि जनसंघ वामपंथ की ओर बढ़ता जा रहा है, सरासर गलत है। उन्होंने आगे कहा कि यदि प्रो. मधोक को दल की नीतियों से विरोध था, तो उन्हें अधिवेशन का बहिष्कार न कर अपने विचारों को जनता के प्रतिनिधियों के समक्ष रखना चाहिए था। इसे सार्वजनिक विवाद का प्रश्न नहीं बनाना चाहिए। हमारी पार्टी में कोई सैद्धांतिक मतभेद नहीं है, हमारा दल पूर्ण लोकतांत्रिक दल है। प्रो. मधोक ने एक बार कहा था कि एक ही व्यक्ति को एक साथ अध्यक्ष पद सँभालने के साथ-साथ संसदीय दल का नेता और केंद्रीय संसदीय बोर्ड का अध्यक्ष नहीं होना चाहिए। कार्यसमिति के आधे सदस्य चुने जाने चाहिए और संगठन सचिव का पद समाप्त कर दिया जाना चाहिए। उन्होंने दो महासचिव नियुक्त करने का सुझाव दिया था। प्रो. मधोक ने अपनी पुस्तक 'मर्डर ऑफ डेमोक्रेसी' में पिछले आम चुनाव में जनसंघ की पराजय के लिए पार्टी के नेतृत्व को जिम्मेदार ठहराया। श्री वाजपेयी ने आगे कहा कि कार्यसमिति की बैठक में कोई भी सदस्य श्री मधोक के विचारों से सहमत नहीं था।

प्रो. बलराज मधोक का जनसंघ से निष्कासन

भारतीय जनसंघ के महामंत्री श्री सुंदर सिंह भंडारी ने 12 मार्च, 1973 को दिल्ली में पत्रकारों को सम्मेलन के दौरान बताया कि पूर्व अध्यक्ष प्रो. बलराज मधोक को तीन वर्ष के लिए दल की प्राथमिक सदस्यता समाप्त कर निष्कासित कर दिया गया है। उन्होंने बताया कि प्रो. मधोक के पार्टी-विरोधी कार्यों तथा कटु आलोचनाओं के कारण ही उन्हें निष्कासित किया गया। श्री भंडारी की घोषणा में कहा गया कि गत मास कानपुर में पार्टी की साधाराण परिषद् की बैठक में प्रस्ताव के अनुसार पार्टी के अध्यक्ष श्री आडवाणी ने प्रो. मधोक के निष्कासन का निर्णय लिया है।

श्री भंडारी ने बताया कि साधारण परिषद् की बैठक में पेश किए गए प्रस्ताव में प्रो. मधोक के तत्काल निष्कासन की बात कही गई थी, किंतु कुछ वरिष्ठ नेताओं के आग्रह पर साधारण परिषद् ने उन्हें कारण बताओ नोटिस देने का अंतिम निर्णय लिया। इसके साथ ही पार्टी के अध्यक्ष श्री आडवाणी को इस संबंध में निर्णय लेने का अधिकार दिया गया। प्रो. मधोक को 12 फरवरी को नोटिस भेजा गया तथा उत्तर के लिए एक सप्ताह का समय दिया गया। श्री मधोक 18 फरवरी को अध्यक्ष को पत्र भेजकर स्पष्टीकरण माँगा था। आडवाणी ने 14 फरवरी को मधोक को पत्र

भेजा, जिसमें उन्हें आवश्यक सूचनाए दी गई, जिनकी मधोक को जरूरत थी। इसके साथ ही उत्तर के लिए उन्हें सात दिन का समय दिया गया।

इस पत्राचार के बाद श्री मधोक का एक और पत्र मिला, जिसमें समय बढ़ाने को कहा गया था। पहले 10 मार्च तक और बाद में 12 मार्च तक समय बढ़ाने की बात कही गई। प्रो. मधोक का अंतिम उत्तर 12 मार्च, 1973 को प्राप्त हुआ। प्रो. मधोक का पत्र मिलने के तत्काल बाद श्री आडवाणी ने दिल्ली में उपस्थित पार्टी की कार्यसमिति के सदस्यों से अनौपचारिक विचार-विमर्श करने के बाद प्रो. मधोक को पार्टी से निष्कासित करने का निर्णय लिया। श्री भंडारी ने आडवाणी और मधोक के बीच हुए पत्राचार की प्रतियाँ भी प्रेस के लिए भेज दीं।

निष्कासन पर प्रतिक्रिया

अपने निष्कासन पर प्रतिक्रिया व्यक्त करते हुए प्रो. बलराज मधोक ने कहा कि मेरे विरुद्ध की गई काररवाई पार्टी की बढ़ती तानाशाही मनोवृत्ति की द्योतक है, जिसके विरुद्ध मैं बहुत पहले से संघर्ष कर रहा हूँ। मेरे निष्कासन के बावजूद पार्टी की इस मनोवृत्ति के विरुद्ध संघर्ष जारी रहेगा। प्रो. मधोक ने कहा कि मैं पत्रकार सम्मेलन में वक्तव्य दूँगा।

जनसंघ के प्रति आस्था

श्री मधोक ने पत्रकार सम्मेलन में भाषण देते हुए कहा कि पार्टी की एकता के लिए प्रयत्न जारी रखूँगा। जनसंघ का जो बुनियादी सिद्धांत है, वही मेरा भी सिद्धांत है और मैंने अपने को इससे अलग नहीं किया है। पत्रकारों से वार्त्ता के सिलसिले में उन्होंने कहा कि मैंने अपने समर्थकों को पार्टी से न हटने की सलाह दी है। ज्ञातव्य है कि प्रो. मधोक को जनसंघ से तीन वर्ष के लिए निष्कासित कर दिया गया था। प्रो. मधोक ने जनसंघ के नेतृत्व पर प्रहार करते हुए कहा कि पार्टी से मेरा निष्कासन जनसंघ के लिए आत्मघाती सिद्ध हो सकता है। इसके साथ ही उन्होंने यह भी कहा कि उनका किसी नए दल के गठन या किसी अन्य दल में सम्मिलित होने का विचार नहीं है तथा पार्टी से निष्कासन का कोई अर्थ भी नहीं है। उन्होंने कहा कि देश में कोई ऐसा दल नहीं है, जिसका सिद्धांत जनसंघ से मिलता हो।

प्रो. मधोक ने कहा कि देश को इस समय कांग्रेस-कम्युनिस्ट गठबंधन के विकल्प के तौर पर एक लोकतांत्रिक विकल्प की आवश्यकता है। इस समय कोई

एक ऐसी लोकतांत्रिक तथा राष्ट्रीय पार्टी देश को इस तरह का विकल्प देने की स्थिति में नहीं है। उन्होंने कहा कि इस समय देश के लिए आवश्यकता इस बात की है कि वर्तमान राष्ट्रीय लोकतांत्रिक दलों का विलय कर एक संयुक्त लोकतांत्रिक एवं राष्ट्रवादी पार्टी बनाई जाए। प्रो. मधोक ने कहा कि मैं शीघ्र ही देशव्यापी भ्रमण करूँगा तथा राष्ट्रीय एवं लोकतांत्रिक विचारों के नेताओं से भेंट कर इस उद्देश्य के लिए प्रयास करूँगा।

जनसंघ से निष्कासन का उल्लेख करते हुए प्रो. मधोक ने आरोप लगाया कि पार्टी के अध्यक्ष श्री आडवाणी को 7 मार्च को भेजे गए पत्र में उन्होंने जो कुछ लिखा, उसे दबा दिया गया और आडवाणी को हाल ही में भेजे गए उत्तर में उन्होंने पार्टी-विरोधी कार्यों से संबंधित इस आरोप का खंडन किया है कि उनके कार्य से पार्टी में नए लोग सम्मिलित हुए तथा चुनाव में पार्टी को विजय मिली। प्रो. मधोक ने कहा कि मैंने आडवाणी को अवगत कराना चाहा था कि भ्रष्ट तरीके से संपत्ति अर्जित करनेवाले दल के लोगों ने अपने कार्य से पार्टी को 1971 के आम चुनाव में विफलता का सामना करवाया।

उन्होंने कहा कि मैं इस आरोप को स्वीकार नहीं कर सकता कि मैं दल विरोधी कार्यों में शामिल था और मैंने अनुशासन का उल्लंघन किया है। प्रो. मधोक ने कहा कि कारण बताओ नोटिस तथा कार्यसमिति से निष्कासन कर सार्वजनिक रूप से मेरा अपमान किया गया और उससे यदि पार्टी में एकता बनाए रखने का मैंने भरसक प्रयत्न किया, किंतु वह विफल रहा।

प्रो. मधोक ने कहा कि 1967 के आम चुनाव के तत्काल बाद पार्टी से मेरा मतभेद उस समय शुरू हो गया, जब कुछ राज्यों में भारतीय कम्युनिस्ट पार्टी और जनसंघ की मिली-जुली सरकार के गठन का मैंने विरोध किया। प्रो. मधोक ने पत्रकारों को बताया कि विभिन्न अवसरों पर उन्होंने अध्यक्ष पद से हटने का विचार किया, किंतु दल की फूट को रोकने के लिए त्याग-पत्र नहीं दिया। इसके बदले में मुझ पर आरोप लगाया गया और मेरे विचारों का समर्थ करने की बजाय जनसंघ के नेता मेरे ही पैर खींचने लगे।

□

राजनीति में नवयुग का प्रयोग

भारतीय जनसंघ की कार्यसमिति ने दल के जनता पार्टी में विलय का प्रस्ताव स्वीकार करते हुए इस प्रक्रिया को डॉ. श्यामाप्रसाद मुकर्जी द्वारा 1952 के आरंभ में किए गए प्रयासों की चरम परिणति बताया। कार्यसमिति में कहा गया कि डॉ. श्यामाप्रसाद मुकर्जी ने 1952 के आम चुनावों के बाद संसद् में राष्ट्रीय जनतांत्रिक मोर्चा बनाकर राष्ट्रवादी विपक्षी दलों को मजबूत बनाने तथा कांग्रेस का विकल्प प्रस्तुत करने का प्रयास किया जाएगा।

1947 में जनसंघ कार्यसमिति ने जम्मू में अपनी बैठक में जनता के उम्मीदवारों की परिकल्पना पेश की थी। इसके पीछे विचार यह था कि कांग्रेस के मुकाबले जनता के उम्मीदवारों को खड़ा किया जाए और सभी दल इन्हें अपनाएँ। यह संपूर्ण परिकल्पना जनता पार्टी के रूप में फलीभूत हुई। इसमें सम्मिलित दलों का विलय करके चुनाव से पूर्व जनता को दिए गए इन वचनों को पूर्ण करने की कोशिश की गई कि चुनाव के बाद वे अपने घटक समाप्त करके एक दल बना लेंगे। किंतु कार्यसमिति के अनेक सदस्यों ने इस बात पर जारे दिया कि जिन व्यक्तियों ने जयप्रकाश आंदोलन का विरोध किया था या अधिनायकवाद के विरुद्ध संघर्ष में विरोधी भूमिका निभाई, उन्हें जनता पार्टी में प्रमुख स्थान नहीं दिया जाना चाहिए। दल के प्रवक्ता ने बताया कि यह बात किसी व्यक्ति या गुट के विषय में नहीं कही गई है।

अनेक सदस्यों का कहना था कि कांग्रेस फॉर डेमोक्रेसी और जनता पार्टी समान आदर्शों के लिए खड़े हुए हैं, अत: उनके अलग-अलग रहने का कोई औचित्य नहीं है। इसलिए कांग्रेस फॉर डेमोक्रेसी का जनता पार्टी में शीघ्र विलय होना चाहिए।

श्री आडवाणी ने अपने अध्यक्षीय भाषण में कहा, "भारतीय जनसंघ के कार्यकर्ता केवल सत्ता के लिए राजनीति में काम नहीं कर रहे हैं, वे सिद्धांतपूर्ण राजनीति में विश्वास रखते हैं। वे उन आदर्शों और सिद्धांतों को कायम रखेंगे, जिनके बल पर जनसंघ जीवित रहा है। श्री जयप्रकाश नारायण और भारतीय जनसंघ द्वारा पहले एक-दूसरे का विरोध करने के बावजूद कालांतर में दोनों अपने को समान धरातल पर ले आए, क्योंकि दोनों सत्ता नहीं, सिद्धांतों की राजनीति में विश्वास करते हैं। राष्ट्रवादी शक्तियों को एक-दूसरे के निकट आने की प्रक्रिया का इतिहास बताते हुए उन्होंने कहा कि जनता पार्टी के रूप में चिरकालीन जनाकांक्षा पूर्ण हो रही है। हमने चुनाव के पूर्व जनता को जो वचन दिया था, उसे पूर्ण कर रहे हैं।

देश में पूर्ण राष्ट्रीय दल का उदय

हर्ष और उल्लास के वातावरण में मई 1977 में जनता पार्टी का विधिवत् प्रादुर्भाव हुआ। भारतीय जनसंघ, संगठन कांग्रेस, भारतीय लोकदल और सोशलिस्ट पार्टी के भूतपूर्व अध्यक्षों ने नए दल में अपनी-अपनी पार्टी के विलय की घोषणा की और प्रतिनिधियों के विशाल समूह ने पार्टी की स्थापना का प्रस्ताव सर्वसम्मति से स्वीकार किया। प्रगति मैदान का भव्य हाल जहाँ मई 1977 में प्रातःकाल नई पार्टी का स्थापना-सम्मेलन हुआ था, लगभग ढाई घंटे तक जय-जयकार और तालियों की गड़गड़ाहट से गूँजता रहा। चारों दलों के अध्यक्षों ने अपने-अपने ढंग से संक्षेप में घोषणा की कि उनके दलों ने अपने अस्तित्व को समाप्त कर जनाकांक्षाओं की नई क्रांतिकारी प्रतीक जनता पार्टी में विलीन होने का विधिवत् निश्चय किया है। दल के महासचिव नानाजी देशमुख ने सम्मेलन का संयोजन किया और नए दल को पंच प्रवाहों का पावन संगम बताया।

चारों अध्यक्षों और विद्रोही कांग्रेसियों के समूह के प्रतिनिधि श्री चंद्रशेखर की घोषणाओं के बाद कांग्रेस फॉर डेमोक्रेसी के अध्यक्ष जगजीवनराम ने भी अपनी पार्टी के विलय की घोषणा की। तदुपरांत प्रधानमंत्री श्री मोरारजी देसाई ने, जो दल के अध्यक्ष थे, नया दल जनता को समर्पित करने का प्रस्ताव प्रस्तुत किया, जिसमें कहा गया था कि जनता पार्टी का प्रादुर्भाव भारतीय जनता द्वारा अपनी खोई हुई स्वाधीनता को प्राप्त करने और लोकतंत्र के राजपथ पर अपनी खंडित यात्रा को पुनः गति प्रदान करने के संकल्प से हुआ था। विशाल जन-समर्थन और उत्साहपूर्ण तथा प्रबल जनस्वीकृति का ही परिणाम था कि विगत चुनावों में जनता पार्टी को

ऐतिहासिक विजय प्राप्त हो सकी। अब वह अपने कोटि-कोटि समर्थकों और शुभेच्छुओं को अपने परिवार में सम्मिलित होने का निमंत्रण देती है, ताकि वह जनसंकल्प की पूर्ति का उपयोगी एवं जीवंत उपकरण बन सके।

जनसहयोग का आह्वान करते हुए प्रस्ताव में कहा गया कि जनता पार्टी जनता की समस्त आशाओं व आकांक्षाओं की अमूल्य धरोहर लेकर चल रही है। जनता पार्टी और सरकार को जितना अधिक सक्रिय सहयोग जनता की ओर से प्राप्त होगा, उतना ही अधिक हम इन आशाओं तथा आकांक्षाओं की पूर्ति की दिशा में आगे बढ़ सकेंगे। जनता की गहरी सूझ-बूझ और उसके सहयोग के बिना पूर्ण लोकतंत्र की स्थापना तथा इस प्राचीन देश का पुनर्सज्जीवन, जिसमें स्वतंत्रता, समता और बंधुत्व के आदर्श फलीभूत हो सकें, संभव नहीं है। प्रस्ताव में सभी निष्ठावान और समर्पित देशवासियों को दल में आने के लिए आमंत्रित किया गया, ताकि वे इसमें शामिल होकर राष्ट्र के भाग्य-निर्माण का विशिष्ट उपकरण बनाने में सहायक हों।

सम्मेलन में दल के संविधान के संबंध में भी एक प्रस्ताव पारित किया गया, जिसके द्वारा नई कार्यसमिति को अधिकार दिया गया कि संविधान में प्रतिनिधियों द्वारा प्रस्तावित सुझावों को ध्यान में रखकर आवश्यक संशोधन करे।

नानाजी देशमुख ने प्रस्ताव पेश किया और श्री राजनारायण ने उसका समर्थन किया था। प्रतिनिधियों ने भी सर्वसम्मति से इसकी अनुमति दे दी। जनता पार्टी सम्मेलन के स्वागताध्यक्ष श्री विजयकुमार मल्होत्रा ने अपने संक्षिप्त भाषण में जनता पार्टी को 'तानाशाहीमर्दिनी' की संज्ञा दी। जब उन्होंने कहा कि आगामी चुनावों में उन लोगों को जनता पार्टी का उम्मीदवार नहीं बनाया जाना चाहिए, जिनके कारण हमारे साथियों को जेल जाना पड़ा, तो उपस्थित प्रतिनिधियों ने करतल ध्वनि वक्तव्य का स्वागत किया।

अपने-अपने दलों को विसर्जित करके उन्हें जनता पार्टी में विलय करने के निर्णय की घोषणा करते हुए चौ. चरण सिंह ने भालौद, लालकृष्ण आडवानी ने जनसंघ, अशोक मेहता ने संगठन कांग्रेस तथा जॉर्ज फर्नांडीज ने सोशलिस्ट पार्टी की ओर से वक्तव्य दिए।

श्री लालकृष्ण आडवाणी ने इस अवसर पर कहा कि भारतीय जनसंघ की प्रतिनिधि सभा ने एक स्वर, एक रूप में निर्णय किया है कि जनसंघ जनता पार्टी में विलीन हो जाए।

चंद्रशेखर जनता पार्टी के नए अध्यक्ष निर्वाचित

जनता पार्टी के अध्यक्ष का निर्वाचन जनता पार्टी के विभिन्न घटकों से मनोनीत पंचों ने किया। यह निर्णय जनता पार्टी की बैठक में लिया गया। बैठक में सर्व श्री मोरारजी देसाई, अटल बिहारी वाजपेयी, चौ. चरण सिंह, जॉर्ज फर्नांडीज और राजनारायण की उपस्थिति में सर्वसम्मत निर्णय लेकर चंद्रशेखर को गठित जनता पार्टी का अखिल भारतीय अध्यक्ष निर्वाचित गया।

तदुपरांत जनता पार्टी के नवनिर्वाचन अध्यक्ष श्री चंद्रशेखर ने 30 सदस्यीय कार्यसमिति की घोषणा की, जिसमें 6 केंद्रीय मंत्रियों को सम्मिलित किया गया। ये थे—श्री मोरारजी देसाई, अटल बिहारी वाजपेयी, लालकृष्ण आडवाणी, चौ. चरण सिंह तथा राजनारायण। चंद्रभानु गुप्त को जनता पार्टी का कोषाध्यक्ष नियुक्त किया गया। नवनियुक्त महामंत्री थे—श्री नानाजी देशमुख, प्रो. मधुलिमये, श्री रविराय तथा कार्य समिति के सदस्य—पी. रामचंद्रन, ए. श्रीधरन, श्रीमती मृणाल गोरे, अशोक मेहता, पी.सी. सेन, के. कृष्णमूर्ति, अरुण जेटली, कर्पूरी ठाकुर, रामानंद तिवारी, सुंदर सिंह भंडारी, श्रीमती सुमति सुलेलकर, चाँदराम, लक्ष्मीकांतम्मा, कुशाभाऊ ठाकरे, पीलू मोदी, संतोषम, रामनरेश यादव, आरिफ बेग, अब्दुल रहमान, रामकृष्ण और वीरेन शाह भी कार्य समिति के सदस्य घोषित किए गए।

विभिन्न राजनैतिक दलों के विलय के बाद दिल्ली के रामलीला मैदान में आयोजित विशाल जनसभा में जनता पार्टी के भावी कार्यक्रम की घोषणा करते हुए श्री अटल बिहारी वाजपेयी ने कहा, "जनता पार्टी के विधिवत् गठन से एक बड़ा स्वप्न पूर्ण हो गया है। हम अब लोकतंत्र के पथ पर चलकर जिस तरह राजनीति बदलते हैं, वैसे ही समाज को बदलेंगे। हम जानते हैं कि महँगाई बढ़ी है, मजदूरों में भी बेचैनी बढ़ी है और स्वार्थी लोग हड़ताल को भड़का रहे हैं। लेकिन मानसून जाने से पूर्व राज्य विधानसभाओं के चुनाव हो जाने के बाद स्थिति पर्याप्त सुधरेगी। अब इस देश में गरीबों का शोषण नहीं होने दिया जाएगा और बड़े-छोटे का भेदभाव भी नहीं रहेगा।"

□

भारतीय राजनीति में नवगठित दल

जनता पार्टी की केंद्रीय कार्यसमिति द्वारा दोहरी सदस्यता को अस्वीकार कर दिए जाने पर श्री लालकृष्ण आडवानी द्वारा दिल्ली में 6 अप्रैल, 1980 को जनता पार्टी के सदस्यों का एक दो-दिवसीय सम्मेलन बुलाया गया, जो दोहरी सदस्यता के प्रश्न को एक सही मुद्‌दा नहीं मानते थे। इस सम्मेलन में लगभग 4000 प्रतिनिधि शामिल हुए। सम्मेलन में भूतपूर्व जनसंघ दल को पुनर्जीवित करने के स्थान पर एक नए दल 'भारतीय जनता पार्टी' की स्थापना की गई। इसका क्रमिक विकास निम्नवत् है।

संगठन : श्री अटल बिहारी वाजपेयी को इस नवीन पार्टी का अध्यक्ष और श्री लालकृष्ण आडवाणी, सिकंदर बख्त तथा मुरली मनोहर जोशी को महासचिव नियुक्त किया गया। भूतपूर्व जनसंघ दल से संबद्ध जनता पार्टी के सदस्य तो इसमें शामिल हुए ही, इसके साथ ही सिकंदर बख्त, राम जेठमलानी, शांतिभूषण और के.एस. हेगड़े जैसे व्यक्ति, जिनका जनसंघ या राष्ट्रीय स्वयंसेवक संघ से कोई संबंध नहीं रहा, भी इस में शामिल हुए।

आदर्श : पार्टी ने जयप्रकाश नारायण की संपूर्ण क्रांति तथा गांधीवादी अर्थदृष्टि को अपना आदर्श बनाया और 6 मई, 1980 को जारी किए गए अपने आधारभूत नीति वक्तव्य में पार्टी को 5 निष्ठाओं से प्रतिबद्ध किया। ये निष्ठाएँ हैं—राष्ट्रवाद और राष्ट्रीय समन्वय, लोकतंत्र, प्रभावकारी धर्मनिरपेक्षता, गांधीवादी समाजवाद और सिद्धांतों पर आधारित साफ-सुथरी राजनीति।

नीति : नीति वक्तव्य में दोहरी सदस्यता के संबंध में कहा गया कि जो सामाजिक व सांस्कृतिक संगठन राजनीतिक गतिविधि में संलग्न नहीं हैं, उनके सदस्यों का भारतीय जनता पार्टी स्वागत करती है। जब तक वे पार्टी की विचाराधारा

और कार्यक्रम में आस्था रखेंगे, उन संगठनों की सदस्यता को पार्टी की सदस्यता के प्रतिकूल नहीं समझा जाएगा। नीति वक्तव्य में देश की मूलभूत समस्याओं के संबंध में राष्ट्रीय सहमति को अपनाने की आवश्यकता पर बल दिया गया। पार्टी ने बड़े राज्यों के स्थान पर नियोजित विकास और कुशल प्रशासन की दृष्टि से छोटे राज्यों की स्थापना की आवश्यकता पर बल दिया, साथ ही घोषणा की कि इसे वह राजनीतिक गतिविधियों और चुनाव का मुद्दा नहीं बनाएगी।

सामाजिक आधार : इसमें कोई संदेह नहीं कि भारतीय जनता पार्टी में राष्ट्रीय स्वयंसेवक संघ के लोगों का आधिक्य है, पार्टी को छोटे व्यापारियों, शहरी मध्यम वर्ग, युवकों तथा बुद्धिजीवियों का समर्थन प्राप्त है।

राजनीतिक उपलब्धि : मई 1980 में 9 राज्यों की विधानसभाओं के लिए जो चुनाव हुए, उनमें भारतीय जनता पार्टी को अपेक्षित सफलता नहीं मिली। फिर भी भारतीय जनता पार्टी के शेष टुकड़ों की अपेक्षा उसे सर्वाधिक 149 सीटें मिलीं। मध्य प्रदेश की कुल 320 सीटों में पार्टी ने 60 सीटें जीती और राजस्थान में भी उसे विरोधी दल के रूप में मान्यता मिल सकी। राजस्थान की कुल 200 सीटों में से भारतीय जनता पार्टी को 32 सीटें मिलीं। मई 1982 के लोकसभा उप-चुनावों में भारतीय जनता पार्टी ने सात में से तीन स्थानों पर विजय प्राप्त की। मध्य प्रदेश में जबलपुर और महाराष्ट्र में ढाणे में उसके उम्मीदवार विजयी रहे। हिमाचल प्रदेश में भारतीय जनता पार्टी ने कांग्रेस (आई) को बराबर की टक्कर दी, लेकिन सत्ता उसके हाथ से फिसल गई। केरल में भी तीसरी शक्ति बनने का भारतीय जनता पार्टी का प्रयास विफल रहा। आंध्र प्रदेश विधानसभा चुनावों में भारतीय जनता पार्टी को छोड़कर बाकी सभी राष्ट्रीय दलों की सदस्य संख्या कम हो गई। दिल्ली महानगर प्ररिषद् और नगर निगम में इसे 38 स्थान प्राप्त हुए। अप्रैल 1983 में पार्टी ने राष्ट्रीय लोकतंत्रीय मोर्चे की रणनीति को स्वीकार किया और लोकदल के साथ गठबंधन कर लिया, किंतु यह गठबंधन दिसंबर 1984 के चुनावों से पूर्व ही टूट गया।

भारतीय जनता पार्टी का चुनावी घोषणा-पत्र (1984)

लोकसभा के दिसंबर 1984 के चुनावों के अवसर पर भारतीय जनता पार्टी ने अपने चुनाव घोषणा-पत्र में वायदा किया कि वह कोई नया टैक्स नहीं लगाएगी, आयकर की सीमा बढ़ाकर 30 हजार रुपए कर देगी, चुंगी और बिक्री कर को समाप्त कर देगी, देश की अखंडता और हर नागरिक की सुरक्षा का प्रबंध करेगी।

आकाशवाणी और दूरदर्शन को पूर्ण स्वायत्तता देने का भी आश्वासन दिया गया। दल ने नैतिक प्रभुत्व को बहाल करने, धर्मनिरपेक्षता की सकारात्मक विचाराधारा को आगे बढ़ाने, व्यापक चुनाव सुधार करने, कृषि और छोटे उद्योगों को उच्च प्राथमिकता देने का भी वायदा किया। भारतीय जनता पार्टी ने 221 स्थानों पर अपने प्रत्याशी खड़े किए और मात्र 2 प्रत्याशी ही आठवीं लोकसभा के लिए चुने गए। उसे 7.4 प्रतिशत मत प्राप्त हुए। दल के अध्यक्ष श्री अटल बिहारी वाजपेयी भी पराजित हो गए। जून 1987 के हरियाणा विधानसभा चुनावों में पार्टी ने शानदार सफलता हासिल की। हरियाणा की साझा सरकार में यह पार्टी शामिल हुई।

भारतीय जनता पार्टी का चुनावी घोषणा-पत्र (1989)

नवंबर 1989 के लोकसभा चुनावों के अवसर पर जारी चुनाव घोषणा-पत्र में भाजपा ने निम्न वायदे किए—1. वह देश की सुरक्षा-व्यवस्था में कोई कमी नहीं रखेगी और परमाणु बम बनाने सहित सभी आधुनिक हथियार देश की सेवा के लिए जुटाएगी। 2. पिछड़ी जातियों के लिए नौकरियों में आरक्षण तथा मंडल आयोग की सिफारिशें लागू करेगी। 3. काम के अधिकार को मौलिक अधिकार बनाया जाएगा। 4. पंचायतों व अन्य स्थानीय निकायों को संवैधानिक दर्जा दिया जाएगा। 5. रक्षा सौदों की व्यापक जाँच कराई जाएगी। 6. मूल्यों में स्थिरता लाई जाएगी। 7. आकाशवाणी और दूरदर्शन को स्वायत्तशासी निगम बनाया जाएगा। 8. सत्ता के विकेंद्रीकरण तथा प्रशासनिक सुविधा के लिए लोकपाल की नियुक्ति की जाएगी। 9. कश्मीर को विशेष दर्जा देने संबंधी संविधान के अनुच्छेद 370 को समाप्त करने की इच्छा प्रकट की। 10. अल्पसंख्यक आयोग की बजाय मानवाधिकार आयोग बनाया जाएगा। 11. मताधिकार के प्रयोग को अनिवार्य बनाने, पुलिस के काम में राजनीतिक हस्तक्षेप रोकने व पर्यावरण का दूषित होने से रोकने का वायदा किया गया।

भाजपा ने लोकसभा की 227 सीटों पर चुनाव लड़ा और उसके 86 प्रत्याशी विजयी हुए। मध्य प्रदेश, राजस्थान, गुजरात, दिल्ली और हिमाचल प्रदेश में भाजपा को अभूतपूर्व सफलता प्राप्त हुई। भाजपा के समर्थन के बिना केंद्र में किसी भी दल की सरकार का गठन असंभव था। भाजपा के समर्थन से वी.पी. सिंह और राष्ट्रीय मोर्चे की सरकार अस्तित्व में आई। फरवरी 1990 में विधानसभा चुनावों के फलस्वरूप राजस्थान, मध्य प्रदेश और हिमाचल प्रदेश में भी भाजपा की सरकारें बनीं।

दसवीं लोकसभा में भाजपा का चुनावी घोषणा-पत्र (1991)

दसवीं लोकसभा चुनाव (मई 1991) के अवसर पर जारी अपने घोषणा-पत्र में भाजपा ने कहा—1. वह केंद्र-राज्य संबंधों को स्पष्ट करने के लिए सरकारिया आयोग की रिपोर्ट लागू करेगी। 2. अनुच्छेद 356 का प्रयोग दल के हित में नहीं करेगी। 3. छोटे राज्यों के निर्माण के लिए रिपोर्ट देने हेतु एक आयोग का गठन करेगी। 4. संविधान की अस्थायी धारा 370 को समाप्त करेगी। 5. अल्पसंख्यक आयोग के स्थान पर मानवाधिकार आयोग की स्थापना करेगी। 6. अयोध्या में भगवान् राम के जन्मस्थान पर राम मंदिर बनवाने के लिए दल प्रतिबद्ध है। 7. लोकायुक्त कानून के अधिकार क्षेत्र में प्रधानमंत्री और मुख्यमंत्री के पद भी शामिल किए जाएँगे। 8. विकास-बजट का 70 प्रतिशत भाग सीधे ग्राम पंचायतों को उपलब्ध कराएगी। 9. मंडल आयोग के बारे में पार्टी पुराने बिहार फॉर्मूले को, जिसे कर्पूरी ठाकुर और कैलाशपति मिश्र ने निर्धारित किया था, आधार मानकर चलेगी। 10. प्रसार भारती अधिनियम लागू करेगी।

इन चुनावों में भाजपा को सर्वाधिक लाभ पहुँचा, भाजपा का वोट प्रतिशत लगभग दोगुना हो गया और वह लोकसभा में मुख्य विपक्षी दल के रूप में उभरी। उसे 120 सीटें और कुल 20.1 प्रतिशत मत मिले। असम में भाजपा को पहली बार दो सीटों पर विजय मिली और 9 प्रतिशत मत मिले। कर्नाटक में भाजपा को पहली बार 4 सीटें मिलीं और 29 प्रतिशत मत मिले। गुजरात में 26 सीटों में से 20 सीटों पर विजय प्राप्त कर उसे 50 प्रतिशत मत मिले।

ग्यारहवीं लोकसभा चुनाव (1996) और भाजपा का घोषणा-पत्र

भाजपा ने 7 अप्रैल, 1996 को जारी अपने चुनाव घोषणा-पत्र में वर्तमान शासन पद्धति को पूरी तरह बदलकर इसे नागरिकों के प्रति जवाबदेह बनाने तथा राजनीतिक, सामाजिक एवं आर्थिक क्षेत्रों में आमूलचूल परिवर्तन करने का आश्वासन दिया। इस अवसर पर पार्टी अध्यक्ष श्री लालकृष्ण आडवाणी ने कहा कि हमारा लक्ष्य राम-राज्य है और यह घोषणा-पत्र आनेवाली सरकार का प्रतिज्ञा-पत्र होगा। कांग्रेस के 50 वर्षों के कुशासन ने देश को एकदम खोखला कर दिया है। ऐसे में राष्ट्रीय पुनर्निर्माण का कार्य एक गंभीर चुनौती है, जिसे पार्टी स्वीकार करती है। पार्टी ने हिंदुत्व की अपनी पैनी धार को बनाए रखने का पुनः संकल्प किया। घोषणा-पत्र में अयोध्या में जन्मस्थान पर राम का भव्य मंदिर बनाने के प्रति पार्टी

का संकल्प दोहराते हुए कहा गया कि सत्ता में आते ही वह इसके रास्ते में आनेवाली सभी रुकावटों को दूर करेगी।

पार्टी ने अपनी सरकार के लिए जो कार्य-सूची तैयार की, उसके पाँच मुख्य सूत्र थे—मजबूत और सुरक्षित भारत, मित्रवत् सरकार, ऋणमुक्त अर्थव्यवस्था, भ्रष्टाचार-मुक्त प्रशासन तथा टकराव और दंगा मुक्त समाज। उसी समय पार्टी अध्यक्ष श्री लालकृष्ण आडवाणी ने श्री अटल बिहारी वाजपेयी को प्रधानमंत्री पद के लिए पार्टी का उम्मीदवार घोषित किया। घोषणा-पत्र में विभिन्न क्षेत्रों में पार्टी की नीतियों और कार्यक्रम का उल्लेख निम्न प्रकार किया गया—

विदेश नीति

पार्टी किसी भी देश का राजनीतिक या आर्थिक आधिपत्य स्वीकार नहीं करेगी। वह सभी देशों के बीच संप्रभुता संपन्न समानता की पक्षधर है। पार्टी देश के आंतरिक मामलों में किसी दूसरे देश का हस्तक्षेप स्वीकार नहीं करेगी।

पाकिस्तान के बारे में घोषणा-पत्र में कहा गया कि पार्टी भारत में अस्थिरता और अशांति फैलाने के उसके प्रयासों को निष्फल बनाने के लिए कटिबद्ध है। कश्मीर पर भारत की संप्रभुता असंदिग्ध है। भारत को सुरक्षा परिषद् की स्थायी सदस्यता दिलाने के लिए पार्टी जोरदार प्रचार और प्रयास करेगी।

सुरक्षा नीति

पार्टी अपने नागरिकों और देश की सुरक्षा को सर्वेच्च प्राथमिकता देती है। पार्टी ने सशस्त्र सेनाओं को अति आधुनिक साजो-सामान से लैस करने राष्ट्रीय सुरक्षा परिषद् की स्थापना करने का वायदा किया। पार्टी ने कहा कि वह परमाणु नीति का पुनर्मूल्यांकन कर सेना को परमाणु हथियार उपलब्ध कराएगी।

आर्थिक नीति

घोषणा-पत्र में कहा गया कि सरकार मुक्त बाजार नीति को प्रोत्साहन देगी, लेकिन वह इसके वैश्वीकरण की इजाजत नहीं देगी, क्योंकि यह देश के हितों के खिलाफ होगा। पार्टी विदेशी पूँजी निवेश का स्वागत करेगी, लेकिन उपभोक्ता वस्तुओं के क्षेत्र में इसे प्रोत्साहित नहीं करेगी। पार्टी केवल बुनियादी सेवाओं, उच्च प्रौद्योगिकी तथा अनुसंधान और विकास के क्षेत्र में ही इसे प्रोत्साहित करेगी। ऐसे

विदेशी निवेशकों को प्राथमिकता दी जाएगी, जो घरेलू निवेशकों से साझेदारी करेंगे। सार्वजनिक क्षेत्र के अंतर्गत केवल वह विषय होंगे, जो राष्ट्र की सुरक्षा से जुड़े हों। पार्टी यह भी सुनिश्चित करेगी कि रिजर्व बैंक स्वायत्त रूप से कार्य कर सके।

पार्टी ने वर्तमान कर ढाँचे को युक्तिसंगत और सरल बनाने तथा आयकर में छूट की सीमा को 60 हजार रुपए करने का भी आश्वासन दिया। पार्टी ने कहा कि वह लघु उद्योगों को पूरा प्रोत्साहन देगी और देखेगी कि बड़े उद्योग उन्हें आघात न पहुँचा सकें। पार्टी ने भ्रष्टाचार और काले धन के खिलाफ लड़ाई को दृढता के साथ जारी रखने का भी संकल्प व्यक्त किया।

चुनाव सुधार

पार्टी का मानना है कि चुनाव में काले धन का इस्तेमाल ही भ्रष्टाचार की जड़ है। सत्ता में आने के बाद वह दोषपूर्ण चुनाव व्यवस्था को बदलने के लिए व्यापक चुनाव सुधार करेगी। इसमें सरकारी खर्च पर चुनाव लड़ना तथा गोस्वामी समिति की सिफारिशों को लागू करना शामिल है।

भ्रष्टाचार निवारण

प्रधानमंत्री सहित उच्च पदों पर बैठे सभी व्यक्तियों के खिलाफ भ्रष्टाचार की जाँच के लिए लोकपाल का गठन किया जाएगा। सी.बी.आई. जैसी गुप्तचर एजेंसियों का राजनीतिक उद्देश्य के लिए इस्तेमाल तत्काल बंद किया जाएगा। सभी निर्वाचित प्रतिनिधियों द्वारा उनकी संपत्ति की घोषणा को अनिवार्य बनाया जाएगा।

कृषि नीति

घोषणा-पत्र में रह गया कि कांग्रेस शासन में कृषिक्षेत्र पूरी तरह उपेक्षित रहा है। भारतीय जनता पार्टी देश के संसाधनों का 60 प्रतिशत कृषि एवं ग्रामीण विकास के लिए करेगी और पिछले पाँच दशकों में हुई गलतियों को सुधारेगी।

कमजोर वर्गों की महिलाओं के लिए विशेष व्यवस्था

सरकार भाजपा सरकार समाज के निम्न वर्गों को राज्य का समर्थन देती रहेगी। अनुसूचित जाति, अनुसूचित जनजाति तथा समाज के अन्य पिछड़े वर्ग व समुदाय के लोगों को वर्तमान सुविधाएँ जारी रखने के लिए सकारात्मक काररवाई

की जाएगी। जनसाधारण के अधिकारों की रक्षा के लिए विभिन्न उपाय किए जाएँगे और उनके आर्थिक कल्याण को सुनिश्चित किया जाएगा। भाजपा ने महिलाओं को सत्ता में भागीदारी देने और प्रत्येक दृष्टि से समान अधिकार देने के लिए शक्ति की अवधारणा पर एक महिला कार्यक्रम बनाया है। इसके अंतर्गत सभी निर्वाचित निकायों में महिलाओं को 33 प्रतिशत आरक्षण दिया जाएगा। घोषणा-पत्र के अनुसार भाजपा महिलाओं के साथ छेड़-छाड़, बलात्कार और दहेज संबंधी कानून में संशोधन के साथ उनके विरुद्ध पारिवारिक उत्पीड़न से निपटने के लिए कानून बनाएगी।

जनसंख्या नीति

पार्टी ने बढ़ती जनसंख्या पर काबू पाने के लिए जनसंख्या नीति में स्पष्ट कहा कि वह परिवार नियोजन को एक बार फिर राष्ट्रीय कार्यसूची में पर्याप्त महत्त्व देगी। पार्टी एक कानून बनाएगी, जिसके अंतर्गत जिस व्यक्ति के दो से अधिक बच्चे होंगे, उसे किसी भी निर्वाचित पद पर खड़े होने के अधिकार से वंचित कर दिया जाएगा।

अल्पसंख्यकों के प्रति नीति

भाजपा ने कहा है कि वह अल्पसंख्यकों के अधिकारों को सुरक्षित करेगी, लेकिन वह तुष्टीकरण की नीति को जारी रखने के पक्ष में नहीं है, क्योंकि यह उन्हें राष्ट्र की मुख्यधारा से जोड़ने के मार्ग में बड़ी अड़चन है। पार्टी अल्पसंख्यकों की शिक्षा और व्यावहारिक प्रशिक्षण पर बल देने तथा मसजिदों के इंतजाम के लिए तिरुपति मंदिर न्यास जैसा ट्रस्ट बनाएगी। वह कपटपूर्वक धर्मांतरण रोकने, इसे संघीय अपराध बनाने तथा इस प्रयोजन से विदेशों से धन प्राप्त करनेवाली मिशनरियों और अन्य संगठनों की गतिविधियों की जाँच के लिए एक जाँच आयोग स्थापित करेगी।

बारहवीं लोकसभा-चुनाव (1998) और भाजपा का घोषणा-पत्र

भारतीय जनता पार्टी ने फरवरी 1999 में लोकसभा चुनावों के लिए जारी किए गए घोषणा-पत्र में उन सभी मुद्दों का समावेश किया, जिन पर वह निरंतर जोर देती रही है, और यह भी बताने का प्रयास किया कि वह देश को किस दिशा में ले जाना चाहती है। भाजपा के घोषणा-पत्र में निम्न पचास प्रमुख वायदे किए गए थे—

1. भाजपा प्रतिबद्ध है कि अयोध्या में उस जन्मस्थान पर भव्य श्रीराम मंदिर का निर्माण हो सके, जहाँ इस समय एक अस्थायी मंदिर है। पार्टी मंदिर के निर्माण के लिए आम सहमति, कानूनी एवं संवैधानिक मार्गों का पता लगाएगी।
2. भाजपा 50 वर्षों के अनुभव के प्रकाश में भारत के संविधान की भलीभाँति समीक्षा करने के लिए एक आयोग बनाएगी, जिसमें संविधान के विशेषज्ञ और प्रतिष्ठित संसदविज्ञ होंगे।
3. भाजपा संविधान के अनुच्छेद 356 के दुरुपयोग को रोकने के लिए आवश्यक कदम उठाने के लिए प्रतिबद्ध है।
4. भाजपा उत्तरांचल, वनांचल, विदर्भ और छत्तीसगढ़ की अलग राज्यों के रूप में स्थापना करेगी और उन्हें पूर्ण राज्य का दर्जा दिया जाएगा।
5. भाजपा धारा 370 समाप्त करेगी।
6. भाजपा सत्ता में आने पर एक व्यापक चुनाव सुधार विधेयक पेश करेगी, जिसके लिए बहुत कुछ काम किया जा चुका है, परंतु उस पर अमल नहीं किया गया है। भाजपा पार्टियों के लिए लेखा परीक्षण, हिसाब-किताब सार्वजनिक जाँच के लिए प्रस्तुत करने को अनिवार्य बनाएगी।
7. भाजपा आतंकवाद का सामना करने के लिए उपयुक्त कानून बनाएगी, साथ ही ध्यान रखेगी कि उस कानून के दुरुपयोग की कोई गुंजाइश न हो और शांति-व्यवस्था बनाए रखने के लिए राज्य सरकारों को समय-समय पर सहायता देगी। स्थानीय पुलिस बलों की मदद के लिए पर्याप्त केंद्रीय पुलिस बल भेजेगी। हम एक आतंक-मुक्त भारत बनाएँगे।
8. भाजपा सरकारिया आयोग की सिफारिशों को तत्काल लागू करेगी, राज्यपालों की नियुक्ति पर पूर्व राज्य सरकारों से परामर्श करेगी और ऐसे उपाय ढूँढ़ेगी, जिनसे राजभवनों का दुरुपयोग राजनीतिक प्रयोजनों के लिए न किया जा सके। भाजपा राज्यों के लिए संसाधनों का आवंटन बढ़ाएगी।
9. भाजपा प्रधानमंत्री सहित सार्वजनिक पद पर प्रतिष्ठित किसी भी व्यक्ति के खिलाफ भ्रष्टाचार के आरोपों की जाँच के लिए लोकपाल नियुक्त करेगी। साथ ही प्रत्येक निर्वाचित प्रतिनिधि के लिए यह आवश्यक कर देगी कि वह अपनी तथा अपने पति/पत्नी, आश्रित बच्चों और माता

पिता की आय और संपत्ति का ब्योरा चुने जाने के बाद 50 दिन के अंदर सार्वजनिक कर। इन घोषित ब्योरों की सार्वजनिक जाँच की जा सकेगी और इन्हें प्रतिवर्ष दिया जाएगा।

10. भाजपा ऐसी नीतियाँ अपनाएगी, जिससे सकल घरेलू उत्पाद की सतत 8-9 प्रतिशत अभिवृद्धि की वार्षिक दर बनाई रखी जा सके। इसका मतलब होगा कृषि में वृद्धि की कम-से-कम 5 प्रतिशत की वार्षिक दर और औद्योगिक वृद्धि की कम-से-कम 12 प्रतिशत की वार्षिक दर बनाई रखी जाए।
11. भाजपा सरकार प्रत्यक्ष एवं अप्रत्यक्ष कर के दायित्वों के स्वेच्छा से निर्वहन की एक पद्धति तैयार करेगी, जिसमें कुछ चुने हुए मामलों में निर्धारित कर की परीक्षण के तौर पर जाँच की जाएगी और करवंचकों की दोष-सिद्धि में शीघ्रता आएगी।
12. भारत सरकार जापान के एम.आई.टी.आई. की तरह एक ढाँचागत मंच के द्वारा भारतीय उद्योग के साथ दैनिक कार्यकारी संबंध सुनिश्चित करेगी।
13. भाजपा प्रतिवर्ष एक करोड़ नौकरियों का सृजन करेगी। इसके लिए ऐसे क्षेत्रों पर बल दिया जाएगा, जिनमें रोजगार की बहुत अधिक संभावनाएँ हैं, इनमें लघु कारीगर आधारित एवं ग्रामीण उद्योग, ढाँचागत सुविधाएँ, आवास (शहरी एवं ग्रामीण), निर्माण, कृषि, परती भूमि विकास तथा वानिकी और निर्यात के लिए सघन श्रमशक्ति शामिल हैं।
14. भाजपा लघु उद्योग को, जो देश की अर्थव्यवस्था और रोजगार की रीढ़ है, न तो देश के बड़े औद्योगिक घरानों और न ही विदेशी कंपनियों की असमान स्पर्धा की मुसीबत में डालेगी।
15. भाजपा भागीदारी (अनिगमित) क्षेत्र के बारे में एक पृथक् विकास बैंक की स्थापना पर भी विचार करेगी। भागीदारी क्षेत्र के योगदान के बारे में एक चेतना उत्पन्न करने तथा राष्ट्रव्यापी ज्यादतियों से इसकी रक्षा करने के लिए एक राष्ट्रीय कानून बनाने का कार्यक्रम भी शुरू किया जाएगा।
16. भाजपा श्रमिक कानून का सरलीकरण तथा युक्तिकरण करेगी। मजदूर संघों को गुप्त मतदान के आधार पर मान्यता प्रदान करेगी और नीचे से उपर तक श्रमिक भागीदारी सुनिश्चित की जाएगी।
17. भाजपा ऊर्जा के क्षेत्र में पूँजी निवेश बढ़ाएगी और यह सुनिश्चित करेगी

कि सभी त्वरितगामी परियोजनाओं का निर्माण 1998 में प्रारंभ हो जाए।

18. भाजपा भारी संख्या में टेलीफोन लाइनों में वृद्धि करेगी। विशेषकर ग्रामीण क्षेत्रों में और व्यापारिक क्षेत्र में साथ देगी, घरों की श्रव्य-दृश्य उपकरणों एवं आँकड़ा संप्रेषण की आवश्यकताओं को पूरा करेगी।
19. भाजपा सुनिश्चित करेगी कि खाद्य के मामले में किसान और उपभोक्ता के हितों के प्रति अधिक ध्यान दिया जाए। पूर्व लोकतांत्रिक चर्चा के उरुग्वे दौर के अंतर्गत कृषि से संबंधित कोई भी कानून और व्यवस्था क्रियान्वित न की जाए।
20. भाजपा राज्य सरकारों और नगरीय विकास प्राधिकरणों से परामर्श करके राष्ट्रीय आवास नीति तैयार करेगी। इस नीति का उद्‌देश्य प्रतिवर्ष 20 लाख नए मकानों का निर्माण कराना होगा। इस प्रकार सन् 2000 तक सभी को आवास प्रदान किया जा सकेगा।
21. भाजपा बच्चों की रोग मुक्ति के लिए शत-प्रतिशत बच्चों को रोगमुक्त टीके लगाने की व्यवस्था करेगी। प्रत्येक पंचायत में एक मुफ्त और वास्तविक कार्यशील बुनियादी स्वास्थ्य केंद्र की व्यवस्था की जाएगी, जहाँ विशेष रूप से माँ और बच्चे की देखभाल की व्यवस्था होगी।
22. भाजपा शिक्षा पर राज्य व्यय को उत्तरोत्तर सकल राष्ट्रीय उत्पाद के 6 प्रतिशत या इससे अधिक सीमा तक बढ़ाएगी। हम 2010 तक पाँच वर्ष के अंदर लगभग संपूर्ण कामकाज लायक साक्षरता का लक्ष्य प्राप्त कर लेंगे।
23. भाजपा कृषि संबंधी कार्यों और ग्रामीण विकास के लिए बजट में योजना धनराशि का 60 प्रतिशत निर्धारित करेगी।
24. भाजपा लागत के साथ-साथ सभी प्रकार की कृषि उपजों का लाभप्रद मूल्य निर्धारित करने के लिए कृषि मूल्य एवं कीमत आयोग स्थापित करेगी।
25. भाजपा सभी किसानों के लिए राष्ट्रव्यापी फसल एवं पशुपालन बीमा योजना शुरू करेगी।
26. भाजपा देश भर में खाद्यान्नों को स्वतंत्र रूप से लाने-ले जाने की अनुमति देगी।
27. भाजपा 10 वर्षों में खाद्य उत्पादन दो गुना करके देश से भुखमरी मिटाने

का प्रयास करेगी। छोटी, मध्यम, बड़ी परियोजनाओं द्वारा सिंचित भूमि को दस वर्षों में दो गुना किया जाएगा।

28. भाजपा कृषि कार्यों के लिए पर्याप्त एवं भरोसेमंद बिजली की आपूर्ति सुनिश्चित करेगी।
29. भाजपा कृषियोग्य भूमि अधिकतम सीमा कानून को सभी राज्यों में लागू करेगी और भूमिहीनों में अधिकतम सीमा की फालतू भूमि का वितरण करेगी।
30. भाजपा गायों और गौवंश के पशुओं के वध पर प्रतिबंध लगाएगी, जिसमें बैल और बछड़े शामिल होंगे और गौ-मांस निर्यात सहित इसके व्यापार पर प्रतिबंध लगाएगी।
31. भाजपा सुरक्षा संबंधी, राजनीतिक तथा आर्थिक खतरों का सतत विश्लेषण करने और सरकार को सलाह देते रहने के लिए एक राष्ट्रीय सुरक्षा परिषद् स्थापित करेगी। यह परिषद् भारत की सीमाओं की रक्षा-समीक्षा का कार्य हाथ में लेगी।
32. भाजपा परमाणु अस्त्र नीति का पुनर्मूल्यांकन करेगी और परमाणु अस्त्र बनाने का विकल्प इस्तेमाल करेगी।
33. भाजपा ऐसे उपाय करेगी, जिससे सशस्त्र बलों में नौकरी अधिक लाभप्रद एवं समाज में और अधिक सम्मानजनक बन पाए। उनके जीवनयापन एवं सेवा शर्तों में समुचित सुधार करेगी। वर्तमान विसंगतियों को शीघ्रता से दूर करेगी एवं भूतपूर्व सैनिकों की समस्याओं की ओर ध्यान देगी।
34. भाजपा देश के पूर्वोत्तर क्षेत्र के लिए व्यापक विकास कार्यक्रम तैयार और कार्यान्वित करेगी, जिसमें सड़क, रेल, पुल और हवाई मार्गों से क्षेत्रों को जोड़ने जैसे बुनियादी संचार संबंधी ढाँचागत सुविधाओं पर विशेष ध्यान दिया जाएगा।
35. भाजपा अवैध घुसपैठियों को पकड़ने के लिए अधिक कठोर उपाय करेगी और उन्हें वापस भेजेगी।
36. भाजपा डॉ. बाबासाहब अंबेडकर के सम्मान में, जिन्होंने सामाजिक न्याय के हित में जीवन समर्पित किया, राजघाट, शांतिवन एवं विजयघाट जैसे राष्ट्रीय स्मारकों की तरह एक उत्कृष्ट स्मारक मुंबई की चैतन्य भूमि में निर्मित कराएगी।

37. भाजपा आरक्षण सहित सभी विशेष सुविधाओं और वरीयता प्राप्त अवसरों संबंधी प्रावधानों को इस ढंग से लागू करेगी, जिससे अनुसूचित जातियों और अनुसूचित जनजातियों से जुड़े अधिक से अधिक लोगों को हर तरह से और हर स्तर पर लाभ पहुँचे। भाजपा आरक्षण नीति के लिए एक समयावधि और इस समयावधि में अभी तक रिक्त पड़े पदों को भरेगी। केंद्रीय प्रशासनिक प्राधिकरण के तहत अधिकरण स्थापित किए, जो ताकि आरक्षण नीति के लागू न की जानेवाली तथा अन्य संबंधित शिकायतों की तेजी से सुनवाई कर सकेंगे।
38. भाजपा सभी अल्पसंख्यक समुदायों को उनकी प्रतिभा उभारने के लिए समान अवसर प्रदान करेगी। उन्हें शिक्षा प्राप्त करने के लिए प्रोत्साहित करेगी, जो सामाजिक तथा आर्थिक प्रगति के लिए प्रमुख तत्त्व हैं। कारीगरों को सभी प्रकार के प्रोत्साहन देगी, विशेष रूप से जो पारंपरिक कला और शिल्पों से जुड़े हैं। अन्य पिछड़े वर्गों के लिए आरक्षण नीति जारी करेगी।
39. भाजपा महिलाओं को स्नातक स्तर तक, जिसमें डॉक्टरी तथा इंजीनियरिंग जैसे विषयों का व्यावसायिक अध्ययन भी सम्मिलित है, मुफ्त शिक्षा की व्यवस्था करेगी।
40. भाजपा लोकसभा तथा राज्य विधानसभाओं सहित सभी निर्वाचित निकायों में महिलाओं के लिए 33 प्रतिशत स्थानों पर आरक्षण की व्यवस्था करनेवाले विधेयक को तुरंत पारित करवाने की माँग करेगी।
41. भाजपा विधि आयोग को सभी (कानून व्यक्तिगत) को सुसंगत बनाने के लिए एक समान नागरिक संहिता तैयार करने का काम सौंपेगी, जिसमें सभी परंपराओं के प्रगतिशील रीति-रिवाजों को सम्मिलित किया जाए।
42. भाजपा उन लोगों को प्रोत्साहन देगी, जो दो बच्चों के सिद्धांत को अपनाएँगे और उन्हें और भी अधिक प्रोत्साहन देगी, जो एक ही बच्चे के सिद्धांत को अपनाएँगे।
43. भाजपा शारीरिक शिक्षा और खेलकूद के प्रशिक्षण को 10+2 स्तर तक अनिवार्य करेगी और प्रतिभावन खिलाड़ियों की पहचान कर उन्हें प्रशिक्षण देने के लिए बजट में पर्याप्त धनराशि का प्रावधान करेगी।
44. भाजपा युवाओं में स्वैच्छिक सेवा की भावना पैदा करने के लिए एक

राष्ट्रव्यापी योजना सामने रखेगी और दो लक्ष्यों को प्राप्त करने के लिए इसे क्रियान्वित करेगी। ये दो लक्ष्य हैं—स्व-विकास और राष्ट्र-निर्माण। इस योजना के अंतर्गत 'भारत पुनर्निर्माण वाहिनी' की स्थापना की परिकल्पना है। इस वाहिनी के स्वयंसेवक राष्ट्रीय पुनर्निर्माण के काम में अपने जीवन का एक वर्ष लगाएँगे।

45. भाजपा खतरनाक और गैर-खतरनाक प्रक्रियाओं के बीच अंतर समाप्त करने के लिए वर्तमान बालश्रम अधिनियम में संशोधन करेगी। भाजपा वचन देती है कि 2000 तक कोई भी बच्चा, जो प्राथमिक स्कूल में जाता है, भूखा नहीं सोएगा।
46. भाजपा एक राष्ट्रीय पर्यावरण नीति प्रस्तुत करेगी, जिसमें विकास की आवश्यकताओं तथा प्राकृतिक संसाधनों का भव्य संतुलन स्थापित किया जाएगा। राज्यों के हितों का ध्यान रखा जाएगा और उनसे बराबर मंत्रणा की जाएगी। नीति के कार्यान्वयन के लिए पारिस्थितिक सुरक्षा को ध्यान में रखते हुए पर्यावरण और वन-मंत्रालय का पुनर्गठन किया जाएगा।
47. भाजपा एक राष्ट्रीय सूचना नीति उद्घाटित करेगी, जिसमें राष्ट्रीय जीवन के प्रत्येक क्षेत्र में सूचना प्रौद्योगिकी के लाभों का पूरी तरह उपयोग करने के लिए एक 10 वर्षीय रणनीति का परिवेश होगा और इस बारे में जागरूकता उत्पन्न करेगी कि सूचना प्रौद्योगिकी एक विलास की वस्तु नहीं, बल्कि भावी विकास की रीढ़ है।
48. भाजपा प्रसार भारती कानून के प्रावधानों को सुधारेगी।
49. भाजपा लाइसेंस द्वारा रेडियो और टेलीविजन प्रसारण में निजी उद्यम और निवेश की अनुमति ठेके आमंत्रित कर ऐसी शर्तों पर देगी, जो वाणिज्यिक रूप से स्वीकार्य हों और सुनिश्चित करेगी कि टेलीविजन कार्यक्रमों की अपलिंकिंग भारत से ही हो तथा श्रव्य-दृश्य मीडिया में विदेशी इक्विटी 20 प्रतिशत से अधिक न हो। मीडिया का सभी प्रकार का प्रबंधन भारतीयों के हाथों में रहे।
50. भाजपा राष्ट्रीय महत्त्व के ऐसे सभी मामलों में जहाँ कहीं आम सहमति आवश्यक हो, सभी राजनीतिक दलों के साथ बातचीत और सलाह-मशविरा करने की नीति अपनाएगी।

बारहवीं लोकसभा के चुनावों में भाजपा ने 'स्थिर सरकार और योग्य

प्रधानमंत्री' का नारा दिया था। जहाँ 1996 में भाजपा को लोकसभा में 161 सीटें प्राप्त हुई थीं, वहाँ फरवरी 1998 के चुनावों में उसे 179 सीटें प्राप्त हुई। श्री अटल बिहारी वाजपेयी के नेतृत्व में भाजपा अपेक्षाकृत एक बड़ी शक्ति के रूप में उभरी। अपने सहयोगी दलों के साथ मिलकर वह एक सबल विकल्प के रूप में केंद्र में अटलजी के योग्य नेतृत्व में गठबंधन सरकार बनाने में सफल हुई।

□

अटल बिहारी वाजपेयी की राजनीतिक सक्रियता

अटल बिहार वाजपेयी ने 1940 ई. में राष्ट्रीय स्वयंसेवक संघ की सदस्यता ग्रहण की। इनकी शिक्षा-दीक्षा डी.ए.वी. कॉलेज, कानपुर में हुई। वहीं 1944 ई. में इनका चुनाव आर्य कुमार सभा के लिए हुआ, जो आर्य समाज के युवक वर्ग का प्रतिनिधित्व करती थी, वे स्नातक बनने के पश्चात् संघ से संबंधित मासिक पत्रिका 'राष्ट्रधर्म' के संपादक बनाए गए, तत्पश्चात् लखनऊ से प्रकाशित साप्ताहिक पत्रिका 'पाञ्चजन्य' का संपादन भी उन्होंने किया। 1942 में स्वतंत्रता संग्राम आंदोलन में वे गिरफ्तार किए गए। 1940 से निरंतर राष्ट्रीय स्वयंसेवक संघ के पूर्णकालिक कार्यकर्ता बने रहनेवाले अटलजी 1951 में भारतीय जनसंघ के स्थापना काल से ही इसके सदस्य हैं।

अटल बिहारी वाजपेयी का सक्रिय राजनीति में प्रवेश

सन् 1957 में लोकसभा का दूसरा आम चुनाव होने जा रहा था। भारतीय जनसंघ अपनी जड़ें जमाने में लगी थी। डॉ. श्यामाप्रसाद मुकर्जी दिवंगत हो चुके थे। न तो प्रसिद्ध नेतृत्व था, न विस्तृत जनाधार। चुनाव लड़ने के लिए उम्मीदवार मिलना भी कठिन था। कौन गाँठ से खर्च कर जमानत जब्त कराए! फिर भी चुनाव तो लड़ना ही था।

श्री अटल बिहारी वाजपेयी को तय तीन चुनाव क्षेत्रों में से बलरामपुर से लड़ाने का फैसला किया गया। वे लखनऊ से लोकसभा का उपचुनाव लड़ चुके थे। जीतने का तो सवाल ही नहीं था। हाँ, वोट अच्छे मिले। पार्टी का हौसला बढ़ा। लखनऊ से फिर से लड़ने का निर्णय लिया गया। मथुरा में कोई ढंग का उम्मीदवार

नहीं मिल रहा था। जिन्हें बड़ी मुश्किल से लड़ने के लिए तैयार भी किया गया, वे सब विधानसभा का चुनाव लड़ना चाहते थे।

भारतीय जनसंघ के रूप में लोगों को कांग्रेस का एक नया विकल्प मिला। लोग आकृष्ट हुए। जनसंघ की राष्ट्रवादी विचारधारा ने उन्हें प्रभावित किया। राजतंत्र समाप्त हो गया था, किंतु जमींदारी कायम थी, काफी जमींदार मुसलमान थे, जो आर्थिक उत्पीड़न के साथ धार्मिक भेदभाव भी करते थे। अपने चुनावी दौरे में उन्हें अनेक ऐसे क्षेत्र मिले, जहाँ घड़ियाल और शंख बजाना मना था। स्वतंत्रता के बाद इस स्थिति में परिवर्तन हुआ था, किंतु परिवर्तन की लहर दूरदराज के क्षेत्रों तक पहुँची थी। जमींदारों से आतंकित छोटे और मझोले किसान भारतीय जनसंघ के साथ जुड़े। नतीजा यह हुआ कि वे बलरामपुर से लोकसभा के लिए निर्वाचित हो गए। वहाँ कुल 482800 मतदाता थे, जिनमें से 226948 ने मताधिकार का उपयोग किया। उन्हें 118380 मत मिले। कांग्रेस के श्री हैदर हुसैन लगभग 10000 मतों से चुनाव हार गए। यह भी कहा जाता है कि कांग्रेस का उम्मीदवार यदि हिंदू होता तो शायद अटलजी चुनाव न जीत पाते। श्री हैदर हुसैन लखनऊ के नामी वकील थे। लेकिन उनके लिए बलरामपुर में लोगों से संपर्क बनाए रखना सरल नहीं था। वे कांग्रेस के बल पर चुनाव जीतते थे। कांग्रेस-विरोधी भावना बढ़ रही थी। अत: अटलजी को चुनाव में सफलता मिली। किंतु उन्हें दो अन्य चुनाव क्षेत्रों से भारी पराजय का सामना करना पड़ा। मथुरा में तो उनकी जमानत जब्त हो गई। ऐन वक्त पर कांग्रेस को हराने के लिए भारतीय जनसंघ के समर्थक भी निर्दलीय उम्मीदवार राजा महेंद्र प्रताप के साथ चले गए।

राजा महेंद्र प्रताप के लिए लोगों के दिल में बड़ा आदर था। उन्होंने स्वतंत्रता संघर्ष में भाग लिया था। साथ ही वे विदेश में गठित स्वतंत्र भारत की सरकार के प्रथम राष्ट्रपति रह चुके थे। उनके द्वारा स्थापित 'प्रेम आश्रम' शिक्षा के क्षेत्र में अच्छा काम कर रहा था। वे कांग्रेस विरोधी भावना का भरपूर लाभ उठाने में सफल हुए। उनका जाट होना भी उनके लिए सहायक बना। अटलजी को यह अफसोस जरूर रहा कि पार्टी की स्थानीय इकाई को या तो उन्हें वहाँ से लड़ने के लिए विवश नहीं करना चाहिए था, और जब मैदान में उतार ही दिया था, तो फिर सभी वोट उनके पक्ष में डलवाने के बारे में दृढ रहना चाहिए था। बहरहाल, लखनऊ में पार्टी को अच्छा जन-समर्थन मिला।

कांग्रेस के विजयी उम्मीदवार श्री पुलिन बिहारी मुखर्जी को 6911 वोट मिले,

जबकि अटलजी के मतों की संख्या 57034 थी। यदि कम्युनिट उम्मीदवार कुछ अधिक वोट पाते तो कांग्रेस को हराया जा सकता था। ऐसा लगता है कि जनसंघ को हराने के लिए वामपंथ की ओर झुकाव रखनेवाले मतदाताओं ने भी कांग्रेस के पक्ष में वोट दिया। 1957 में लोकसभा चुनाव में अटलजी सहित जनसंघ के 4 सदस्य चुने गए थे। पार्टी को हरदोई से सुरक्षित सीट पर विजय प्राप्त हुई थी। दो अन्य सदस्यों श्री उत्तम राव पाटिल और श्री प्रेमजी भाई आसर महाराष्ट्र से चुने गए थे। महाराष्ट्र में विपक्षी दल संयुक्त महाराष्ट्र के निर्माण के लिए संघर्ष कर रहे थे। श्री उत्तम राव पाटिल धुलिया से और श्री प्रेमजी भाई आसर रत्नागिरि से चुने गए थे। श्री पाटिल एडवोकेट थे तथा प्रेमजी भाई आसर व्यापारी। इस तरह जनसंघ के चारों सदस्य, एक दृष्टि से पूरे समाज का प्रतिनिधित्व करते थे। 1957 के प्रारंभ में यह आशंका थी कि चुनाव समय पर संपन्न हो पाएँगे या नहीं। एक वर्ष पहले राज्यों का गठन हुआ था तथा भाषा के आधार पर राज्य बने थे। कई क्षेत्रों में अशांति का वातावरण था, किंतु चुनाव समय पर हुए। लगभग 20 करोड़ मतदाताओं ने चुनाव में भाग लिया।

लोकसभा के साथ विधानसभा के भी चुनाव हुए। कांग्रेस को 47.8 प्रतिशत वोट मिले और उसकी सदस्य संख्या में पिछले चुनाव की तुलना में 7 की वृद्धि हुई। कम्युनिस्ट पार्टी को 8.9 प्रतिशत वोट मिले और उसकी सदस्य संख्या 16 से बढ़कर 27 हो गई। प्रजा समाजवादी दल को कम्युनिस्ट पार्टी की तुलना में अधिक वोट मिले, किंतु वह 19 स्थानों पर ही विजय प्राप्त कर सकी। भारतीय जनसंघ अपनी अखिल भारतीय मान्यता बनाए रखने में असफल रहा। अनेक दल अपनी मान्यता खो बैठे। हिंदू महासभा, परिगणित जाति फेडरेशन तथा राम-राज्य परिषद् निर्धारित 3 प्रतिशत वोट न मिलने के कारण अपनी मान्यता कायम नहीं रख सके।

भारतीय जनसंघ 6 प्रतिशत वोट प्राप्त करने में सफल हुआ था। हिंदू महासभा के अध्यक्ष श्री निर्मल चंद चटर्जी और जनरल सेक्रेटरी श्री विष्णु घनश्याम देशपांडे चुनाव हार गए। उड़ीसा में गणतंत्र परिषद् का प्रादुर्भाव हुआ। तमिलनाडु में द्रविड़ मुनेत्र कषगम का उदय एक महत्त्वपूर्ण घटना थी। बंबई प्रदेश को पुनर्गठित कर पृथक् महाराष्ट्र की माँग करनेवाली संयुक्त महाराष्ट्र समिति और पृथक् गुजरात के लिए संघर्षरत महागुजरात परिषद् ने लोकसभा चुनाव में महत्त्वपूर्ण सफलता प्राप्त की। चुनाव के बाद श्री जवाहरलाल नेहरू के नेतृत्व में जो मंत्रिमंडल बना, उसमें मौलाना अबुल कलाम आजाद, श्री गोविंद वल्लभ पंत, श्री मोरारजी देसाई तथा श्री जगजीवन राम जैसे मूर्धन्य नेता शामिल थे।

श्री कृष्ण मेनन भी बिना विभाग के मंत्री थे। प्रतिपक्ष में आचार्य कृपलानी, श्रीपाद अमृत डांगे, श्री नारायण गणेश गोरे, प्रो. हीरेन मुखर्जी तथा श्री मीनू मसानी जैसे कुशल सांसद तथा राजनेता उपस्थित थे। श्रीमती विजयाराजे सिंधिया उन दिनों कांग्रेस में थीं। उनके अलावा श्रीमती सुचेता कृपलानी, कु. पार्वती कृष्णन, श्रीमती तारकेश्वरी सिन्हा सदन में बड़ी सक्रिय थीं। वे चर्चा में महत्त्वपूर्ण योगदान देती थीं।

भारतीय जनसंघ के चारों सदस्य पहली बार संसद् में आए थे। इससे पूर्व उनमें से कोई विधानसभा का भी सदस्य नहीं रहा था। विधायी कार्य के लिए वे सर्वथा नए थे। न कोई पूर्व अनुभव, न ही कोई अनुभवी सदस्य सहायता के लिए उपलब्ध था। संख्या कम होने के कारण चारों सदस्यों को सदन में पिछली बेंचों पर स्थान मिले। लोकसभा अध्यक्ष की नजर खींचना टेढ़ा काम था। विभिन्न विषयों पर चर्चा में पार्टियों को संख्याबल के अनुसार अवसर मिलता है। छोटे दलों के सदस्यों को बोलने के लिए पहले भी समय नहीं मिलता था और अब भी नहीं मिलता। विदेश नीति अटलजी का प्रिय विषय रहा है। अंतरराष्ट्रीय स्थिति पर चर्चा उन दिनों एक महत्त्वपूर्ण घटना होती थी। प्रधानमंत्री नेहरूजी विदेश मंत्री भी थे। जब विदेश मंत्रालय के अनुदानों की माँगों पर चर्चा होती तो सदन खचाखच भर जाता। दर्शक दीर्घा में भारी भीड़ जुटती। कूटनीतिज्ञों के कक्ष में बैठने की जगह न रहती। प्रमुख विरोधी दल के नाते कम्युनिस्ट नेता अंतरराष्ट्रीय परिस्थिति और उसके संबंध में भारत की नीतियों पर चर्चा आरंभ करते। प्रजा-समाजवादी दल भी अपनी बात कहता। किंतु भारतीय जनसंघ के लिए बोलने का समय पाने में बड़ी कठिनाई होती। पार्टी के हिस्से मुश्किल से दो-चार मिनट ही आ पाते। बहस लंबी खिंच जाती। प्रधानमंत्री द्वारा बहस का उत्तर दिए जाने का समय निश्चित होता था। एक बार तो समय न मिलने के कारण अटलजी को विरोध-स्वरूप सदन का त्याग करना पड़ा था। फिर भी जो समय मिलता, उसका जनसंघ के सदस्य पूरा लाभ उठाने का प्रयास करते। विदेश नीति पर अपने पहले ही भाषण में अटलजी ने सदन का ध्यान आकृष्ट किया था। सदन में अंग्रेजी छाई रहती थी। विदेश नीति पर तो अधिकांश भाषण अंग्रेजी में ही होते थे। समाजवादी दल के श्री बृजराज सिंह जरूर हिंदी में बोलते थे। अटलजी की प्रांजल भाषा और धाराप्रवाह शैली सदस्यों को पसंद आती थी। 20 अगस्त, 1958 को प्रधानमंत्री श्री नेहरूजी ने पूरी बहस का उत्तर देते हुए अंग्रेजी भाषण को समाप्त करने के बाद अध्यक्ष से हिंदी में कुछ कहने की अनुमति माँगी। सदस्यों ने तालियाँ बजाकर स्वागत किया। जब नेहरूजी ने अटलजी का नाम लेकर हिंदी में बोलना शुरू किया तो पुनः सदस्यों ने प्रसन्नता

प्रकट की। नेहरूजी का भाषण इस प्रकार था—

"कल जो बहुत से भाषण हुए, उनमें से एक भाषण श्री वाजपेयीजी का भी हुआ। अपने भाषण में उन्होंने एक बात कही थी, हमारी वैदेशिक नीति उनकी राय में सही है। मैं उनका मशकूर हूँ कि उन्होंने यह बात कही। लेकिन एक बात उन्होंने और भी कही कि बोलने के लिए वाणी होनी चाहिए, लेकिन चुप रहने के लिए वाणी और विवेक दोनों चाहिए। इस बात से मैं पूरी तरह सहमत हूँ। आप यह तो जानते हैं कि दूसरी महफिलों में यह बात चल सकती है, लेकिन खाली दुनिया की महफिलों में यह नहीं चल सकती। कम-से-कम जहाँ तक हमारी वैदेशिक नीति का संबंध है, कभी-कभी हम जोश में आ सकते हैं और कभी धोखा भी हो सकता है, लेकिन मेरी इच्छा यही रही है कि हम कम-से-कम बोलें, कम-से-कम दखल दें। लेकिन मुश्किल यही है कि जब हम नहीं बोलते तो और साहिबान कहते हैं कि तुम तो ठंडे हो गए हो, तुम डर गए हो। एक बात श्री वाजपेयी ने कही थी और कुछ आचार्य कृपलानीजी ने भी इसकी चर्चा की थी कि वह जो शिखर सम्मेलन की चर्चा हुई, उसका जो जवाब हमने जल्दी दिया, उससे कुछ लोगों पर यह असर हुआ कि हम बहुत लालायित थे, उसमें जाने के लिए, उसमें भाग लेने के लिए।"

1962 का चुनाव हार जाने के पश्चात् अटलजी को पुनः राज्यसभा के लिए चुना गया। 1966 में कनाडा में आयोजित कॉमनवेल्थ पार्लियामेंटरी संघ तथा नेशनल इंटीग्रेशन कमेटी के सदस्य चुने गए थे। पुनः 1971 तथा 1977 में लोकसभा के लिए चुने गए। 1971-72 में रेलवे कन्वेंशन कमेटी और हिंदी सलाहकार समिति के सदस्य बने। 1967-70 में लोकसभा में पब्लिक एकाउंट कमेटी के अध्यक्ष बने। 1967-68 में बीमा समिति के अध्यक्ष बने। स्वदेश (दैनिक समाचार-पत्र, लखनऊ, 1949), वीर अर्जुन (दैनिक, 1952-53) सहित अनेक पत्र-पत्रिकाओं के संपादक रह चुके थे। पं. दीनदयाल उपाध्याय की विरासत को सँभालकर रखने का कार्य वाजपेयीजी ने किया। भारतीय संसद् में हिंदी के वक्ताओं में वाजपेयीजी जैसा सारगर्भित तथा ओजस्वी कोई वक्ता नहीं है।

उन्होंने भारतीय जनसंघ के 15वें अखिल भारतीय अधिवेशन—बंबई (दीनदयाल उपाध्याय नगर) दिनांक 25-27 अप्रैल, 1969 को अपने अध्यक्षीय भाषण में कहा, "सन् 1954 में हुए द्वितीय वार्षिक अधिवेशन और सन् 1969 के इस 15वें अधिवेशन में एक दुःखदायी साम्य भी है। 1954 में हम जनसंघ के संस्थापक डॉ. श्यामाप्रसाद मुकर्जी के बलिदान के बाद यहाँ एकत्र हुए थे। इस बार

हम अपने संगठन के सूत्रधार तथा प्रेरणास्रोत पं. दीनदयाल उपाध्याय को खोकर यहाँ आए हैं। मुंबई से मुंबई तक की हमारी यात्रा का आरंभ और अंत दोनों ही शहीदों के पवित्र और उष्ण रक्त से रंजित है।"

अटल बिहारी वाजपेयी का प्रथम कार्यकाल

इंदौर में सितंबर मास में आयोजित भारतीय प्रतिनिधि सभा की बैठक में पंजाब, बिहार, उत्तर प्रदेश तथा पश्चिम बंगाल में होनेवाले मध्यावधि चुनावों के लिए जनसंघ ने अपनी व्यूहरचना निश्चित की। चुनाव परिणाम आशाओं के विपरीत ही रहे। पंजाब में शक्ति बढ़ने के बजाय घटी। बिहार की विधानसभा में यद्यपि संख्या बढ़ी, परंतु प्रदेश में जनसंघ के लिए जैसा अनुकूल वातावरण था, उसके अनुसार वह सफलता प्राप्त नहीं कर सका। पश्चिम बंगाल में वह एक भी स्थान प्राप्त करने में असफल रहा। सबसे अधिक आघात उत्तर प्रदेश में लगा, जहाँ विधानसभा में उनकी सदस्य संख्या आधी रह गई।

संक्रमण काल

"आंतरिक एकता के लिए खतरा मुख्यत: उन शक्तियों से है, जो विकेंद्रीकरण के बाद या तो विघटन को प्रोत्साहन दे रही हैं या केंद्र को दुर्बल बनाने के प्रयत्न में योजनाबद्ध तरीके से संलग्न हैं। हमें उनके प्रयत्नों को विफल करना होगा। हमें उन तत्त्वों को भी निरुत्साहित करना होगा, जो एकता के नाम पर एकरूपता लादना चाहते हैं और शासन में जनता को अधिकाधिक भागीदार बनाने के यत्नों को संदेह की दृष्टि से देखते हैं।" इस प्रकार केंद्र और राज्यों के संबंध, राज्यपालों की नियुक्ति, वित्तीय संगठनों की पुनर्रचना, वर्तमान आर्थिक स्थिति, खाद्यान्न में आत्मनिर्भरता, स्वावलंबी अर्थव्यवस्था, स्वदेश का पुनर्जागरण, क्षेत्रीय असंतुलन, तेलंगाना तथा जम्मू-लद्दाख के प्रति अन्याय, छोटे राज्यों का प्रश्न, पहाड़ी राज्य का विरोध, मलयपुरम जिले का निर्माण, धर्मांतरण के लिए विदेशी धन आदि कुछ महत्त्वपूर्ण मुद्दे थे। बदलती हुई विश्वस्थिति के संदर्भ में श्री वाजपेयी ने आगे कहा, "अंतरराष्ट्रीय परिस्थिति जिस तेजी से बदल रही है, भारत की विदेश नीति के निर्माता और नियामक उसके साथ कदम मिलाकर चलने में अपने को अक्षम पा रहे हैं।"

रूस और कम्युनिस्ट चीन के सीमा संघर्ष, अमरीका द्वारा एक साथ मास्को और पीकिंग के प्रति अपने संबंधों में सुधार का प्रयास, यूरोप में वार्त्ता तथा नाटो

संधि समझौतों में ढिलाई का आना, वियतनाम की समस्या शांतिपूर्ण तरीके से हल करने के लिए पेरिस में वार्त्ताचक्र तथा सिंगापुर से बुटेन की वापसी के फलस्वरूप दक्षिण-पूर्व एशिया के सम्मुख नई समस्याओं का उपस्थित होना आदि विश्व घटनाक्रम की ऐसी कड़ियाँ हैं, जो भारत के विदेश मंत्रालय को झकझोरकर जगाने और विदेश नीति पर पुनर्विचार करने के लिए बाध्य करने की दृष्टि से पर्याप्त होनी चाहिए। जबकि नई दिल्ली पहले की भाँति अब भी उदासीन, असावधान तथा दिशाविहीन होकर बैठी है।

इस प्रकार सोवियत नीति में परिवर्तन, दक्षिण-पूर्व एशिया पर विशेष ध्यान, पाकिस्तान में पुनः सैनिक शासन, केंद्रीय कर्मचारियों का प्रश्न, चुनाव पद्धति में सुधार, अस्पृश्यता का उन्मूलन तथा कांग्रेस का तीव्रगति से बिखराव आदि चुनौतियों को स्वीकार करें। किंतु उस गति से एक राष्ट्रवादी तथा लोकतांत्रिक विकल्प नहीं उभर रहा है। राष्ट्रविरोधी तथा अलोकतांत्रिक शक्तियाँ इस परिस्थिति का लाभ उठाने के लिए प्रयत्नशील हैं।

हमें उनकी कलई खोलनी है, उनसे लड़ना और उन्हें परास्त करना है। इसके लिए अभाव और अन्याय के विरुद्ध अपने संघर्ष में हमें तीव्रता लानी होगी। आर्थिक विषमता और सामाजिक भेदभाव के विरुद्ध जमकर मोर्चा लेना होगा। शताब्दियों से पीड़ित और त्रस्त लोगों के लिए समता और गरिमा का सृजन करना होगा। इसके लिए हमें भारत को एक सुदृढ राष्ट्र बनाना है। इस उद्‌देश्य की पूर्ति के लिए, जो साधन आवश्यक होंगे, उन्हें हम अपनाएँगे, जो नीति उपयोगी होगी, उसका आलंबन करेंगे, जो कार्यक्रम हितकर होगा, उसका निर्धारण तथा कार्यान्वयन करेंगे।"

भारतीय जनसंघ—कार्यसमिति द्वारा पारित प्रस्ताव

रायपुर 1-4 जुलाई, 1969 और नई दिल्ली 3031 अगस्त व 1 सितंबर, 1969।

श्री दीनदयाल उपाध्याय की हत्या की जाँच के लिए न्यायिक आयोग गठित करने की सरकार से माँग।

जनसंघ ने देश के राजनीतिक दलों और अन्य जन-प्रतिनिधियों से निवेदन किया कि वे भी हत्या के रहस्य की खोज किए जाने की माँग करें। जनसंघ ने न्यायिक आयोग की माँग पर बल देने के लिए निम्न कार्यक्रम निश्चित किया—

1. संसद् के अगले सत्र के प्रथम दिन 21 जुलाई, 1969 को स्थगित प्रस्ताव

के द्वारा यह प्रश्न सदन में उठाएगा।

2. 22 जुलाई को राष्ट्रपति महोदय को ज्ञापन प्रस्तुत किया जाएगा।
3. 23 जुलाई को जनसंघ के संसद् सदस्य तथा विधान मंडल के सदस्य दिल्ली में एकत्र हों और अनिश्चितकाल के लिए प्रधानमंत्री के आवास पर धरना दें।
4. 28 जुलाई को दिल्ली प्रदेश जनसंघ की ओर से संसद् भवन पर विशाल प्रदर्शन किया जाए।

तेलंगाना

भारतीय जनसंघ कार्यसमिति ने माँग रखी कि आंध्र प्रदेश के मुख्यमंत्री श्री ब्रह्मानंद रेड्डी का त्याग-पत्र स्वीकार कर लिया जाए और आंध्र में कुछ समय के लिए राष्ट्रपति शासन लगाया जाए। तेलंगाना अलग राज्य के गठन की प्रक्रिया पर मंथन किया जाए। यह कदम उठाने में जितनी देर हो रही थी, आंध्र की एकता को बनाए रखने का कार्य उतना ही कठिन होता जा रहा है। राष्ट्रपति शासन की स्थापना का सुझाव सबसे पहले जनसंघ की ओर से आया था और यदि उसी समय इसे मान लिया जाता तो आज जैसी स्थिति कदापि पैदा नहीं होती।

भारतीय क्रांतिदल से वार्त्ता

कार्यसमिति ने अपने इस मत पर बल दिया कि जनसंघ जनतंत्र और राष्ट्रवाद में विश्वास रखनेवाले दलों से विलय को अस्वीकार तो नहीं करता, परंतु सिद्धांत, नीति और कार्यक्रमों के विषय में विभिन्न दलों के बीच मतैक्य होने के पश्चात् ही विलय पर विचार कर सकता है। मगर जनसंघ ने खेद प्रकट किया कि विलय से पूर्व इस प्रकार के समझौते की आवश्यकता पर जनसंघ के उचित आग्रह को ठीक से समझने की बजाय भारतीय क्रांतिदल ने जनसंघ से बात करने का इकतरफा फैसला किया था।

कार्यसमिति का मत था कि यदि कुछ समय के लिए समान नीति और सहयोग से कार्य किया जाए, तो स्वाभाविक रूप से उत्पन्न एकता जल्दबाजी में प्राप्त की गई एकता से कहीं अधिक स्थायी और दृढ होगी। कहा गया कि पी.एस.पी. और एस.एस.पी. जैसे दलों से, जिन्हें पहले ही एक दल में रहने की सुविधापूर्ण पृष्ठभूमि प्राप्त है, हमें सीख लेनी चाहिए। भारतीय जनसंघ ने अपने मुंबई प्रस्ताव के अनुसार

विभिन्न दलों के बीच उपर्युक्त संयुक्त नीति और सह-कार्य की उपलब्धि के लिए प्रयत्नशील रहने का संकल्प लिया।

बैंकों का राष्ट्रीयकरण

सिद्धांततः जनसंघ ने पूँजीवाद और राज्यवाद, दोनों को ही अस्वीकार किया। पूँजी पर स्वामित्व किसका हो, इसके विषय में इन दोनों के दृष्टिकोण में भिन्नता होते हुए भी दोनों की परिणति आर्थिक सत्ता के केंद्रीकरण एवं एकाधिकार में ही होती है। निजी एकाधिकार से उत्पन्न होनेवाले दोषों को राज्य के नियमन द्वारा रोका जा सकता है, किंतु राजनीतिक एवं आर्थिक दोनों समस्याओं को राज्य के हाथों में केंद्रित हो जाने की परिणति अनिवार्यतः अधिनायकवाद में होगी, जिसकी लोकतंत्र के साथ कोई संगति नहीं है।

जनसंघ ने इसे सरकार द्वारा बिना सोचे-समझे और आवश्यक प्रारंभिक रूपरेखा तैयार किए बगैर ही लिया गया निर्णय बताया। इसकी पुष्टि इस बात से भी होती है कि इस विषय से कई महत्त्वपूर्ण पहलू आज तक स्पष्ट नहीं किए गए। उदाहरणार्थ—

1. बैंकों की शाखाओं के विस्तार से संबंधित प्रश्न।
2. ब्याज की दरें।
3. सरकारीकृत बैंकों के संदर्भ में सहकारी क्षेत्र का नया कार्यभाग तथा इन दोनों के परस्पर संबंध।
4. विदेशी बैंकों को राष्ट्रीयकरण की काररवाई से बाहर रखने में निहित असंगति तथा अन्य बैंकों से हटकर इन विदेशी बैंकों में पैसे के चले जाने का भय।
5. सरकारीकृत बैंकों को समाज के प्रति उत्तरदायी रखने की पद्धति।

कार्यसमिति ने विचार प्रकट किया कि राजनीतिज्ञों द्वारा किसी आर्थिक आधार के बिना तात्कालिक और बिना सोचे-विचारे फैसला किए जाने की संभावना को समाप्त करने के लिए रिजर्व बैंक की वर्तमान स्वरूप-रचना में परिवर्तन और उसकी प्रतिष्ठा में वृद्धि करके उसे वास्तविक अर्थों में एक स्वायत्त वित्तीय संस्था का रूप दिया जाए, जो मुद्रा तथा शाखा (ऋण) संबंध नीतियों का निर्धारण करे। इसके संचालक मंडल में सरकारी अफसरों तथा राजनीतिज्ञों की बजाय स्वतंत्र अर्थशास्त्रियों को प्रभावी स्थान दिया जाए। इस सत्ता की प्रतिष्ठा और अधिकार

हमारे गणतंत्र के वर्तमान तीनों अंगों—विधायिका, न्यायपालिका एवं कार्यपालिका के बराबर होने चाहिए। इस प्रकार पुनर्गठित वित्तीय सत्ता ही राजनीतिक दबाव तथा अन्य बाह्य कारणों के प्रभाव से मुक्त रहकर रोजगारपूर्ण और मूल्यों के स्थिरीकरण के दीर्घकालीन लक्ष्य की पूर्ति के लिए भलीभाँति कार्य कर सकती है।

पंचवर्षीय योजना

भारतीय जनसंघ ने अपने बंबई अधिवेशन में चतुर्थ पंचवर्षीय योजना के प्रारूप से असहमति प्रकट करते हुए यह माँग की कि योजना का पुनः निर्धारण करके उसे सच्चे अर्थों में स्वदेशी बनाया जाए, जिससे वह जनता की आवश्यकताओं को पूर्ण करने में समर्थ हो और विकास के लाभों को जनसाधारण तक पहुँचाया जा सके। शहरी संपत्ति की अधिकतम सीमा निर्धारित करने के सुझाव पर विचार किया जाए और तय हो कि इस संबंध में सभी प्रादेशिक कार्यसमितियों की राय क्या है? इस संबंध में निर्णय पटना में दिसंबर में आयोजित होनेवाले अखिल भारतीय अधिवेशन में करने का निश्चय किया गया।

भारतीय जनसंघ के 16वें अखिल भारतीय अधिवेशन पर अटलजी

भारतीय जनसंघ के 16वें अखिल भारतीय अधिवेशन में भाषण देते हुए वाजपेयीजी ने कांग्रेस के विघटन से लेकर लोकतंत्र को खतरा, सामाजिक नियंत्रण बनाम राष्ट्रीयकरण, एकात्म मानववाद के पूर्ण दर्शन आदि पर अपने विचार प्रकट किए। उनके अनुसार, जनसंघ समाजवाद को एक मत के रूप में नहीं मानता, क्योंकि यह नितांत भौतिकवादी मूल्यों पर आधारित एक अपूर्ण तथा असंतुलित जीवनदर्शन है। साथ ही भय है कि उसकी स्वीकृति से देश के सामने राज्यवाद का खतरा खड़ा हो जाता है। किंतु समाजवाद में दलित तथा शोषित वर्ग के प्रति जो चिंता है, अथवा सामाजिक न्याय और समानता के बारे में जो आग्रह है, उससे किसी का मतभेद नहीं हो सकता।

समाजवाद एवं अन्य समस्याएँ

समाजवाद के विरोधियों से हमारी अपील है कि वे समाजवाद के नाम से चौंकने की बजाय उसके सार के विषय में विचार करें। जिस सीमा तक यह सार राष्ट्र की प्रवृत्ति, प्रतिभा तथा संस्कृति से मेल खाता है, उसका परित्याग नहीं किया

जाना चाहिए। जहाँ तक जनसंघ का संबंध है, स्व. पं. दीनदयाल उपाध्याय ने पुरुषार्थ चतुष्ट्य पर आधारित जिस एकात्ममानववाद का प्रतिपादन किया, वह सर्वोदय तथा लोकतांत्रिक समाजवाद के सभी श्रेष्ठ तत्त्वों को समाविष्ट करता हुआ देश के आर्थिक तथा सामाजिक पुनर्निर्माण का एक समग्र तथा समुचित आधार बन सकता है।

पश्चिम बंगाल की स्थिति और सरकार की विफलता पर मर्माहत होकर अटलजी ने, संसद में कहा, "जिस बंगाल ने ऋषि बंकिमचंद्र के माध्यम से वंदे मातरम् का अमोघ मंत्र देकर पराधीन तथा पददलित देश में राष्ट्रीय स्वाभिमान तथा उसके लिए आत्मबलिदान करने की उत्कृष्ट भावना जगाई व नेताजी सुभाषचंद्रजी जैसा नरशाइल पैदा किया; जिस बंगाल ने राष्ट्र की अखंडता तथा एकता की वेदी पर अपने प्राण न्योछावर करनेवाले डॉ. श्यामाप्रसाद मुकर्जी के नेतृत्व में चलने में गौरव पाया, उस बंगाल में माओ-त्से-तुंग के मुट्ठी भर मानसपुत्र भारत को दूसरा वियतनाम बनाने की गर्वोक्तियाँ करें और गीता तथा गीतांजलि का परित्याग कर लाल किताब का पारायण करने में अपना धन्य भाग समझें, यह स्थिति बंगाल और शेष भारत की जनता के लिए खुली चुनौती है। बंगाल का अधिकार है कि वह इन कुपुत्रों को ठीक मार्ग पर लाए। शेष भारत का कर्तव्य है कि इस कार्य में वह बंगाल की पूर्ण सहायता करे।

मैं जानता हूँ कि पश्चिम बंगाल में इस समय जो दारुण दृश्य दिखाई देता है, वह अधिक दिनों तक टिकने वाला नहीं है। वहाँ हम एक स्थायी परिस्थिति का सामना कर रहे हैं। आज नहीं तो कल पश्चिम बंगाल की प्रबुद्ध जनता शांति तथा सम्मान के साथ जीवनयापन करने के अपने मूल अधिकारों की रक्षा के लिए अवश्य ही खड़ी होगी और राष्ट्रद्रोही तत्त्वों के षड्यंत्र को विफल करने में समर्थ होगी।

मैं पश्चिम बंगाल के गैर-मार्क्सवादी दलों को चेतावनी देना चाहता हूँ कि यदि वे एक होकर मार्क्सवादियों का मुकाबला नहीं करेंगे तो मार्क्सवादी एक-एक करके उन्हें खत्म कर देंगे। मैं बंगाल कांग्रेस तथा उसके नेता श्री मुखर्जी को बधाई देता हूँ, जिन्होंने मार्क्सवादियों का खुला विरोध करने का साहस किया। अन्य लोकतांत्रिक दलों को उनका पूरा साथ देना चाहिए। भारत की तत्कालीन स्थिति और देश की वर्तमान अवस्था में गहरा साम्य दिखाई देता है। उस समय की भाँति आज देश के विशाल भू-भागों पर विदेशी आक्रमणकारियों का कब्जा है। आज के शासक भी मदांध, स्वेच्छाचारी और सत्तालोलुप हैं। चाटुकारों और अवसरवादियों का बोलबाला

है। विदेशी जासूस और पंचगामी बेरोकटोक सक्रिय हैं। एक ओर ऐश्वर्य का भोंड़ा प्रदर्शन और दूसरी ओर क्षुधातुर मानवों का करुण क्रंदन है। विघटनकारी शक्तियाँ सिर उठा रही हैं। देश ज्वालामुखी के मुँह पर बैठा है।

विभिन्न प्रदेशों से प्राप्त आँकड़ों के अनुसार उस वर्ष बनाए गए सदस्यों की संख्या साढ़े नौ लाख थी। 1800 स्थानीय समितियाँ बनीं तथा मंडल समितियों की संख्या 2400 तक हो गई। 280 जिलों में जिला समितियाँ विधिवत् कार्य कर रही थीं।

प्राय: सभी प्रदेशों में प्रादेशिक सम्मेलन किए जा चुके थे। नए प्रादेशिक पदाधिकारियों के रूप में अनेक प्रमुख कार्यकर्ताओं ने पहली बार कार्यभार सँभाला। उस वर्ष अनेक जिलों में बहुत बड़े-बड़े जिला सम्मेलन भी आयोजित किए गए।

राष्ट्रपति के चुनाव में घटिया राजनीति पर अटलजी ने दो टूक शब्दों में अपनी बात कही—"कांग्रेस दल ने बंगलौर की बैठक में श्री संजीव रेड्डी को उम्मीदवार नामजद किया था। कुछ ही घंटों में दिल्ली से श्री गिरि ने भी इस पद के लिए अपने नाम की घोषणा कर दी। साम्यवादी दल ने श्री गिरि को समर्थन दिया। प्राय: सभी विरोधी दल इस बात पर सहमत हुए कि श्री गिरि को विरोधी दल के उम्मीदवार के रूप में खड़ा किया जाए। इस त्रिकोणात्मक संघर्ष में श्री गिरि की विजय की संभावनाएँ प्राय: समाप्त हो गई। तब प्रधानमंत्री ने अपने दलीय अनुशासन के प्रति विद्रोह करवाने हेतु स्वतंत्र वोट का नारा लगाया तथा जातीयता, सांप्रदायिकता, क्षेत्रीयता के आधार पर अन्य दलों में भी दरार डालने का प्रयास किया।"

इससे स्पष्ट हो गया कि श्री देशमुख को सफल नहीं बनाया जा सकेगा। अत: प्रधानमंत्री की योजना को असफल करने के लिए श्री रेड्डी के पक्ष में द्वितीय वोट देने का निर्णय किया गया। साम्यवादी दलों तथा कुछ अन्य दलों, निर्दलीय व प्रधानमंत्री के समर्थक कांग्रेस के सदस्यों का वोट मिल जाने से श्री गिरि विजयी हो गए।

इस प्रकार अटलजी के सभापतित्व काल में जनसंघ के बढ़ते जा रहे राजनैतिक महत्त्व की पृष्ठभूमि में प्रचलित अनेक भ्रांतियों का भी निराकरण हुआ। जनसंघ की संगठनात्मक सुदृढता की जनमानस पर एक छाप है। यह संभव है कि कुछ समय के लिए एक स्थायीकृत कार्यक्रम के आधार पर संसद् अथवा विधानसभाओं में अन्य दलों के साथ सहयोग अथवा साथ कम करने की स्थिति में भी अपनी नीतियों को कार्यान्वित कराना उतना ही संभव हो सकेगा। हमें संपूर्ण शक्ति तथा साधन जुटाकर परिस्थितियों की सभी चुनौतियों का सामना करने के लिए तैयार रहना होगा।

श्री अटल बिहारी वाजपेयी का द्वितीय कार्यकाल

15वें अखिल भारतीय अधिवेशन के अवसर पर भारतीय जनसंघ के अखिल भारतीय अध्यक्ष श्री अटल बिहारी वाजपेयी ने 1969 के मध्यावधि चुनावों की समीक्षा करते हुए 25 दिसंबर को अपने अध्यक्षीय भाषण में कहा कि चुनाव के परिणाम आशा के अनुरूप नहीं रहे। पंजाब में हमारी शक्ति बढ़ने की बजाय घटी। बिहार की विधानसभा में यद्यपि हमारी संख्या बढ़ी है, तथापि प्रदेश में हमारे लिए जैसा अनुकूल वातावरण था, उसके अनुसार हम सफलता प्राप्त नहीं कर सके। पश्चिम बंगाल में हम एक भी स्थान प्राप्त करने में असफ़ल रहे। सबसे अधिक आघात हमें उत्तर प्रदेश में लगा, जहाँ विधानसभा में हमारी सदस्य संख्या आधी रह गई।

अखिल भारतीय अधिवेशन

अटलजी ने मध्यावधि चुनाव में जनसंघ की हार का विश्लेषण करते हुए कहा व मध्यावधि चुनाव में अपनी पराजय के कारणों पर हमें गंभीरता से विचार करना होगा और भविष्य के लिए योजना बनानी होगी। यद्यपि हर प्रदेश में हमारी पराजय के कारण अलग-अलग हैं, किंतु एक सामान्य बात हर जगह दिखाई देती है कि हम यद्यपि नए स्थान प्राप्त करने में सफल हुए हैं, लेकिन अधिकांश पुराने स्थान हमारे हाथ से निकल गए हैं। स्पष्टतः हमारी पराजय का कारण यह नहीं है कि हमारे प्रति जनता के मन में कोई परिवर्तन हो गया है, अपितु यह है कि 1967 के आम चुनाव में जिन क्षेत्रों से हमारे सदस्य चुनकर गए थे, उनकी हम ठीक तरह से देखभाल नहीं कर सके। शासन में शामिल होने के कारण, जहाँ जन-संपर्क की आवश्यकता और अधिकता बढ़ गई थी, वहाँ हमारा जनसंपर्क कम हो गया, संगठन में शिथिलता आ गई। कार्यकर्ता या तो आत्मविश्वास के अतिरेक से असावधान हो गए अथवा निराशा के शिकार होकर निष्क्रिय बन गए। चुनाव में पराजय के लिए साधनों की कमी, जातिवाद का आधार, सांप्रदायिक आधार पर मतदान, जनसंघ को अपना मिला-जुला निशाना बनाने की अन्य दलों की रणनीति को भी कुछ हद तक दोषी ठहराया जा सकता है, किंतु हमारी हार के मुख्य कारण संगठनात्मक हैं। जहाँ हम आमचुनाव में पराजित हुए थे, वहाँ मध्यावधि चुनाव में विजयी होने तथा जहाँ 1967 में विजयी हुए थे, वहाँ 1969 में परास्त होने का भी यही रहस्य है कि हारे हुए स्थानों पर कार्यकर्ता कार्य में संलग्न रहे, जबकि विजयी स्थानों पर आराम में निमग्न हो गए।

अटल बिहारी वाजपेयी की राजनीतिक सक्रियता

नेहरू के समाजवाद की परिणति जिस तरह केशवदेव मालवीय की उम्मीदवारी के रूप में हुई, उसी तरह इस समाजवाद की भी पराजय हुई। भले ही ऊँचे क्षेत्रों में इसे महत्त्वपूर्ण माना गया कि केशवदेव मालवीय के रूप में इंदिरा गांधी का एक समर्थक हारा, परंतु यह एक तरह से विचारों की हार थी।

बिहार में संयुक्त मोर्चे के भूतपूर्व मुख्यमंत्री महामाया प्रसाद सिंह पटना से तो हार गए, लेकिन महाराजगंज से भारी मतों से विजयी हुए। एक अन्य मुख्यमंत्री भोला पासवान शास्त्री ने अपने कांग्रेस के प्रतिद्वंद्वी को 15 हजार मतों से पराजित किया। संसोपा के दो भूतपूर्व मंत्री कपिलदेव सिंह और उपेंद्र वर्मा तथा कांग्रेस के तेजनारायण झा भी पराजित हो गए थे। शोषित दल सरकार के एक भूतपूर्व मंत्री सरदार हरिहर सिंह कांग्रेस उम्मीदवार की हैसियत से डुमरांव क्षेत्र से विजयी घोषित किए गए। उन्होंने संसोपा के अपने निकटस्थ प्रतिद्वंद्वी पशुपतिनाथ सिंह को हराया। जीतने वालों में जनता पार्टी के कामाख्या प्रसाद नारायण सिंह भी थे, जो अपने बहुमुखी व्यक्तित्व के लिए जाने जाते थे।

बंगाल में प्रजा समाजवादी दल के प्रादेशिक अध्यक्ष निशीथनाथ रायगंज निर्वाचन क्षेत्र से मार्क्सवादी कम्युनिट पार्टी के उम्मीदवार मानसराय से पराजित हो गए। प्रदेश कांग्रेस के अध्यक्ष प्रतापचंद्र चंदर भी चुनाव हार गए। कांग्रेस को सबसे बड़ी पराजय चौबीस परगना, आसनसोल, दुर्गापुर और रानीगंज के औद्योगिक क्षेत्रों में मिली। संयुक्त मोर्चे के भी दो मंत्री—सोमनाथ लाहिड़ी और ज्योतिभूषण भट्टाचार्य जनता की निगाहों में खरे उतरे और विजयी हुए।

9 फरवरी, 1969 को जनसंघ और अकाली दल उम्मीदवारों में अभूतपूर्व एकता देखी गई। दोनों पार्टियों के कार्यकर्ता एक-दूसरे में आते जाते देखे गए। राजनैतिक हल्कों में चिंता व्यक्त की गई कि सिंधी जनसंघ और हिंदू अकाली उम्मीदवार के पक्ष में मतदान नहीं करेंगे, लेकिन चुनाव के दिन यह गलत सिद्ध हो गया।

अटलजी आगे के लिए सबक लेने के लिए कहते हैं, “हमें चुनाव परिणामों से शिक्षा ग्रहण करनी है और संगठन को सुदृढ, सक्रिय, तेज तथा सक्षम बनाना है। हमें आत्मनिरीक्षण करना है, किंतु आत्मनिंदा की प्रवृत्ति से बचना होगा। राजनीति में उतार-चढ़ाव आते ही रहते हैं। दिल्ली का उदाहरण हमारे सामने है। दिल्ली में 1958 के नगर महापालिका के चुनाव में जनसंघ कांग्रेस में लगभग समन्वय हो

चुका था, किंतु 1962 में हमें भारी पराजय का सामना करना पड़ा। इससे विचलित हुए बिना जनसंघ के कार्यकर्ताओं ने 1967 में शानदार विजय प्राप्त करके दिखाई। हमें देखना है कि हम ठीक दिशा में बढ़ रहे हैं या नहीं। यदि हमारी दिशा ठीक है तो गति में तीव्रता लाकर और रणनीति में परिवर्तन करके हम अपनी पिछली कमियों को पूर्ण करने में सफल हो सकते हैं।"

राष्ट्रपति चुनाव के संदर्भ में राजनीतिक स्थिति

भारत के पाँचवें राष्ट्रपति के चुनाव के समय कांग्रेस में जो भारी उथल-पुथल हुई, वह 1939 के गांधी-सुभाष ऐतिहासिक संघर्ष के पश्चात् पहली बार दिखाई दी। किंतु उस समय उन दिग्गजों के बीच जो संघर्ष हुआ वह विशुद्ध सैद्धांतिक था और उन्होंने अपनी मान्यताओं के साथ समझौता करने की बजाय अलग होना श्रेयस्कर समझा। राष्ट्रपति चुनाव के समय प्रधानमंत्री और उनके समर्थक प्रयत्न करते रहे कि उसे दक्षिण और वामपंथियों के बीच के संघर्ष के रूप में प्रदर्शित किया जाए। कांग्रेस के भीतर उत्पन्न दरार इस बात को सिद्ध करती है। राष्ट्रपति चुनाव में पक्षों का वर्गीकरण मुख्यतः दो आधार पर हुआ था—प्रथम, कम्युनिस्टों, विशेषतः प्रधानमंत्री और कम्युनिस्टों के बीच बढ़ते गठजोड़ के प्रति दलों का दृष्टिकोण और द्वितीय, बहुत से गुटों द्वारा प्रधानमंत्री के साथ जोड़े गए व्यक्तिगत संबंध। श्री संजीव रेड्डी के पक्ष में द्वितीय वरीयता का मतदान कराने का जनसंघ का फैसला मुख्यतः प्रथम आधार पर किया गया था।

अतः यह उचित ही था कि राष्ट्रपति चुनाव के संबंध में उक्त विवाद पूर्णतः समाप्त हो जाना चाहिए था तथा श्री गिरि को सभी वर्गों का समर्थन मिलना चाहिए था। परंतु यदि चुनाव के दौरान उपयोग में लाए गए उचित हथकंडों के विषय में सभी लोकतंत्रवादी गंभीरता से विचार नहीं करेंगे तो वे अपना कर्तव्य पालन में विफल रहेंगे। समय की माँग है कि राष्ट्रवाद और लोकतंत्र में निष्ठा रखनेवाले सभी राजनीतिज्ञ यह समझें कि यद्यपि दलों में आर्थिक प्रगति की दिशा में मतभेद हो सकते हैं, परंतु जहाँ तक लोकतंत्र और राष्ट्रवाद के प्रति निष्ठाओं का प्रश्न है, देश उन पर विभाजित होने की भूल नहीं कर सकता।

1970 की राजनीतिक गतिविधियाँ

वर्ष के प्रारंभ से ही कांग्रेस के दोनों पक्षों के नेतागण अन्य गुट की सरकार

को धराशायी करने के लिए प्रयत्न करने लगे। जनवरी माह में ही प्रधानमंत्री ने उत्तर प्रदेश के विभिन्न जिलों का धुआँधार दौरा किया। दूसरी ओर श्री मोरारजी देसाई, डॉ. रामसुभग सिंह आदि ने भी अपना गढ़ बचाए रखने के उद्‌देश्य से दौरे किए। सत्तारूढ़ कांग्रेस के लिए उत्तर प्रदेश में अन्य गुट की सरकार का होना एक काँटा था, क्योंकि सबसे बड़ा राज्य होने के कारण इसका प्रभाव संपूर्ण भारत की राजनीति पर पड़ता था। केंद्र और राज्य सरकार में खुलकर खींचातानी चलने लगी। गुप्ता गुट के श्री सहाय आदि मंत्री फोड़ भी लिये गए। श्री कमलापति त्रिपाठी ने भी अरुणसिंह से हाथ मिलाया और गुप्ताजी को अपदस्थ करने की गुप्त योजना बन गई। बाद में चौधरी चरणसिंह ने गुप्ताजी से वार्त्तालाप किया, जिन्होंने अपनी डाँवाँडोल स्थिति देखकर चौधरी साहब के पक्ष में शासन से हट जाना बेहतर समझा। परंतु चौधरी चरण सिंह ने पुनः पलटा खाया और सत्तारूढ़ गुट समर्थक बन गए। 17 जनवरी, 1970 को उनके नेतृत्व में सरकार बनी।

पहले सरकार भारतीय क्रांतिदल की थी, लेकिन कुछ दिनों बाद सत्तारूढ़ कांग्रेस भी उसमें शामिल हो गई। नई कांग्रेस भाक्रांद को आत्मसात् कर जाने की इच्छुक थी। इसी कारण चौ. चरण सिंह को गद्‌दी दी गई थी। लेकिन चौधरी साहब पुराने खिलाड़ी थे। उन्होंने स्वकल्पित मुख्यमंत्रित्व के बदले में अपने संगठित दल का नाम खराब नहीं होने दिया। 28 अगस्त को भाक्रांद ने विलयन विरोधी फैसला कर लिया। फलतः सत्ता के दोनों साझेदारों में तनाव बढ़ने लगा। श्री गेंदा सिंह आदि कांग्रेसी मंत्री इसी बीच मंत्रिपरिषद् से हट चुके थे। उत्तर प्रदेश के नेताओं की दिल्ली में बैठक होने लगी। चौ. चरण सिंह ने कांग्रेसी मंत्रियों को पदच्युद कराने की राज्यपाल से सिफारिश की। परंतु वह अमान्य हो गई तो उन्होंने उन्हें विभागहीन कर दिया। अंततोगत्वा राज्यपाल को सक्रिय होना पड़ा। पूर्ण मंत्रिमंडल बरखास्त हुआ और 2 अक्तूबर, 1970—गांधी जयंती के दिन उत्तर प्रदेश राष्ट्रपति शासन के हवाले हो गया। गनीमत यह थी कि विधानसभा को विघटित नहीं किया गया। इसी आशा से कि फिर सरकार बन सकती है और हुआ भी यही कि चौ. चरण सिंह ने तथाकथित दक्षिण पंथी गुट से वार्त्ता प्रारंभ की और सत्तारूढ़ कांग्रेस से बदले के लिए तैयार हो गए। फलतः 9 अक्तूबर को श्री त्रिभुवन नारायण सिंह उत्तर प्रदेश के संयुक्त विधायक दल के नेता चुने गए। सभी नेताओं के संतोष के लिए श्री सिंह विधायक न होते हुए भी निर्वाचित किए गए। सत्तारूढ़ कांग्रेस ने फिर अपने बहुमत का दावा किया, परंतु राज्यपाल ने उसे खोखला मानकर 18

अक्तूबर, 1970 को श्री त्रिभुवन नारायण सिंह के नेतृत्व में तीन मंत्रियों को शपथ दिलाई। बाद में क्रमशः भाक्रांद, जनसंघ, संसोपा और स्वतंत्र पार्टी ने भी सरकार में शामिल होना स्वीकार किया। मंत्रियों के चयन और उनके विभागों के बँटवारे में कई दिनों का समय लगा, परंतु अंत में नवंबर मास में वह सरकार गठित हुई। उसने विधानसभा के शीतकालीन अधिवेशन में कई अवसरों पर अपने सशक्त होने का प्रमाण भी दे दिया। वित्तीय कर की समाप्ति, साढ़े छह एकड़ तक के जोत की लगान माफी, राज्यद्रोही तत्त्व नजरबंदी विधेयक, छात्रसंघ जैसे जटिल विधेयक भी पारित किए गए, किंतु अंतिम विधेयक पर विधान परिषद् ने अड़ंगा लगा दिया और वह प्रवर समिति के सुपुर्द हो गया। अभी तो उत्तर प्रदेश की सरकार स्थिर प्रतीत हो रही थी, लेकिन आगे भी रहेगी, इसका निर्णय आगामी वर्ष की राजनीतिक आँधी का रुख देखने के बाद ही हो सकता था।

उत्तर प्रदेश के पड़ोसी राज्य बिहार में भी वर्ष भर डगमग शासन रहा। वर्ष के आरंभ में वहाँ राष्ट्रपति शासन था। 11 जनवरी को सत्तारूढ़ कांग्रेस विधायक दल ने श्री दरोगा प्रसाद राय को अपना नेता चुना और जब राज्यपाल को उनके साथ बहुमत का पूर्ण विश्वास हुआ, तब 16 फरवरी, 1970 को उनके नेतृत्व में मिली-जुली सरकार बनी। श्री दरोगा राय ने कई प्रगतिशील कदम उठाने के निर्णय लिये, फिर भी उनके साथ सत्ता में भागीदार कम्युनिस्ट दल जून तक उनसे रुष्ट हो गया। उनके कांग्रेस दल के अनेक विधायक असंतुष्ट हो गए। दिल्ली तक उनकी दौड़ आरंभ हो गई। आरोप-प्रत्यारोप का सिलसिला चल पड़ा। क्रमशः वातावरण सुचारु शासन के अधिकाधिक प्रतिकूल होने लगा। उत्तर प्रदेश में नवंबर में शासन परिवर्तन हुआ ही था, उसका बिहार पर भी असर पड़ा। श्री दरोगा राय के अनेक समर्थक फूट गए और 18 दिसंबर, 1970 को विधानसभा में उनके विरुद्ध अविश्वास पारित हो गया। बिहार के संविद ने जब अपने बहुमत से राज्यपाल श्री नित्यानंद कानूनगो को आश्वस्त कर दिया तो उन्होंने संविद के नेता श्री कर्पूरी ठाकुर को सरकार बनाने के लिए 21 दिसंबर, 1970 को आमंत्रित किया और दूसरे दिन ही राज्य में नई सरकार प्रतिष्ठित को गई।

आलोच्य वर्ष के मध्य के उक्त दोनों राज्यों में सत्तारूढ़ कांग्रेस सत्ता भंग होने के अलावा पंजाब में भी सरकार बदली। पंजाब और हरियाणा के बीच चंडीगढ़ के लिए दावे के साथ वर्ष आरंभ हुआ। शाह आयोग की सिफारिशें लागू कराने के लिए श्री रणधीर सिंह ने 7 जनवरी से दिल्ली में चार दिन का अनशन आरंभ किया।

17 जनवरी को प्रधानमंत्री ने हरियाणा और पंजाब के मुख्यमंत्रियों से वार्त्ता की। देश के विपक्षी नेताओं ने भी चंडीगढ़, पंजाब में हड़ताल हुई, उसी दिन चंडीगढ़, पंजाब को देने की सिफारिश की। इसी बीच 26 जनवरी को अकाली नेता संता फतेह सिंह ने चंडीगढ़ के लिए आमरण अनशन शुरू कर दिया। अंततः जब 29 जनवरी को पूरे पंजाब में हड़ताल थी, उसी दिन चंडीगढ़ उसे देने की घोषणा की गई। दूसरे ही दिन से उक्त निर्णय के विरोध में हरियाणा में उपद्रव आरंभ हो, जिसमें 9 व्यक्तियों की जानें गईं। माहौल शांत होने के कुछ ही समय बाद 25 मार्च को पंजाब की गुरनाम सिंह सरकार को विधानसभा में पराजय का मुँह देखना पड़ा और दूसरे दिन उन्हें इस्तीफा देना पड़ा। 27 मार्च को अकाली दल ने भारतीय जनसंघ के सहयोग से श्री प्रकाश सिंह बादल के नेतृत्व में नई सरकार बनाई। जुलाई मास में एक बार बादल सरकार पर भी संकट आया, परंतु सत्तारूढ़ कांग्रेस के तटस्थ रहने से उसकी रक्षा हो गई। अंततोगत्वा 26 नवंबर को अकाली दल की फूट मिट गई और दोनों गुट एक साथ हो गए। इस प्रकार वर्ष के अंत में पंजाब में अकाली दल का पूर्ण बहुमत स्थापित हो गया। आगे फूट की नौबत न आए, तभी राज्य सरकार जनहित के कार्य करने में सफल हो सकती थी।

इस वर्ष अन्य बहुचर्चित राज्य पश्चिम बंगाल तथा केरल थे। ये दोनों ही मार्क्सवादी कम्युनिस्ट पार्टी के गढ़ थे। मार्क्सवादी पार्टी की निष्ठा विदेश के प्रति होने से देश की जनता उनके प्रति सशंकित थी। फिर भी शोषित, दलित और श्रमिकों का पक्ष लेकर चलने से उनको अधिकांश जनता का समर्थन मिल जाता था। इसी कारण पश्चिम बंगाल और केरल में उनकी सरकारें मोर्चा बनाकर स्थापित हो गई थीं। परंतु 1970 का वर्ष उनके लिए अशुभ था, क्योंकि वे दोनों ही लड़खड़ा गईं। जहाँ तक बंगाल का सवाल है, वहाँ के मुख्यमंत्री थे बंगाल कांग्रेस के अध्यक्ष श्री अजय कुमार मुखर्जी। वे पुराने कांग्रेसी थे, अत: अपनी सरकार के सबसे बड़े घटक मार्क्सवादी दल की गतिविधियों से बहुत खिन्न हो उठे, उन्होंने उपमुख्यमंत्री और मार्क्सवादी नेता श्री ज्योति बसु को रास्ते पर लाने का प्रयास किया। राज्य में बढ़ती हिंसा से वे इतने दुःखी हो गए कि मुख्यमंत्री होते हुए भी अपनी सरकार के विरुद्ध अनशन करना पड़ा।

पश्चिम बंगाल में जब हिंसा जोर पकड़ने लगी और कलकत्ता के शांतिप्रिय नागरिक अन्यत्र भागने लगे तो अजय मुखर्जी ने कहा कि मैं 16 मार्च तक इस्तीफा दे दूँगा। बंगाल में मुखर्जी सरकार के इस्तीफे के बाद हिंसा का नग्न तांडव प्रारंभ

हो गया। बंद, हड़ताल, प्रदर्शन, रैली आदि का ताँता बढ़ गया। व्यापारी, धनी, राष्ट्रभक्त आदि पर ही नहीं, पुलिस पर भी नक्सलियों के हमले शुरू हो गए। विभिन्न पार्टियों के कार्यकर्ताओं में झड़पें होने लगीं। 19 मार्च से पश्चिम बंगाल में राष्ट्रपति शासन लागू हो गया, लेकिन उपद्रवियों पर इसका कोई प्रभाव नहीं पड़ा। अगले वर्ष के आरंभ में लोकसभा के साथ-साथ विधानसभा का भी मध्यावधि चुनाव होगा कि नहीं, यह संदिग्ध बना रहा। कलकत्ता एवं अन्य स्थलों में प्रतिदिन हत्याएँ एवं लूटपाट होती रहीं। बम तथा आग्नेयास्त्र बरामद होते रहे, गिरफ्तारियाँ भी की जाती रहीं। कथित नक्सली नेता भी पकड़े गए। क्रांति से शासन को उलटने के लिए माओ के संकेत से 'जनसेना' गठित की गई। सरकार स्थिति पर काबू पाने के लिए असमर्थ रही। लोगों को आशंका रही कि इंदिरा सरकार का वामपंथ के साथ गठबंधन है, अत: अपेक्षित कड़ाई नहीं हो पाती, इसीलिए देश की सीमा पर हिंसक पंचगामी पनप रहे हैं। नक्सली नेता कानू सान्याल तथा जंगल सान्याल पकड़े जा चुके थे, लेकिन अन्य फरार रहे। चाईवासा में 29 मई को 25 नक्सलपंथियों के साथ एक ब्रिटिश युवती टेलर भी पकड़ी गई थी। नक्सली हत्याकांड के साथ-साथ राष्ट्रीय नेताओं की मूर्तियाँ तोड़ते रहे। वे भारतीय राष्ट्रीय साहित्य नष्ट करते रहे, पार्टी वर्तमान शिक्षा प्रणाली को ही समाप्त कर देना चाहती थी। इन नक्सलियों को पालने का फल एक बार स्वयं श्री ज्योति बसु के लिए भी घातक रहा। इसी वर्ष 31 मार्च को पटना में उन्हें गोली मारने का प्रयास किया गया।

केरल में मार्क्सवादी दल ने जब मोर्चा सरकार बना रखी थी तो उसके एक घटक कम्युनिस्ट पार्टी से उसका विरोध हुआ। भारतीय कम्युनिस्ट पार्टी ने लघु मोर्चा बनाकर श्री अच्युत मेनन के नेतृत्व में जो सरकार बनाई थी, उसकी 16 जनवरी को विधानसभा में पहली बार विजय हुई। 21 अप्रैल के चुनाव में भी श्री मेनन जीत गए, परंतु छोटे-छोटे अनेक दलों के बाहुल्य तथा सिद्धांत-भेद के कारण उनकी सरकार अधिक दिन तक टिक न सकी और 1 अगस्त को उनके मंत्रिमंडल को इस्तीफा देना पड़ा। वहाँ राष्ट्रपति शासन लागू हुआ और 17 सितंबर को मध्यावधि चुनाव संपन्न हुए।

□

अटलजी की अनोखी कार्यशैली

अनूठी भाषण कला, स्पंदित कवि हृदय, शिष्ट व्यवहार ये कुछ ऐसे कारण हैं, जिन्होंने अटलजी को हमारे समय का सबसे प्रतिष्ठित व्यक्ति बना दिया है। फिर भी ये सारे कारण इस बात की अधूरी व्याख्या करते हैं कि उनके अनुयायी उन्हें इतना सम्मान क्यों देते हैं और सभी उन्हें इतना क्यों चाहते हैं? इससे ज्यादा कुछ और तो जरूर है।

लंबे राजनीतिक जीवन वाले नेता दुर्लभ नहीं होते, हमारे समय में अनेक नेता हैं, जिनमें से बहुतों को पसंद नहीं किया जाता और कुछ को तो साफ तौर पर नकार दिया गया है। पद्म विभूषण से सम्मानित लोगों की सूची भी छोटी नहीं है। फिर भी सरकारी तौर पर सम्मानित होने का कतई यह मतलब नहीं कि लोग भी आपका सम्मान करेंगे। चार दशकों से सांसद होना निश्चित ही सराहनीय है। सर्वश्रेष्ठ सांसदों में गिना जाना और भी बड़ी बात है। निःसंदेह ऐसे लोगों को विशिष्ट रूप से देखा जाता है, लेकिन जरूरी नहीं कि वह जनाकांक्षाओं के केंद्र हों। लोग उन्हें सम्मान तो देते हैं, लेकिन सार्वजनिक जीवन में उनकी क्या हैसियत है?

भारत के लोगों के लिए वाजपेयीजी इसलिए अनूठे नहीं हैं कि उनमें ये सब गुण हैं, बल्कि वे इसलिए ज्यादा लोकप्रिय हैं; क्योंकि वे उनके जीवन के लिए प्रासंगिक हैं। अगर वह ऐसे नहीं होते, तो हालत भी उन नेजाओं की अलग नहीं होती, जो बोलते बहुत अच्छा हैं, लेकिन किनारे पर खड़े होने को अभिशप्त हैं।

वाजपेयीजी ने सार्वजनिक जीवन के अपने अभिनव पचास वर्षों में यह दिखाया है कि लोकप्रिय होने के लिए सस्ती लोकप्रियता के तरीकों का सहारा नहीं लेना चाहिए। चर्चित होने के लिए बाजीगरों जैसे करतब करने की जरूरत नहीं है। उनकी कार्यशैली ने यह साबित कर दिया कि राजनीति की चौपड़ पर प्रतिबद्धता

को भी दाँव पर लगाना जरूरी नहीं है। उन्होंने जीवन में कई उतार-चढ़ाव देखे हैं, लेकिन हर परिस्थिति को निरपेक्ष भाव से लिया है। हम भारतीय इस रवैए के आदी नहीं रहे हैं। अटलजी ने कभी जिम्मेदारी से बचने का प्रयास नहीं किया, लेकिन जिम्मेवारी के पदों के लिए कभी बेचैन भी नहीं दिखे।

उनके शब्दों की गंभीरता और प्रामाणिकता ने सभी को यह अहसास कराया है कि उनके व्यक्तित्व को बनाने वाले गुणों का प्रतिफल स्वयं तक ही समाप्त हो जाता है। उनका हमेशा एक ही उद्‍देश्य रहा है, देशहित की रक्षा। अटलजी स्वप्नदृष्टा हैं, लेकिन वास्तविकता के धरातल पर मजबूती से खड़े हुए हैं। उनका अपनी राजनीतिक विचारधारा में अटूट भरोसा है, पर दूसरों के लिए भी उनके मन में स्वस्थ विचार और सम्मान है।

सफल विदेश मंत्री के रूप में

अटलजी अपने राजनैतिक जीवन में अधिकतर समय विपक्ष में ही रहे हैं। वे तीखे आलोचक और कम बोलने वाले माने जाते हैं। नकारात्मक सोच उनके व्यक्तित्व का हिस्सा बन जाती है। लेकिन अटलजी को सभी पार्टियों के नेताओं द्वारा श्रेय देने का एक कारण यह भी है कि यद्यपि उन्हें इस तरह की नकारात्मक सोच से कई बार गंभीर आक्रमण करते देखा गया है, लेकिन वे व्यक्तिगत हमले एकाध बार ही करते हैं और ऐसा होने पर भी उनके मन में कोई दुर्भावना नहीं होती। उनके सटीक और चुटीले व्यंग्यबाण किसी को तिलमिला तो देते हैं, लेकिन आहत नहीं करते और न ही पीछे कोई निशान छोड़ते हैं। उनका उद्‍देश्य रचनात्मक ही होता है।

श्री वाजपेयी और राष्ट्रीय स्वयंसेवक संघ का संबंध मीडिया के साथ-साथ बाहर भी बहस का विषय रहा है। जनता पार्टी के कुछ सदस्यों का वह विरोध बखूबी याद है, जो तत्कालीन प्रधानमंत्री श्री मोरारजी देसाई द्वारा अटलजी को विदेश मंत्री बनाने के प्रस्ताव पर जताया गया था। उनके विरोधियों ने श्री देसाई को सतर्क करते हुए कहा था कि वह संघ का आदमी है, पाकिस्तान के साथ हमारे संबंध बहुत बिगड़ जाएँगे। मगर श्री देसाई ने उनकी बिन माँगी सलाहों को दरकिनार कर अटलजी को अपनी सरकार में विदेश मंत्री बनाया।

भारत-पाक संबंधों के विषय में लोग मानते हैं कि 1977-79 का समय, जब अटलजी विदेश मंत्री थे, स्वतंत्रता के बाद दोनों देशों के संबंधों का स्वर्णिम काल था। पाकिस्तान के प्रधानमंत्री नवाज शरीफ को भी इसकी पुष्टि करते हुए सुना गया

है। 1991 में श्री नवाज शरीफ, वह तब भी प्रधानमंत्री थे, श्री राजीव गांधी के अंतिम संस्कार में शामिल होने नई दिल्ली आए हुए थे। उनके आमंत्रण पर श्री वाजपेयी उनसे मिलने अशोक होटल गए। उन्होंने सबसे पहली प्रतिक्रिया यह कहकर व्यक्त की—

"श्री वाजपेयीजी! मैं आपसे पहले कभी नहीं मिला, लेकिन मुझे यह कहने में कोई संकोच नहीं कि आप जब विदेश मंत्री थे, उस समय जैसे दोनों देशों के मधुर एवं सौहर्दपूर्ण संबंध फिर कभी नहीं हुए।"

वाजपेयीजी के कार्यकाल में श्री देसाई और श्री जिया-उल-हक के बीच हॉटलाइन नहीं थी, लेकिन पिछले दिनों में देश में लगातार हो रहे बम विस्फोटों का सिलसिला भी नहीं था।

वाजपेयीजी और राष्ट्रीय स्वयंसेवक संघ के बारे में अकसर मीडिया खबरों में आधी-अधूरी जानकारी होती है। प्रेस के एक वर्ग को मसालेदार खबरें छापने की गंभीर बीमारी है। सन् 1980 में जनता पार्टी ने दोहरी सदस्यता का मुद्दा उछाला था और जनसंघ से आनेवाले उन लोगों पर राष्ट्रीय स्वयंसेवक संघ से नाता तोड़ने का दबाव डाला था। उन्हें गलतफहमी थी कि अटलजी इसका विरोध नहीं करेंगे। जनता पार्टी संसदीय बोर्ड की बैठक में जब इस मसले पर विचार-विमर्श हो रहा था, अटलजी गुस्से में फट पड़े, "हम जनता पार्टी में केवल तीन वर्ष पहले आए हैं। राष्ट्रीय स्वयंसेवक संघ के साथ हमारा रिश्ता बचपन से है, परंतु आप चाहते हैं कि हम संघ से नाता तोड़ लें। आपको मालूम है कि आप क्या कह रहे हैं?" राष्ट्रीय स्वयंसेवक संघ और उसकी सांस्कृतिक राष्ट्रवाद की विचारधारा के प्रति अटलजी का समर्पण हमेशा अटूट रहा है। वह इस तथ्य से भाँति परिचित हैं कि भारत जैसे वृहद् और विविधता वाले देश में प्रतिनिधि लोकतंत्र की यह दरकार है कि विचारधारा से पार्टी को आदर्श और मूल्य तथा नीति-निर्माण का मार्गदर्शन मिलना चाहिए, पर इससे राजनीतिक तथा सरकारी निर्णयों में नहीं होना चाहिए।

देश के जाने-माने न्यायविद् नानी पालकीवाला ने उनके विदेश मंत्री कार्यकाल की सराहना करते हुए कहा था—"जब पहली बार श्री अटल बिहारी वाजपेयी ने मुझे एक विदेश मंत्री की हैसियत से अमरीका का राजदूत बनने को कहा तो मैंने यह कहकर इनकार कर दिया कि मेरा दिल हिंदुस्तान में है और मैं यहीं रहकर अपने नागरिकों की सेवा करूँगा। इसके बाद श्री मोरारजी देसाई ने मुझसे आग्रह किया कि मैं अटलजी का कहना मान लूँ, क्योंकि न कहना गलत होगा। वह भी तब जब देश

को मेरी सेवाओं की जरूरत है। उन्होंने मुझे याद दिलाया कि देश की सेवा कैसे की जाए, यह सोचना मेरा नहीं, शासकवर्ग से जुड़े लोगों का काम है। मुझे साफतौर पर याद है अटलजी से मेरी पहली मुलाकात। वे विदेश मंत्री थे, पर राजदूत बनने के न्याते को लेकर वे मेरे अदने से घर पर आए थे। उनकी यह सादगी मेरे ऊपर जादू कर गई और मैंने सोचा कि मैं इस व्यक्ति के साथ अच्छी तरह काम कर सकता हूँ। इनके नेतृत्व में भारत विकास के नए आयाम छुएगा। मुझे लगता है कि वह किसी तरह के पूर्वग्रह या संप्रदायवाद से पूरी तरह अनछुए हैं।"

वे आगे कहते हैं—मुझे ऐसा लगता है कि प्रधानमंत्री पद के लिए अटलजी से बेहतर उम्मीदवार नहीं। अटलजी जब विदेश मंत्री थे तो पाकिस्तान के साथ हमारे संबंध सबसे ज्यादा सौहार्दपूर्ण थे। जब भी मैं अटलजी से मिलता हूँ, मुझे उनसे समकक्ष होकर बातचीत करने में कोई परेशानी नहीं होती। वे बहुत ही उदार हैं और कभी भी हवाई बातें नहीं करते। मुझे लगता है कि उन जैसे व्यक्ति से बातचीत करने में किसी को भी कठिनाई नहीं हुई। जब कभी हम मिलते हैं तो राजनीति पर बात नहीं करते, बल्कि देश के भविष्य और देश की पुरानी प्रतिष्ठा वापस लाने पर ही चर्चा होती है। कुछ एक बार मैं उनसे अमेरिका से वापस आते समय हवाई जहाज मैं मिला और मैंने अटलजी से हुई हर मुलाकात में एक नया अनुभव प्राप्त किया है।

मुझे याद है कि जब मसजिद गिरी थी तो उन्होंने खेद व्यक्त किया था कि हिंदू समुदाय ने इस तरह का कार्य किया। आज देश की समृद्ध विरासत को दिशा देने के लिए ऐसे ही व्यक्ति की जरूरत है। मुझे अटलजी के साथ वाशिंगटन में हुई मुलाकात याद है। उस समय मैंने उनसे कहा था कि मैं इस बात से बहुत दुःखी हूँ कि भारत में एक सरकारी अफसर के साथ किस तरह अन्यायपूर्ण व्यवहार होता है। मैंने कड़ा विरोध जताते हुए उनसे कहा कि इस तरह के अन्याय से मुझे बहुत दुःख होता है। इस पर उन्होंने मुझे समझाते हुए कहा कि मुझे इस तरह नहीं बोलना चाहिए। "आखिरकार आज मैं यहाँ हूँ, लेकिन कल नहीं रहूँगा, पर सरकार चलती रहेगी। आज जो मंत्री है, वह शायद कल नहीं रहेगा। उसे खुले मन से सोचना चाहिए और कभी-कभार कुछ व्यक्तियों के साथ होनेवाले अन्याय को अनदेखा करना चाहिए।"

श्री अटल बिहारी वाजपेयी 1977 से 1979 तक भारत के विदेश मंत्री रहे वे 4 साल तक विदेश मंत्रालय की पार्लियामेंटरी स्टैंडिंग कमेटी के अध्यक्ष भी रह चुके हैं। सदन में विदेश नीति पर हुई चर्चा में उन्होंने हमेशा हिस्सा लिया है। इस विषय पर

उनके विचार हमारी विदेश नीति से ही मेल खाते हैं, क्योंकि वे कई वर्षों के अध्ययन के बाद ही पनपे हैं। पूर्व विशेष सचिव श्री जगत मेहता के अनुसार अटलजी की विचारधारा पं. जवाहरलाल नेहरू की विचारधारा से विशेष रूप से प्रभावित हुई है। श्री अटल बिहारी वाजपेयी का व्यक्तित्व चर्चिल की तरह है। विपक्ष में अजेय और अवसर आने पर समर्पित राष्ट्रवादी जिम्मेदारी के समय मतभेदों से ऊपर उठकर एकजुट होने का अंतर वे स्पष्ट रूप से जानते हैं। चर्चिल की तरह वे देश की जनता को भाषणों से सम्मोहित करते हैं, लेकिन विदेश मंत्री के रूप में उनकी शैली धैर्य से सुनने और सामयिक अवसरों पर संक्षिप्त टिप्पणी करने की रही।

उन्होंने विदेश मंत्री के तौर पर बुद्धिमान और भरोसेमंद होने की प्रतिष्ठा हासिल की। मैं ऐसी राजनयिक चर्चाओं में उनके साथ रहा, जो कभी बहुत उबाऊ या कभी दो मिनट में ही खत्म होनेवाली भी थीं। लेकिन मुझे ऐसा कोई अवसर याद नहीं, जब अटल बिहारी वाजपेयी किसी राजनयिक बैठक में नाराज हुए हों। विदेश मंत्रालय से वे उचित और भयहीन सलाह की उम्मीद करते थे, न कि जी-हुजूरी की। अपने कार्यकाल में उन्होंने सबसे कठिन मिशन पाकिस्तान की यात्रा को श्रेय दिया। पाकिस्तान के अखबार अब पाकिस्तानियों को याद दिलाने लगे थे कि एक पुराने जनसंघी हैं, जिन्होंने पाकिस्तान के निर्माण का विरोध किया था और शिमला समझौते के खिलाफ प्रदर्शन का नेतृत्व भी। उन्होंने इस सार्वजनिक आलोचना को सहन किया, लेकिन कश्मीर पर कोई समझौतावादी वक्तव्य नहीं दिया। अलबत्ता पूरी गंभीरता से कहा कि भारत और पाकिस्तान के संबंधों को आपसी सहयोग और विश्वास के आधार पर नई ऊष्मा देने की जरूरत है। उन्होंने पड़ोसी देश के पत्रकारों की सभी शंकाओं का समाधान कर दिया और फिर विनम्रता से कहा कि वे पुराने बिगड़े संबंधों को एक नया आकार देने के लिए आए हैं।

धाराप्रवाह उर्दू बोलकर उन्होंने सभी का आश्चर्य में डाल दिया। उन्होंने सबसे पहले अपने भाषण में पं. जवाहरलाल नेहरू को श्रद्धांजलि दी और गुटनिरपेक्षता को भारतीय विदेश नीति का आधार बने रहने की पुष्टि की। दक्षिण एशियाई पड़ोसी देशों से मित्रता की घोषित प्राथमिकता में नया क्या है? अच्छे संबंध दिखाना अब सुविधाजनक दर्शन बन गया है, पर असलियत में हमने दखलंदाजी और सख्ती से काम लिया है।

अटलजी की राजनयिक शैली ने नेपाल, श्रीलंका, बांग्लादेश और भूटान में जगह बनाई। राजनयिक क्षेत्र में प्रतिकूल खाँचे में पूरी तरह परिवर्तन की बात सोचना

कठिन होता है। 1939 का मोलोवोव निबनट्राप समझौता भी ऐसा ही परिवर्तन था। तब का सोवियत संघ अपने पश्चिमी साथियों से पूरी तरह अलग हो गया था। लेकिन नाजी जर्मनी ने पोलैंड पर कब्जा जमाने का प्रयास किया और द्वितीय विश्वयुद्ध छिड़ गया।

1980 में अफगानिस्तान में सोवियत संघ के दखल पर मतभेदों के कारण भारत-पाकिस्तान संबंधों में दरार और चौड़ी हुई, लेकिन वाजपेयीजी की व्यक्तिगत कूटनीति से बना विश्वास और मित्रता का वातावरण अब भी कायम है।

प्रथम बार प्रधानमंत्री

पार्टी ने ग्यारहवीं लोकसभा के चुनाव महाराष्ट्र में शिवसेना, बिहार में समता पार्टी और हरियाणा में हरियाणा विकास पार्टी के साथ चुनाव समझौते के आधार पर लड़े। पार्टी ने बिहार सहित पूरे उत्तर तथा पश्चिमी भारत और कर्नाटक में अपनी लोकप्रियता एवं प्रभाव का परिचय दिया। लेकिन दक्षिण के अन्य तीन राज्यों, पश्चिम बंगाल और उत्तर पूर्वी भारत के अन्य कुछ राज्यों में पार्टी कोई स्थान प्राप्त नहीं कर सकी तथा अल्पसंख्यकों ने अपनी पूरी शक्ति के साथ पार्टी का विरोध किया। स्पष्ट बहुमत के अभाव में 545 सदस्यीय लोकसभा के लिए 161 सीटें (20.3 प्रतिशत) जीतकर भाजपा सबसे बड़ी पार्टी के रूप में उभरी। किसी स्पष्ट बहुमत दल के अभाव में जब देश अनिश्चित दिशा की ओर बढ़ता जा रहा था, तब राष्ट्रपति ने भाजपा नेता अटल बिहारी वाजपेयी को सरकार बनाने के लिए आमंत्रित किया। सदन में सबसे बड़ी पार्टी होने के नाते भाजपा ने यह प्रस्ताव स्वीकार कर लिया और 16 मई, 1996 को वाजपेयी मंत्रिमंडल ने शपथ ग्रहण की। यद्यपि पार्टी को शिवसेना और हरियाणा विकास पार्टी का समर्थन प्राप्त था, फिर भी वह केवल 200 सदस्यों को ही जुटा पाई।

संयुक्त मोर्चा सरकार बनाने के लिए इतना लालायित था कि उसे कांग्रेस का समर्थन लेने में संकोच नहीं हुआ। सत्ता की लालसा ने गैर-कांग्रेसवाद की धज्जियाँ बिखेर दीं। अटलजी को सरकार बनाने का आमंत्रण देने के लिए डॉ. शंकरदयाल शर्मा की आलोचना की गई। उन पर जातिवादी होने का आरोप भी लगाया गया। संयुक्त मोर्चा और उसमें शामिल घटक दलों के नेताओं ने अटलजी के शपथ ग्रहण का बहिष्कार भी किया। सत्ता की चादर को अटलजी ने 13 दिन बाद बेदाग वापस रख दिया और प्रस्ताव पर मतदान होने से पूर्व ही इस्तीफा दे दिया।

द्वितीय बार प्रधानमंत्री

8 मार्च, 1998 को श्री अटल बिहारी वाजपेयी सर्वसम्मति से भाजपा संसदीय दल के नेता चुन लिये गए। फरवरी 1998 में संपन्न 12वीं लोकसभा में भाजपा सबसे बड़ा दल था और भाजपा एवं उसके सहयोगी गठबंधन को सर्वाधिक सीटें प्राप्त हुई थीं। 10 मार्च, 1998 को श्री वाजपेयी राष्ट्रपति से मिले और उन्होंने सरकार बनाने का दावा राष्ट्रपति द्वारा यह पूछने के बाद किया कि क्या वे केंद्र में स्थायी सरकार के गठन में समर्थ व इच्छुक हैं। वाजपेयीजी ने राष्ट्रपति से कहा कि वे स्थिर सरकार बनाने की स्थिति में हैं, जिसे सदन का विश्वास हासिल होगा। श्री अटल बिहारी वाजपेयी को सरकार बनाने के लिए आमंत्रित किए जाने के बाद राष्ट्रपति भवन से जारी प्रेस विज्ञप्ति का मूलपाठ इस प्रकार है—"प्रधानमंत्री के चयन और नियुक्ति में राष्ट्रपति को पूरा विवेकाधिकार प्राप्त है। फिर भी उनके समक्ष इस आशय का नियम स्थापित हो चुका है कि प्रधानमंत्री के रूप में चयनित होनेवाला व्यक्ति सदन में विश्वास हासिल करने में सक्षम होना चाहिए।"

किसी भी पार्टी अथवा चुनाव पूर्व गठजोड़ को स्पष्ट बहुमत नहीं मिलने पर भारत समेत अन्य देशों के राष्ट्राध्यक्ष सबसे बड़ी पार्टी के नेता को पहला अवसर देते आए हैं। इसके साथ ही उसे एक निश्चित समयावधि में सदन में बहुमत साबित करना होता है। फिर भी यह प्रक्रिया हर समय के लिए एकमात्र फॉर्मूला नहीं है, क्योंकि ऐसी भी स्थिति पैदा हो सकती है, जब सबसे बड़े दल या गठजोड़ से बाहर के सांसदों की संख्या मिलकर सबसे बड़ी पार्टी या गठजोड़ से ज्यादा हो जाए। राष्ट्रपति महोदय ने बारहवीं लोकसभा के बारे में निम्नलिखित बातों पर गौर किया—प्रथम, किसी भी पार्टी अथवा चुनाव पूर्व गठजोड़ ने सदन में बहुमत लायक सीटें प्राप्त नहीं की हैं। द्वितीय, भारतीय जनता पार्टी अकेली सबसे बड़ी पार्टी के रूप में उभरी है, हालाँकि इसे भी बहुत प्राप्त नहीं है। तृतीय, भाजपा के नेतृत्व वाला चुनाव पूर्व गठजोड़ ही सदन में इस तरह का सबसे बड़ा गठजोड़ है। चतुर्थ, अटल बिहारी वाजपेयी संसद् में भारतीय जनता पार्टी के विधिवत् नेता चुने गए हैं। इसके मद्देनजर राष्ट्रपति महोदय ने वाजपेयीजी को 10 मार्च, 1998 को इस आशय का पत्र लिखा कि क्या वे एक ऐसी स्थायी सरकार बनाने में सक्षम हैं, जो सदन का विश्वास हासिल कर सके।

वाजपेयीजी ने 10 मार्च, 1998 को रात 8 बजे राष्ट्रपतिजी से मुलाकात की और 252 सांसदों के समर्थन के संकेत वाला एक पत्र प्रस्तुत किया। राष्ट्रपति ने

वाजपेयी से कहा कि वे अपनी समर्थक राजनीतिक पार्टियों व सांसदों के समर्थन के दावे को प्रमाणित करनेवाले दस्तावेज प्रस्तुत करें। 12 मार्च, 1998 को वाजपेयी ने समर्थन पत्रों के साथ 240 सांसदों की सूची पेश कर पाए। यह संख्या सदन की कुल संख्या 539 के निर्धारित आधे से कम बैठी। राष्ट्रपति महोदय ने भाजपा के कुछ सहयोगी दलों के उस बयान पर भी गौर किया, जिसमें कहा गया था कि वे बाहर से समर्थन देंगे।

राष्ट्रपति महोदय ने पूर्व प्रधानमंत्रियों श्री विश्वनाथ प्रताप सिंह, श्री चंद्रशेखर तथा श्री एच.डी. देवगौड़ा से भी विचार-विमर्श किया है। श्री चंद्रबाबू नायडू ने राष्ट्रपति को सूचित किया कि तेलुगू देशम के 12 सांसद भाजपा व कांग्रेस के बीच निष्पक्ष रहेंगे। कांग्रेस, संयुक्त मोर्चा के नेताओं, मार्क्सवादी कम्युनिस्ट पार्टी व भारतीय कम्युनिस्ट पार्टी के महासचिवों ने राष्ट्रपति को सूचित किया कि वे सरकार निर्माण में कांग्रेस-मोर्चा के बीच सहमति की संभावनाओं को लेकर एक-दूसरे के संपर्क में बने हुए हैं, फिर भी उन्हें इस प्रक्रिया के लिए कुछ समय चाहिए, विशेषकर इस स्थिति में जबकि कांग्रेस के संसदीय दल के नेता का चुनाव अभी होना है।

14 मार्च को अपराह्न अन्नाद्रमुक की महासचिव जे. जयललिता की ओर से राष्ट्रपति को एक पत्र भेजा गया, जिसमें अन्नाद्रमुक के 18 सांसदों द्वारा भाजपा की नई सरकार को पूर्ण और बिना शर्त समर्थन देने की बात कही गई। 15 मार्च को अपराह्न राष्ट्रपति ने अन्नाद्रमुक की महासचिव की उस घोषणा पर भी गौर किया, जिसमें अन्नाद्रमुक और इसके गठजोड़ वाले दल पी.एम.के. तथा तमिझागा द्वारा राजीव कांग्रेस के भाजपा के नेतृत्व वाली सरकार में शामिल होने की बात कही गई थी। सुश्री जयललिता की ओर से बाद में राष्ट्रपति को भेजे गए एक पत्र में इस बात की पुष्टि भी कर दी गई।

सोनिया गांधी ने 14 मार्च को कांग्रेस अध्यक्ष का पद सँभालने के बाद 15 मार्च को सायं 5 बजे राष्ट्रपति से मुलाकात की। भाजपा की सरकार का समर्थन करनेवाले सांसदों की संख्या अब 264 हो चुकी थी। यह संख्या 539 के सदन के आधे से कम है, लेकिन तेलुगूदेशम द्वारा निष्पक्ष रहने के फैसले को देखते हुए उस को पार कर जाती थी।

इन हालातों में राष्ट्रपति महोदय ने श्री अटल बिहारी वाजपेयी को प्रधानमंत्री नियुक्त करने का निर्णय लिया।

तृतीय बार प्रधानमंत्री

सितंबर 1999 में संपन्न हुए लोकसभा चुनावों में किसी भी दल को स्पष्ट बहुमत नहीं मिला। न ही किसी दल के नेता ने सरकार बनाने की पेशकश राष्ट्रपति के सम्मुख रखी। तब व्यक्तित्व के धनी अटलजी ने समान विचारधारा वाले अन्य दलों के लोगों से बात की। अटलजी का स्पष्ट मत था कि अभी संपन्न हुए चुनावों में राष्ट्र का काफी धन व्यय हो चुका है। अब दूसरा चुनाव कराने का अपव्यय राष्ट्र नहीं सहन कर सकता। अतः अटलजी ने उन दलों के साथ एक मोर्चा बनाया, जिसे 'राष्ट्रीय जनतांत्रिक गठबंधन' का नाम दिया गया। जॉर्ज फर्नांडीज इस गठबंधन के संयोजक बनाए गए एवं एकमत से अटलजी को इसका नेता चुना गया। गठबंधन के सभी घटकों ने समर्थन प्रस्ताव का पत्र राष्ट्रपति को सौंपा, जिसके पश्चात् 13 अक्तूबर, 1999 को अटलजी को प्रधानमंत्री पद की शपथ दिलाई गई। तब से अप्रैल 2004 तक श्री अटल बिहारी वाजपेयी विषम परिस्थितियों से जूझते हुए कुशलतापूर्वक राष्ट्रसेवा करते रहे।

वाजपेयीकालीन भारतीय विदेश नीति : एक सिंहावलोकन

भारत की आजादी के बाद सोवियत संघ एवं संयुक्त राज्य अमरीका, दो गुटों का निर्माण हुआ और ये दोनों गुट नए आजाद देशों को अपने-अपने गुटों में शामिल करने को आतुर थे। भारत अपनी स्वतंत्रता की खुशी किसी गुट में शामिल होकर नहीं मनाना चाहता था। क्योंकि ऐसा करने पर अपनी स्वंतत्रता की आजादी महत्त्वहीन हो जाती। चूँकि ये दानों भारत से काफी शक्तिशाली थे, किसी भी गुट में रहकर हिंदुस्तान के लिए स्वतंत्र रूप से कोई आर्थिक या सुरक्षा नीति बनाना आसान नहीं होता। इस बात को ध्यान में रखते हुए हमारे नेताओं ने फैसला किया कि भारत गुटनिरपेक्ष नीति को विदेश नीति का आधार बनाएगा।

1947 के मार्च महीने में दिल्ली के पुराने किले में एशियाई देशों के प्रतिनिधि आए थे। यह तय हुआ कि हम लोग इस नीति पर कायम रहेंगे। भारत इसका सदस्य बन गया। इस बैठक के बाद श्रीलंका, बांडुंग और आखिर में बेलग्रेड में अंतरराष्ट्रीय बैठकें हुईं और भारत ने जोर-शोर से इनमें भाग लिया। 1947 से 1980-83 तक हमें इस नीति से फायदा ही हुआ। हमारे ध्येय थे—(1) हम अपने हितों का निर्णय स्वयं करेंगे। (2) हमारे हितों की पूर्ति के लिए, जो नीतियाँ उचित होंगी, वे किसी के दबाव में नहीं होंगी। (3) हम कोई ऐसी नीति नहीं अपनाएँगे, जो

हमसे मतलब नहीं रखती हो और किसी गुट के पक्ष में जाती हो।

भारत को इस प्रकार की गुटनिरपेक्ष नीति से फायदा हुआ। लेकिन, जब अंतरराष्ट्रीय वातावरण बदला तो भारत ने आर्थिक उन्नति, राष्ट्रीय सुरक्षा और राजनीतिक लाभ को देखते हुए अपनी विदेश नीति को बदला। इस आंदोलन के सदस्य देशों की अपनी-अपनी समस्याएँ रही हैं, जिससे भारत के हितों को प्राय: नुकसान ही पहुँचा।

1985 में सार्क की औपचारिक रूप से स्थापना हुई। यह भी भारत की विदेश नीति का एक अंग हो गया। सार्क की सफलता या विफलता पर ज्यादा ध्यान देने की आवश्यकता नहीं है, क्योंकि हमें ऐतिहासिक रूप से तुलनात्मक विश्लेषण करना चाहिए कि दुनिया के देशों का आज जो संगठन दिखाई दे रहा है, उन देशों को अपनी आलोचना करने में कितने साल लगे? यूरोप को तीन सौ साल लगे।

यूरोप के देशों के बीच अनेक युद्ध हुए, सौ वर्षों के युद्ध। ब्रिटेन और फ्रांस के बीच दो विश्वयुद्ध हुए। इन तीन सौ सालों के मनमुटाव के बाद नाटो, यूरोपियन आर्थिक संघ अस्तित्व में आए। आसियान, जिसे सफल गुट कहा जाता है, को भी 25 साल लगे। इंडोनेशिया-मलेशिया के बीच विवाद था, सिंगापुर और मलेशिया में मतभेद था। भारत-पाकिस्तान के बीच जो जटिलताएँ हैं, वे हमें विभाजन के समय विरासत के रूप में मिलीं। पाकिस्तान की कुछ जिदे हैं। पाकिस्तान समझता है कि जो प्रदेश उसे मिलने चाहिए थे, वे नहीं मिले। पाकिस्तान के दिल में एक मलाल यह भी है कि उसने जो योजना बनाई थी, वह पूरी नहीं हुई। इसलिए पाकिस्तान के दिल में एक आक्रोश है। हिंदुस्तान के दिल में भी आक्रोश है कि हम एक राष्ट्र थे; धर्म की बुनियाद पर हमारा विभाजन कर दिया गया। उसके बाद पाकिस्तान ने आक्रामक रवैया अपनाया, चाहे जम्मू-कश्मीर हो या हैदराबाद।

स्वाभाविक है कि हमारे रिश्ते सहयोग के नहीं हैं। जब तक पाकिस्तान को यह समझ में नहीं आता कि आक्रामक रवैया अपनाने से नुकसान ज्यादा होगा, तब तक कोई बात नहीं बनेगी। भारत की विदेश नीति बहुमुखी रही है। हमारे अलग-अलग हित हैं और अलग-अलग दिलचस्पी रही हैं। पाकिस्तान के साथ जो विवाद है, वह हमारी विदेश नीति का नाजुक हिस्सा है। उसे छोड़ हमारी विदेश नीति संसार के अन्य देशों के साथ सफल रही है।

जहाँ तक चीन के साथ हमारे संबंधों का सवाल है, सन् 1962 से 1978 तक चीन के साथ जो कड़वे संबंध बने, उससे हम इनकार नहीं कर सकते। चीन ने हमारे

खिलाफ काम किया, हमारी तीस हजार वर्ग किमी जमीन पर कब्जा कर लिया। बिना किसी बातचीत के अपनी फौज तिब्बत में भेजकर सदियों पुरानी सत्ता को नष्ट कर दिया, इससे संबंध खराब होने स्वाभाविक थे। भारत-चीन युद्ध के चौदह साल बाद 1976 में भारत ने कूटनीति का स्तर ऊँचा उठाते हुए अपना राजदूत भेजा। 1979 में विदेश मंत्री अटलजी स्वयं गए। 1988 दिसंबर में तत्कालीन प्रधानमंत्री राजीव गांधी भी गए। रिश्ते ठीक होने लगे। तत्पश्चात् जानेवालों में राष्ट्रपति के.आर. नारायणन थे। लेकिन जब भारत ने परमाणु बम का परीक्षण किया तो पुनः मनमुटाव हो गया।

हमने परीक्षण के जो कारण बताए, उससे चीन की नाराजगी बढ़ी। जहाँ एक ओर संबंध सुधर रहे थे, वहीं दूसरी ओर परीक्षण हो गया। लेकिन अब संबंध फिर से सुधर रहे हैं। हमको चीन के साथ रचनात्मक रिश्ते बनाने का प्रयत्न करना चाहिए। लेकिन हमें सतर्क भी रहना पड़ेगा, क्योंकि चीन की कुछ सामरिक एवं भौगोलिक महत्त्वाकांक्षाएँ हैं, जो भारत के हितों के खिलाफ जा सकती हैं। चीन अपने आपको एक महाशक्ति समझता है। वह एशिया में हमें एक प्रतिद्वंद्वी की नजर से देखता है। इसलिए हमें कमजोर करने के लिए उसने पाकिस्तान से सुरक्षा और सामरिकता के अच्छे रिश्ते बनाए हैं। इसलिए भारत को यह भ्रम नहीं होना चाहिए कि रिश्ते एकदम से सुधर जाएँगे। इसी भ्रम के कारण हमसे शुरू में एक गलती हो गई थी।

1947-56 तक हमने 'हिंदी-चीनी भाई-भाई' का जो भावुकतापूर्ण नारा दिया था, वह गलत था, क्योंकि हमें अंतरराष्ट्रीय कूटनीति का ज्ञान नहीं था। अब भारत की विदेश नीति ज्यादा व्यावहारिक हो गई है। पंचशील सिद्धांत की व्यावहारिकता हमेशा रहेगी, लेकिन किस तरह इन पाँच सिद्धांतों की नीतियों पर अमल किया जाता है, वह काफी महत्त्वपूर्ण है। सार्वभौम सत्ता का सम्मान करना, एक-दूसरे के अंदरूनी मामलों में हस्तक्षेप नहीं करना, एक-दूसरे की प्रादेशिक एकता का आदर करना और राजनीतिक और आर्थिक में भिन्नता के बावजूद शांतिपूर्ण सह-अस्तित्व बनाए रखना इस सिद्धांत के आदर्श हैं।

लेकिन चीन ने इन सिद्धांतों का खुलेआम मखौल उड़ाया। हमारी 30 हजार वर्ग किमी. जमीन पर अधिकार कर लिया, जिसका मतलब है हमारी सार्वभौम सत्ता में हस्तक्षेप करना। लगभग दस साल सारी दुनिया में हमारे विरुद्ध प्रचार किया, पाकिस्तान को हमारे खिलाफ सामरिक दृष्टि से मजबूत किया। सिर्फ कहने के लिए

1954 में चीन ने संधि की, लेकिन अपनी नीतियों में कोई परिवर्तन तो नहीं किया। इसमें सिद्धांतों की कोई गलती नहीं थी। आजाद भारत के लिए पंचशील की महत्ता हमेशा बनी रहेगी।

शीतयुद्ध के समाप्त होने के बाद अंतरराष्ट्रीय वातावरण बदल गया है। अमरीका पूरे विश्व में सामरिक और तकनीकी दृष्टि से शक्तिशाली है। दूसरी बात यह है कि शीतयुद्ध के समय हमारी विदेश नीति में अमरीका के संबंध में जो गलतफहमियाँ थीं, उनमें बदलाव लाने की जरूरत है। अमरीका की नीतियों में भी बदलाव आया है कि दो राह है, हमें यह आशा नहीं करनी चाहिए कि चीन हमारा पूर्ण समर्थन करेगा, क्योंकि अमरीका की नीतियाँ अमरीका के हित में ही होंगी। पिछले दस सालों में अमरीका की नीतियों में काफी बदलाव आया है। खासकर, परमाणु परीक्षण के बाद 1999 के अंतिम के महीनों से उसकी नीतियों में पुनः परिवर्तन आया, जिसे राष्ट्रपति क्लिंटन का भारत आना और सहयोग की बातें करना प्रतिबिंबित करता है।

जहाँ तक कश्मीर का प्रश्न है, अमरीका न तो हमारा समर्थन करता है और न पाकिस्तान का। कश्मीर को लेकर उसके दिल में एक ही घबराहट है कि कश्मीर को लेकर कहीं भारत और पाकिस्तान परमाणु युद्ध में न उलझ जाएँ। कश्मीर और वहाँ के लोगों के हालात में अमरीका की कोई दिलचस्पी नहीं है। अमरीका को कश्मीर में आतंकवादी घटनाओं पर इसलिए चिंता होती है, क्योंकि इससे अमरीकी हितों पर असर हो सकता है। हमें अमरीका पर निर्भर नहीं चाहिए होनी, क्योंकि हम अमरीका से पूछकर अपनी मिसाइल, परमाणु और सुरक्षा की नीतियाँ नहीं तैयार कर सकते या बदल सकते। भारत को अपनी आत्मालोचना करनी चाहिए और पड़ोसी देशों को अपना उद्देश्य समझाना चाहिए। लोग परमाणु परीक्षण की आलोचना तो करेंगे ही, खासकर बड़े देश, जिन्हें यह लगता है कि भारत बहुत शक्तिशाली बनता जा रहा है।

इस परिप्रेक्ष्य में कुछ कारवाइयाँ, जैसे हमारे खिलाफ आर्थिक प्रतिबंध लगाना स्वाभाविक है। अगर हम शक्तिशाली बनने की चेष्टा करते रहें, कोई हिचकिचाहट न दिखाएँ अपनी नीतियों में, तो दुनिया एक दिन हमारी असलीयत की कद्र करेगी। फ्रांस के खिलाफ भी ऐसी काररवाइयाँ हुई थीं और चीन के खिलाफ भी। लेकिन इन दोनों ने अपनी नीतियों में कोई परिवर्तन नहीं किया और आज ये दोनों ही शक्तिशाली देशों की श्रेणी में आते हैं। यदि हमारे पास क्षमता है तो शक्तिशाली बनने का प्रयत्न

करना चाहिए। जहाँ तक सुरक्षा परिषद् में भारत की स्थायी सदस्यता का प्रश्न उठाया जा रहा है, वह सही है। लेकिन वीटो के बिना सदस्यता लेकर क्या करेंगे? भारत के लिए एक दिन वह मौका जरूर आएगा, जब दुनिया भर के देश स्वयं भारत की सदस्यता की वकालत करेंगे। हमें अपने आप पर विश्वास रखना चाहिए। वक्त आने पर इस विश्वास की गूँज दुनिया को भी सुनाई देगी।

परमाणु परीक्षण के बाद कूटनीतिक यात्राओं में काफी बढ़ोतरी हुई, जो हमारी विदेश नीति का मौलिक अध्याय रहा है। इस अध्याय के माध्यम से हम दुनिया के देशों को अपने विश्वास की गूँज के नजदीक ला पाएँगे। आजादी के बाद भारत की विदेश नीति का कमजोर पक्ष यह रहा कि राजनीतिक स्थिरता नहीं रही है। न तो हमारी नीतियाँ स्पष्ट रहीं, न हम लोगों में आत्मानुशासन रहा। कूटनीति और विदेश नीति के संदर्भ में भारत की राजनीतिक पार्टियाँ अपने हितों से ऊपर देशहित में राय नहीं देती हैं।

लेकिन इन कमजोरियों के बावजूद हमारी विदेश नीति में निरंतरता है, लचीलापन है। सुरक्षा और सामरिक दृष्टि से हम आगे बढ़ते रहे हैं। बिना हिचकिचाहट हमने संयुक्त राष्ट्र संघ के सिद्धांतों में आस्था व्यक्त की है। इन सब कमजोरियों के बावजूद भारत को एक प्रबुद्ध सफल लोकतंत्र माना जाता है।

वाजपेयी सरकार की विदेश नीति

भारत के दो महत्त्वपूर्ण राष्ट्रीय दलों के बीच विदेश नीति के मसले पर आम सहमति बन रही है। इस मुद्दे पर कांग्रेस और भारतीय जनता पार्टी के बीच वैचारिक अंतर सिमटते जा रहे हैं। विश्व की महाशक्तियों से आपसी संबंधों के मुद्दे पर भी दोनों दलों के विचार एक जैसे हैं।

लेकिन भारत की साम्यवादी पार्टियाँ वर्तमान विदेश नीति को गलत मानती हैं। पोखरण द्वितीय और कारगिल प्रकरण के बाद, जब अंतरराष्ट्रीय समीकरणों की नवीन रचना की गई, उसमें भारत और अमेरिका के बीच की दूरी कम हो गई। दोनों देशों द्वारा विश्वास के नए आधार बनाए जाने की पेशकश की जाने लगी। लेकिन काफी कम समय में भी उसने जो महत्त्वपूर्ण निर्णय लिये, उससे भारत की विदेश नीति की शक्ल बदली हुई दिखाई दे रही है। बाह्य सुरक्षा और अंतरराष्ट्रीय राजनीति में परिवर्तन की वजह से भारतीय विदेश नीति की रूपरेखा में उल्लेखनीय परिवर्तन हुआ है। विभिन्न राजनीतिक दलों के चुनावी घोषणा-पत्रों के अध्ययन से इस बात

की स्पष्ट झलक मिलती है कि वे नई चुनौतियों का सामना करने के लिए तैयार हैं। अमेरिका से मित्रता बढ़ाने के लिए वाजपेयी सरकार द्वारा की गई पहल कांग्रेस की चुनावी घोषणाओं के विपरीत नहीं है। पार्टी ने भारत के आणविक विस्फोटों की कभी आलोचना नहीं की। इस संबंध में उसका मानना था कि इस मुद्दे पर राष्ट्रीय आम सहमति बनाई जानी चाहिए थी। लेकिन साम्यवादी पार्टियाँ आणविक विस्फोटों को खतरनाक मानती हैं। उनका मानना है कि जिस देश की विशाल आबादी को दो जून की रोटी नहीं नसीब हो, वहाँ परमाणु बम की क्या जरूरत है।

भारत में आणविक नीति की शुरुआत कांग्रेस द्वारा की गई थी। प्रथम प्रधानमंत्री पं. जवाहरलाल नेहरू ने ही इसकी नींव रखी थी। इंदिरा गांधी ने पहला आणविक विस्फोट किया। श्री राजीव गांधी के द्वारा प्रक्षेपास्त्र योजना का शुभारंभ हुआ। इस तरह आणविक हथियारों की तैयारी की पुख्ता व्यवस्था कांग्रेस द्वारा ही की गई थी।

नब्बे के दशक के प्रारंभिक वर्षों में भारत पर अंतरराष्ट्रीय दबाव बढ़ने लगा था। अमेरिका के नेतृत्व में पश्चिमी देशों का समूह भारत पर हावी था। इतना ही नहीं, जापान और रूस भी उस गुट में शामिल हो गए थे। यह गुट भारत पर आणविक नीति बदलने के लिए भारी दबाव बना रहा था। लेकिन तत्कालीन प्रधानमंत्री नरसिंह राव ने ऐसा करने से इनकार कर दिया और आणविक नीति को यथावत् कायम रखा। दिसंबर 1995 में भारत पोखरण-विस्फोट की पूरी तैयारी कर चुका था। लेकिन इस कार्यक्रम की सूचना अमेरिका को मिल गई। तब भारत को अंतरराष्ट्रीय दबावों के मद्देनजर यह योजना स्थगित करनी पड़ी। वाजपेयी सरकार ने कांग्रेस द्वारा तैयार की गई नीति को आगे बढ़ाया और वर्षों से चली आ रही ऊहापोह की स्थिति को समाप्त किया। इस सरकार ने कांग्रेस की इस दलील को भी बदल दिया कि भारत की आणविक योजना केवल शांति के लिए है।

कांग्रेस के चुनावी घोषणा-पत्र में इस बात का स्पष्ट उल्लेख है कि नई सरकार के सामने नई चुनौतियाँ सामने हैं। परिवर्तित अंतरराष्ट्रीय समीकरण में भारत की आवश्यकताएँ भी बदल गई हैं। दल इन चुनौतियों का सामना करने के लिए तैयार है। राष्ट्रीय सुरक्षा सलाहकार बोर्ड ने भारतीय सुरक्षा से संबंधित विषयों पर एक मसौदा तैयार किया है, जिसे भारतीय आणविक सिद्धांत के रूप में प्रतिपादित किया जा रहा है। इस सिद्धांत में अनेक उल्लेखनीय बिंदु हैं। मसलन, भारत कभी भी आणविक हथियारों के प्रयोग में पहल नहीं करेगा, न्यूनतम आणविक प्रतिरोधी क्षमता को विकसित करने की दिशा में काम करेगा आदि। कांग्रेस पार्टी भी आणविक

हथियारों के पहले प्रयोग न करने की नीति पर जोर देती है। पार्टी दक्षिण एशिया क्षेत्र में आणविक हथियारों की दौड़ को रोकना चाहती है, क्योंकि ऐसा होना भारत के लिए काफी नुकसानदेह है। इसलिए पार्टी सी.टी.बी.टी. और एफ.एम.सी.टी. पर बातचीत करने के लिए तैयार है। उसकी केवल एक शर्त है कि इन दोनों तत्त्वों को अंतरराष्ट्रीय निरस्त्रीकरण की प्रक्रिया से जोड़ा जाए। कांग्रेस का यह भी मानना है कि इन मुद्‌दों पर भारत अमेरिका के साथ मोल-तोल भी कर सकता है। लेकिन भारत के विरुद्ध लगाए गए आर्थिक प्रतिबंधों की पूरी तरह समाप्ति हो जानी चाहिए।

कारगिल संघर्ष के उपरांत अंतरराष्ट्रीय जगत् में भारत की स्थिति काफी अच्छी हुई है। भारत के लिए यह बदलाव सुखद और चुनौतीपूर्ण है। भारतीय सेनाओं द्वारा कारगिल में दिखाए गए संयम ने अंतरराष्ट्रीय रुख भारत की ओर मोड़ दिया है। यहाँ तक कि पाकिस्तान के विश्वसनीय मित्र चीन ने भी कश्मीर के संबंध में अपनी स्थिति स्पष्ट कर दी है।

कारगिल घटनाक्रम में उसकी तटस्थता भले ही अंतरराष्ट्रीय समीकरणों की विवशता से निर्धारित हुई हो, लेकिन हमें यह नहीं भूलना चाहिए कि कट्टर इसलामिक देशों ने भी कारगिल प्रकरण में भारत विरोधी प्रतिक्रिया व्यक्त नहीं की। महत्त्वपूर्ण यूरोपीय देशों ने भी भारतीय नीति की प्रशंसा की। दूसरी ओर, पाकिस्तानी नेताओं व सैन्य अधिकारियों ने आणविक हथियारों के प्रयोग की अपनी धमकियों से विश्व के समक्ष अपनी गलत पहचान बनाई। परिणामस्वरूप, पाकिस्तान को उत्तर कोरिया और लीबिया की तरह गैर-जिम्मेदार और आतंकवादी देश माना जाने लगा।

कारगिल समस्या के उपरांत अमेरिका और भारत के बीच नए समीकरण उभरे थे। कांग्रेस इस नए समीकरण की प्रशंसा करती है, लेकिन साम्यवादी पार्टियाँ इसे खतरनाक मानती हैं। अमेरिका भी भारत से विशेष संबंध बनाने का इच्छुक है। इसके अनेक कारण हो सकते हैं। पहला कारण यह हो सकता है कि पाकिस्तान को छोड़ने और चीन से एक निश्चित दूरी बना लेने के बाद अमेरिका भारत को अपने साथ करना चाहता है। हाल के दिनों में अमेरिका एशिया में शक्ति-संतुलन की नए सिरे से जाँच-परख कर रहा है। इस स्थिति में भारत की उपयोगिता उसे तर्कसंगत लग रही है।

दूसरा कारण, व्यापक परमाणु अप्रसार संधि अमेरिका के लिए प्रतिष्ठा का प्रश्न बन गई है। लेकिन भारत का विरोधी तेवर उसके लिए सिरदर्द बना हुआ है। अमेरिका महसूस करता है कि नए समीकरण के तहत भारत को मनाया जा सकता

है। परमाणु संधि पर भारतीय विदेश मंत्री श्री जसवंत सिंह और अमेरिकी विदेश सचिव खुशी मैडलीन अलब्राइट के बीच सार्थक बातचीत हुई।

तीसरा कारण यह हो सकता है कि दोनों देश एक साथ मिलकर इसलामिक आतंकवाद से लड़ना चाहते हैं। यह दोनों देशों के हितों के अनुकूल है। इसके साथ ही अमेरिका यह भी देख रहा है कि भारत में एक विशाल बाजार मौजूद है, जो उसके माल की खपत के लिए आदर्श बाजार साबित हुआ। उल्लेखनीय है कि भारत अमेरिका से विशेष मैत्री का लाभ उठा सकता है। अमेरिकी समर्थन के बल पर भारत चीन के साथ सीमा विवाद का हल बेहतर तरीके से ढूँढ़ सकता है। कालांतर में इस मैत्री से अनेक विकृतियों का भी जन्म हो सकता है, जो भारतीय हितों को नुकसान पहुँचा सकती हैं। अमेरिका ने अफगानिस्तान और पाकिस्तान के साथ जिस तरह की मतलबपरस्ती दिखाई है, उसे नजरअंदाज नहीं किया जा सकता। भारत को इन संभावित खतरों के मद्देनजर सावधान रहना होगा।

भारत में अपनी मजबूत उपस्थिति बना लेने के बाद अमेरिका अपनी राजनीतिक पसंद-नापसंद थोपने की कोशिश कर सकता है। पाकिस्तान में सेना द्वारा नवाज शरीफ सरकार को अपदस्थ करने के लिए रची गई तथाकथित साजिश को उसने विफल कर ही दिया। कारगिल संघर्ष के दौरान क्लिंटन प्रशासन ने अपने विशेष दूत के जरिए पाकिस्तानी सेना को यह कड़ी चेतावनी दी थी कि यदि नवाज शरीफ सरकार के साथ कोई छेड़छाड़ की गई तो इसके गंभीर परिणाम होंगे।

बहरहाल, पिछले तीन वर्षों में वाजपेयी सरकार द्वारा तय की गई विदेशी नीति भारतीय हितों के अनुकूल रही है, जिससे भारत का अंतरराष्ट्रीय कद ऊँचा हुआ है। जाहिर है लोकसभा चुनाव के बाद सत्ता में आनेवाली कोई पार्टी इन प्रतिमानों को बदल नहीं पाएगी, ऐसा मुश्किल प्रतीत होता है।

भारत-अमेरिका संबंधों में सुधार

व्यापारिक मामलों तथा भारत-अमेरिका संबंधों के राजनीतीकरण की दिशा में कुछ सार्थक पहल हुई, मगर कोई बहुप्रतीक्षित, वांछित उपलब्धि प्राप्त नहीं हो सकी। समान लोकतांत्रिक आदर्शों व अंतर्निहित समानताओं के परिप्रेक्ष्य में शीतयुद्ध काल तक इतना ही परिवर्तन आया कि आधी सदी की पुरानी हिचकिचाहट जाती रही है। इसके परिणाम दूरगामी होंगे।

श्री अटल बिहारी की यात्रा और वाशिंगटन की सकारात्मक प्रतिक्रिया से

इक्कीसवीं सदी में निश्चित ही दिशा उज्ज्वल है। इस दौरान हुई कुछ खरी-खरी बातों का असर यात्रा के अंत में जारी संयुक्त वक्तव्य में साफ परिलक्षित हुआ। मौके की नजाकत के सापेक्ष अपेक्षाकृत सावधानी बरतने की वजह से ऐसा प्रतीत हुआ कि दोनों पक्ष एक-दूसरे को आवश्यकता से अधिक महत्त्व देने से कतराए। अमेरिका हर लिहाज से चाहता था कि इस मामले पर जेनेवा अधिवेशन में विचार-विमर्श से कहीं पहले इन पदार्थों के उत्पादन पर 'बहुपक्षीय प्रतिबंध' लग जाए। इस पर भारत को आपत्ति थी। इस संयुक्त वक्तव्य में नाभिकीय मुद्दे पर भारतीय पक्ष के 'बहुपक्षीय विलंब को समर्थन' के रुख का अमेरिका ने सिर्फ जिक्र भर किया। संयुक्त वक्तव्य में बगैर टिप्पणी के भारतीय घोषणा का भी जिक्र था, इसी तरह समग्र परमाणु परीक्षण प्रतिबंध संधि (सी.टी.बी.टी.) पर जारी हुए संयुक्त वक्तव्य में भी प्रतीत होता है कि दोनों देशों के मध्य विभिन्न मसलों पर विरोधों का कोई उल्लेख नहीं किया गया। यह दोनों राष्ट्रों द्वारा संबंधों में गुणात्मक परिवर्तन के प्रति साझा दृष्टिकोण और प्रतिबद्धता अपनाने का संकेत है। अगर यह सही मान लिया जाए तो इसके अंतर्निहित कारण को साफ समझा जा सकता है।

एशियाई और अंतरराष्ट्रीय राजनीति व सामरिक महत्त्व के बदलते समीकरणों से भारत-अमेरिकी नजरिए में भी बदलाव आया है। दोनों ही पक्ष बाह्य-आंतरिक सुरक्षा व निशस्त्रीकरण के मसले पर बातचीत जारी रखने को सहमत दिखे। इस द्विपक्षीय बातचीत में सैन्य क्षमता का मुद्दा भी शामिल है। हालाँकि कई विशेषज्ञों की राय में सैन्य क्षमता के मुद्दे पर अमेरिकी संकेत साफ हैं। अमेरिका भारत के प्रक्षेपास्त्र कार्यक्रम पर दबाव बनाकर में उसका आधुनिकीकरण कार्यक्रम रुकवाना चाहता है। संयुक्त वक्तव्य में कहा गया है कि भारत और अमेरिका दोनों ही आतंकवाद के निशाने पर हैं। इस मुद्दे पर दोनों ही देश साझे सहयोग पर न सिर्फ सहमत हैं, बल्कि इसमें गति भी लाना चाहते हैं। दोनों ही देश राजी हैं कि आतंकवाद पर नई दिल्ली में आगे बातचीत जारी रखी जाएगी। साथ ही आतंकवाद के खात्मे के लिए साझा कानून बनाने की दिशा में कदम उठाने पर भी सहमति बनी। आतंकवाद से जुड़े अहम मुद्दे व मादक पदार्थों की तस्करी पर भी बातचीत करने के संकेत दिए गए और सितंबर के अंतिम सप्ताह में अमेरिका के आतंकवाद निरोधी बल के मुखिया मिशेल शीहैन ने नई दिल्ली आकर साझा शुरुआत के संकेत और स्पष्ट कर दिए। आतंकवाद आज अमेरिका के लिए सिर्फ एक भावनात्मक मसला नहीं रह गया है।

11 सितंबर, 2001 को वर्ल्ड ट्रेड सेंटर सहित अन्य महत्त्वपूर्ण इमारतों पर हुए विध्वंसक हमलों ने अमेरिका को खुली चुनौती दी है। अब तक दुनिया में कितनी ही जगहों पर अमेरीकी दूतावासों में बम के धमाके हो चुके हैं। अफगानिस्तान में तालिबान के अड्डों को समाप्त कर अमरिका 11 सितंबर के हमले का जवाब दे चुका है।

लेकिन भारत के लिए आतंकवाद एक खूनी और समसामयिक समस्या बन गई है। पाकिस्तान के कट्टरपंथी इसलामिक संगठनों की सरपरस्ती में हर रोज प्रशिक्षित विदेशी आतंकवादी आम कश्मीरी जनता की जान-माल से खेल रहे हैं। पाकिस्तान के सैन्य शासक जनरल परवेज मुशर्रफ कहते नहीं थकते कि ये आतंकवादी नहीं अपितु जेहादी हैं। इस सिलसिले में अटलजी द्वारा अमेरिका में दिया गया एक भाषण गौरतलब है। उन्होंने कहा कि आतंकवाद को जेहाद का नाम दे रहे पड़ोसी राज्यों के मामले में स्पष्ट कानून और नीति का बनना जरूरी है। ऐसे पुख्ता संकेत मिले हैं कि पाकिस्तान प्रशिक्षित आतंकवादी भारत के अन्य भागों में विघटनकारी गतिविधियों में भी लिप्त हैं। संयुक्त वक्तव्य में यह भी कहा गया कि दोनों ही पक्ष किसी क्षेत्रीय समस्या के समाधान के लिए हिंसा और खून-खराबे के सख्त खिलाफ हैं। इसके साथ ही जोर देकर यह भी कहा गया कि क्षेत्रीय समस्या का समाधान दक्षिण एशिया के देशों को शांतिपूर्वक ही ढूँढ़ना होगा।

भारत ने कश्मीर समस्या के समाधान के लिए सहयोग, शांति और स्थायित्व के अपने वादे को एक बार फिर दोहराया। इस संदर्भ में अफगानिस्तान मसले पर भारत-अमेरिकी दृष्टिकोण का उल्लेख करना भी सभी चीन होगा। आतंकवाद फैलाने में तालिबान की भूमिका और उसके पाकिस्तान से संबंध अब कोई छिपी बात नहीं रही है। अफगानिस्तान पर भारत-अमेरिकी वार्त्ता को विधिवत् आरंभ करना बदली हुई परिस्थितियों में खुद भारत के लिए श्रेष्ठ व लाभदायक है। वाजपेयीजी की अमेरिका यात्रा राजनीतिक दृष्टि से भी लाभदायक साबित हुई। यह लाभ 6 अरब डालर के व्यावसायिक समझौतों से अलग हैं। ये समझौते भारतीय राजनीतिज्ञों, उद्योग-धंधों के लिए ढाँचागत सुविधाओं को जुटाने में मिसाल बनने का काम कर सकते हैं। इसके अलावा कश्मीर और पाकिस्तान के मसले पर अमेरिकी प्रशासन का रुख बिल्कुल स्पष्ट है और उसमें बदलाव आनेवाला नहीं है।

पाकिस्तान को आतंकवादी राष्ट्र घोषित करने की बात भारत कई बार दोहरा चुका है। हालाँकि अपने स्तर पर वाजपेयीजी ने कई अवसरों पर कड़े और साफ

शब्दों में जता दिया है कि सीमापार से आतंकवाद रोके जाने तक इस्लामाबाद से कोई वार्त्ता नहीं की जा सकती।

अटलजी की अमेरिका यात्रा से पूर्व वहाँ के विदेश उपराज्यमंत्री कार्ल इंडरफुर्थ ने पाकिस्तानी दैनिक 'जंग' को दिए साक्षात्कार में पाकिस्तान को आश्वस्त करते हुए कहा था कि भारतीय प्रधानमंत्री की अधिकृत यात्रा को पाकिस्तान के प्रति अमेरिकी नजरिए में बदलाव का संकेत नहीं माना जाना चाहिए। हालाँकि उन्होंने लगभग स्वीकारते हुए कहा था कि दोनों देशों में कुछ मामलों में मतभेदों के चलते आपसी संबंध थोड़े प्रभावित हुए हैं। उन्होंने जोर देते हुए कहा कि वाशिंगटन इन मतभेदों को दूर कर पाकिस्तान के साथ सहयोग को तैयार है। इंडरफुर्थ ने मुशर्रफ को आश्वस्त किया कि अमेरिका पाकिस्तान के साथ अपने संबंधों को पहले की भाँति मजबूत बनाए रखने के लिए कटिबद्ध है।

भारतीय राजनीतिज्ञों को इससे कुछ सबक लेना चाहिए। सर्वप्रथम उन्हें यह समझ लेना चाहिए कि अमेरिका अपने राष्ट्रीय हितों को प्राथमिकता देता है। अर्थात् भले ही भारत लगातार पाकिस्तान को आतंकवादी राष्ट्र घोषित करने की माँग दोहराता रहे, अमरीका उस पर कान देने वाला नहीं।

भारतीय राजनेताओं को यह बात भी अच्छी तरह से समझने की जरूरत है कि इस तरह की माँग स्वयं उनके भुक्तभोगी होने की बात के खिलाफ जाएगी। दुर्भाग्य से भारत के हित की यह बात देश के अधिकांश नेताओं और कथित बुद्धिजीवियों की समझ में नहीं आ रही है। वे लगातार भारत की तुलना पाकिस्तान से करते आ रहे हैं। उन्हें इस तुलना की बजाय एशिया महाद्वीप में उभरती शक्ति चीन के संदर्भ में भारत को देखना चाहिए। अमेरिका की दष्टि में संतुलन को बनाए रखने में भारत महती भूमिका निभा सकता है। अमेरिका ने भारत और पाकिस्तान को एक निगाह से तौलना बंद करने की शुरुआत कर दी है। अमेरिकी सांसदों ने पाकिस्तान-चीन से भारतीय सीमाओं की सुरक्षा संबंधी समस्या पर वाजपेयीजी के अप्रत्यक्ष रुख की प्रशंसा की है। हालाँकि आश्चर्यचकित करनेवाली बात एक पत्रकार द्वारा बीजिंग के पक्ष में कही गई है। उन्होंने कहा कि वाजपेयीजी का बयान 'चीन-फोबिया से ग्रसित है या फिर अमेरिकी संसद् में चीन विरोधी लॉबी द्वारा कहलाई गई बात है।' वाजपेयीजी की यात्रा के दौरान बिल्कुल साफ हो गया कि अमेरिका भारत को एक शक्ति राष्ट्र का दर्जा देने को लगभग सहमत हो चुका है। भारत-अमेरिकी संबंधों में आया बदलाव सर्वाधिक महत्त्वपूर्ण है।

भारत-रूस समझौता

वर्ष 2000 वाजपेयी सरकारी की विदेशी नीति और कूटनीति की सफलता का वर्ष कहा जा सकता है। इसी वर्ष विश्व के सर्वाधिक शक्तिशाली दो राष्ट्रों अमेरिका तथा रूस के राष्ट्राध्यक्षों ने भारत की महत्त्वपूर्ण यात्राएँ कीं। 1998 के पोखरण परमाणु परीक्षण के समय अमेरिका की पत्र-पत्रिकाएँ तथा इलेक्ट्रॉनिक मीडिया लगभग 15 दिनों तक भारत के विरुद्ध केवल आग उगल रही थी। जिस देश के समाचार-पत्रों तथा टी.वी. पर भारत का नाम पढ़ना या देखना दूभर था, ऐसा देश उथल-पुथल मचाए हुआ था।

परमाणु परीक्षण के बाद विश्व में भारत की पहचान में निखार आया है। कारगिल युद्ध के मध्य राष्ट्र ने जिस संयम का परिचय दिया, उसने विश्व समुदाय के मध्य यह तथ्य पुनस्थापित किया कि भारत एक जिम्मेदार राष्ट्र है तथा विश्वशांति के प्रति वचनबद्ध है।

भारत सरकार की आर्थिक नीतियों ने सुरक्षा के साथ-साथ आर्थिक प्रगति के मार्ग को भी प्रशस्त किया है। सूचना प्रौद्योगिकी क्षेत्र में देश के उत्कृष्ट विकास ने अमेरिका, रूस समेत जर्मनी तथा जापान को भी भारत की ओर उन्मुख होने को बाध्य किया। जापान के प्रधानमंत्री ने भी भारत की यात्रा करना हितकर समझा।

वाजपेयीजी की अभूतपूर्व सफलता अमेरिका यात्रा के तत्काल बाद रूस के राष्ट्रपति ब्लादिमिर पुतिन की अत्यंत सफल भारत यात्रा दक्षिण एशिया में भारत के बढ़ते आर्थिक और सामरिक महत्त्व को स्पष्टतः परिभाषित करती है। अब अंतरराष्ट्रीय आतंकवाद तथा मजहबी उन्माद के विरुद्ध वाजपेयीजी की आवाज विश्व समुदाय कान खड़े कर सुनने लगा है। हम विश्व को यह विश्वास दिलाने में सफल हो रहे हैं कि भारत अपनी आंतरिक सुरक्षा, आर्थिक प्रगति तथा विश्वशांति में पूरी निष्ठा रखनेवाला राष्ट्र है, जबकि उसका पड़ोसी पाकिस्तान आतंकवादी तथा उन्मादी देश है। रूस और भारत के मैत्री संबंधों की आधारशिला पं. नेहरू ने रखी थी। यह मैत्री समय की कसौटी पर लगभग खरी उतरी है। अपवाद के रूप में, मात्र चीनी आक्रमण एक ऐसा समय था, जब रूस तटस्थ था तथा भारत को पिटते देख रहा था। हो सकता है कि यह उसकी मजबूरी रही हो कि साम्यवादी चीन को वह कैसे रोकता, जबकि विश्व में पूँजीवाद और साम्यवाद के मध्य शीतयुद्ध चल रहा था अन्यथा रूसी मैत्री सदैव विश्वसनीय रही है।

वर्तमान वैश्विक वातावरण में राष्ट्रपति पुतिन की भारतयात्रा अत्यंत महत्त्वपूर्ण

है। इस यात्रा ने पूर्व से ही प्रगाढ़ दोनों देशों के संबंधों को और अधिक प्रगाढ़ किया है। महाशक्ति रूस के पराभाव के बाद यह एक बार पुन: विघटन से उबरता प्रतीत हो रहा है तथा अपनी बिखरी हुई ताकत को समेटने में लगा है। येल्तसिक बीमार हो चले थे। पुतिन को आगे लाकर उन्होंने उचित कदम उठाया। यद्यपि पुतिन को आते ही अपने देश में गंभीर आर्थिक और सामरिक चुनौतियों का सामना करना पड़ा था, किंतु राष्ट्रपति पुतिन धीरे-धीरे पूरी तरह सँभलकर काबिज हो गए हैं तथा रूस के पुन: महाशक्ति होने का आभास भी देने लगे हैं। पुतिन युवा हैं, किंतु राजनीतिक दृष्टि से पूर्ण परिपक्व हैं। उन्होंने चीन समेत जापान और अमरीका की यात्राएँ की हैं। ऐसे में भारत से मैत्री संबंध मजबूत करने को भी उन्होंने प्राथमिकता दी।

विघटन के युग में भारत-रूस का व्यापार से बहुत कम हो गया था। उसे पुन: पटरी पर लाया जा रहा है, जो दोनों देशों के हित में आवश्यक है। रक्षा सामग्री के क्षेत्र में भी भारत रूस पर पर्याप्त निर्भर करता है। आज के युग में यह स्पष्टत: समझा जाना चाहिए कि एक राष्ट्र से संबंध बढ़ाने का अर्थ यह कदापि नहीं है कि दूसरे राष्ट्र के संबंधों को कम महत्त्व दिया जाए।

भारत की अमेरिका से बढ़ती नजदीकी रूस के विरुद्ध नहीं मानी जा सकती। वैसे भी भारत और रूस की मैत्री किसी भी दशा में अमेरिका के विरुद्ध नहीं है। यथार्थ तो यह है कि सभी के लिए एक-दूसरे का सहयोग पाना अपरिहार्य है। यही बात भारत के हित में है और यही अंतरराष्ट्रीय राजनीति का यथार्थ है।

वाजपेयी सरकार की सबसे बड़ी उपलब्धि यह है कि वह विश्व समुदाय का ध्यान इस ओर आकृष्ट करने में पूरी तरह सफल रही कि इस समय विश्वशांति को सबसे बड़ा खतरा इसलामी उन्माद तथा उससे जनमे अंतरराष्ट्रीय आतंकवाद से है।

भारत को अपने परंपरागत मित्र देश रूस से जैसी अपेक्षा थी, राष्ट्रपति पुतिन उस पर खरे उतरे। सर्वाधिक संवेदनशील कश्मीर जैसे कूटनीतिक महत्त्व के प्रश्न पर भी भारत को रूसी राष्ट्रपति का खुला समर्थन प्राप्त हुआ, जबकि माननीय संसद् के संयुक्त अधिवेशन को राष्ट्रपति पुतिन ने विनम्रता के साथ नमस्ते अभिवादन के साथ संबोधित करते हुए कहा कि उनके पास सही और प्रामाणिक सूचनाएँ इस बात को प्रमाणित करती हैं कि फिलीपीन से कश्मीर को होते हुए कोसोवो तक अंतरराष्ट्रीय आतंकवाद किस प्रकार अपना शिकंजा कसे हुए हैं। रूस ने अफगानिस्तान और उत्तरी काकेशस समेत पूरे क्षेत्र में व्याप्त आतंकवाद के लिए इन्हीं ताकतों दो दोषी माना है। उन्होंने बाहरी हस्तक्षेप को रोकने के लिए कड़े कदमों का समर्थन किया

और भारत पाक को द्विपक्षीय वार्त्ता से समस्या का समाधान खोजने की सलाह दी। उन्होंने स्पष्ट शब्दों में कहा कि जब इस तरह के संघर्ष राष्ट्रीय संप्रभुता, क्षेत्रीय अखंडता तथा नागरिकों के जीवन को चुनौती देने लगें तो सख्ती से काम लेना अपरिहार्य हो जाता है। राष्ट्रपति ने कहा कि रूस आतंकवाद का सामना करने के लिए ठोस एकीकृत मोर्चा बनाने के भारतीय प्रस्ताव का पूरा समर्थक है।

श्री पुतिन ने कश्मीर में नियंत्रण रेखा का सम्मान करने की बात भी कही तथा आतंकवादी गतिविधियों की सूचनाओं को भविष्य में आपस में बाँटने की चर्चा भी की।

सी.टी.बी.टी. के प्रश्न पर रूसी राष्ट्रपति ने स्पष्ट कहा कि भारत राष्ट्रीय सुरक्षा के हितों को दृष्टिगत रखते हुए नाभिकीय अप्रसार की ओर कदम बढ़ाएगा। उन्हें ऐसा विश्वास है। प्रधानमंत्री वाजपेयी ने भी संसद् के संयुक्त अधिवेशन में क्षेत्रीय शांति एवं स्थिरता के लिए भारत-रूस सहयोग को आवश्यक माना तथा इसी कारण दोनों देशों का सामरिक साझेदार बनना उचित ठहराया। बात साफ है, इतना खुला समर्थन भारत को तभी मिलना प्रारंभ हुआ है, जब से भारत नाभिकीय शक्ति संपन्न राष्ट्र बना है।

नाभिकीय शक्ति संपन्न राष्ट्र भारत को परमाणु शक्ति स्वीकारते हैं। उनके व्यवहार में परिवर्तन का मुख्य कारण आर्थिक हित तो हैं ही, किंतु यह भी एक कारण है। राष्ट्रपति पुतिन ने स्वीकार किया कि बीच के वर्षों में भारत रूसी संबंधों में शिथिलता का कारण अनुभवहीनता तथा मूल की अनदेखी करना था, जिसे उन्होंने अब समझा है।

संयुक्त अधिवेशन को अपने संबोधन में श्री पुतिन का पूरा जोर इस बात पर था कि अंतरराष्ट्रीय आतंकवाद को परास्त करने तथा वैश्विक स्थिरता के हित में भारत और रूस साझेदार बन रहे हैं। उन्होंने राष्ट्रसंघ की सुरक्षा परिषद् की स्थायी सदस्यता हेतु भी भारत का पूरा समर्थन किया, जो उल्लेखनीय है। श्री पुतिन की भारत यात्रा से एक नए युग का प्रारंभ हुआ है। दोनों देशों के नेताओं ने आपसी हितों के एक दर्जन से अधिक समझौतों पर हस्ताक्षर किए। इन समझौतों से व्यापारिक और सांस्कृतिक क्षेत्र में दृढता के साथ-साथ सुरक्षा तथा आतंकवाद से मजबूती से निबटने की भी व्यवस्था है। यहाँ यह कहना समीचीन होगा कि रूस भी चेचेन्या तथा कोसोवो में इसलामी जेहादी उन्माद से उतना ही पीड़ित है, जितना भारत कश्मीर में। अत: दोनों देशों का अफगानी आतंकवाद से निबटने का फैसला महत्त्वपूर्ण

और प्रभावी होगा। इस रणनीतिक साझेदारी में नशीली दवाओं की तस्करी, संगठित अपराध तथा जेहादी आतंकवाद के मामलों में प्रत्यर्पण संबंधी कानूनी सहायता की व्यवस्था है। समझौतों में शिक्षा, विज्ञान, सांस्कृतिक आदान-प्रदान, कृषि, संचार, वाणिज्य तेल विधि के अतिरिक्त सूचना प्रौद्योगिकी भी शामिल है। ज्ञातव्य है कि भारत ने अमेरिका के साथ भी इसी प्रकार के महत्त्वपूर्ण समझौते किए हैं।

एक बात जो सर्वाधिक महत्त्वपूर्ण है वह यह कि अफगानिस्तानी आतंकवाद पर पुतिन ने कहा, "हमारे विचार भारत के विचारों से मेल खाते हैं…हम विश्वास करते हैं कि आतंकवाद इस क्षेत्र की ओर मोड़ ले चुका है। अतः भारत और रूस को आतंकवाद से लड़ने हेतु संयुक्त रूप से सैनिक तथा राजनीतिक प्रयास करने होंगे।" इस निमित्त दोनों देशों ने आतंकवाद के विरुद्ध संयुक्त कार्यदल के गठन का भी निश्चय किया। यहाँ यह स्पष्ट रूप से देखा जा सकता है कि मास्को की अफगानिस्तान संबंधी नीति में परिवर्तन आ रहा है तथा रूस पाकिस्तान पर भी अपनी अफगानी नीति में परिवर्तन लाने हेतु दबाव डालेगा, अन्यथा वह स्पष्टतः कहेगा कि पाकिस्तान विश्व में अलग-थलग पड़ने हेतु तैयार रहे। पाकिस्तान की स्थिति इतनी बदतर होती जा रही है कि वह एक आतंकवादी राष्ट्र घोषित किए जाने के कगार पर है। भारत की वाणिज्यिक राजधानी मुंबई में देश के उद्योगपतियों के दो प्रमुख संस्थानों सी.आई.आई. तथा फिक्की ने राष्ट्रपति पुतिन का एक संयुक्त कार्यक्रम रखा था, जिसकी अध्यक्षता वित्तमंत्री यशवंत सिन्हा ने की। यह व्यापारिक दृष्टि से महत्त्वपूर्ण था। भारतीय पूँजीपतियों ने रूस में पूँजी निवेश की संभावनाओं की जानकारी ली। पुतिन ने अपने नियमों को शिथिल करने तथा आयात-प्रक्रिया के सरलीकरण का आश्वासन दिया। उन्होंने भारत द्वारा रूस को निर्यात बढ़ाने का भी आश्वासन दिया।

रूस के विघटन के बाद येल्तसिन का युग भारत-रूस संबंधों में शिथिलता का युग था। इस समय रूस स्वतः अपने अस्तित्व की लड़ाई लड़ रहा था। इस समय में भारत-रूस मैत्री की प्रगाढ़ता को अधिक विश्वसनीय बनाने हेतु भारत सरकार ने राष्ट्रपति पुतिन को भाभा आणविक अनुसंधान केंद्र के निरीक्षण का विशेष अवसर दिया। पुतिन पहले रूसी राष्ट्रपति हैं, जिन्होंने केंद्र के वैज्ञानिकों को संबोधित किया। वे इतने प्रभावित थे कि उन्होंने इस केंद्र को 21वीं सदी में विज्ञान और तकनीक का मंदिर बताया। उन्होंने कहा, "मेरी इच्छा है कि भारत सी.टी.बी.टी. के संदर्भ में बातचीत में सम्मिलित हो।" फिर भी उनका यह मानना है कि

इसमें सम्मिलित होना भारत के अपने रणनीतिक दर्शन पर निर्भर है। रूसी राष्ट्रपति का यह वक्तव्य महत्त्वपूर्ण है और भारत को सी.टी.बी.टी. पर हस्ताक्षर करने हेतु नाभिकीय राष्ट्रों के दबाव से मुक्त रखने में सहायक रहा।

यह स्पष्ट है कि बढ़ती चीनी ताकत को सीमित और संतुलित बनाने हेतु विश्व के प्रमुख दो राष्ट्र अमेरिका और रूस अब भारतीय दृष्टिकोण के समर्थक बन गए हैं।

राजनैतिक भ्रष्टाचार के खिलाफ ऐतिहासिक निर्णय

झारखंड मुक्ति मोर्चा सांसद रिश्वत कांड में भूतपूर्व प्रधानमंत्री श्री नरसिंहा राव और उनके मंत्रिमंडल के सहयोगी बूटा सिंह को तीन-तीन साल की सश्रम कारावास की सजा देकर भारतीय न्यायपालिका ने एक बिल्कुल नया इतिहास रचा। इसके पहले किसी भी पूर्व प्रधानमंत्री अथवा केंद्रीय मंत्री को ऐसी कठोर सजा नहीं सुनाई गई थी। झारखंड मुक्ति मोर्चा सांसद रिश्वत कांड में विशेष अदालत ने जो निर्णय दिया, वह इस ओर संकेत करता है कि भारतीय राजनीति में भ्रष्टाचार किस हद तक व्याप्त है।

भारतीय राजनीति में बढ़े भ्रष्टाचार इसके लिए निश्चित रूप से राजनीतिक नेतृत्व ही उत्तरदायी है। जैसा आचरण श्रेष्ठजन करते हैं, वैसा ही समाज के अन्य लोगों द्वारा भी अनुकरण किया जाता है। चूँकि वर्तमान में उच्च पदों पर बैठे व्यक्ति भ्रष्ट आचरण में लिप्त हैं, समाज में भी भ्रष्टाचार बढ़ता ही चला जा रहा है। श्री नरसिंहा राव और उनके साथियों ने अपनी सरकार बचाने के लिए जो कुछ किया, वह एक प्रकार से भारतीय लोकतंत्र को नष्ट करने की साजिश ही कही जाएगी। सत्ता में बने रहने के लिए श्री नरसिंह राव और उनके साथियों द्वारा जिस तरह सांसदों की खरीद-फरोख्त की गई, इसे किसी भी रूप में उचित नहीं ठहराया जा सकता। लेकिन दुर्भाग्य यह है कि आज भी सांसदों और विधायकों की खरीद-फरोख्त का सिलसिला बंद नहीं हुआ।

यदि व्यापक छानबीन की जाए तो झारखंड मुक्ति मोर्चा सांसद रिश्वत कांड जैसे अन्य अनेक मामले सामने आएँगे। अब जब सांसदों की खरीद-फरोख्त में दोषी पाए गए पूर्व प्रधानमंत्री और उनके सहयोगियों को कड़ी सजा सुना दी गई तो यह उम्मीद की जा सकती है कि भविष्य में सांसदों और विधायकों की खरीद-फरोख्त पर कुछ-न-कुछ अंकुश अवश्य लगेगा। वैसे पूर्णतया अंकुश लगने की संभावना कम ही है, क्योंकि भारतीय राजनीति में मूल्यों और आदर्शों का अभाव

बढ़ता चला जा रहा है। आज के राजनीतिज्ञ अपने लक्ष्य को पाने के लिए कुछ भी कर गुजरने को तैयार रहते हैं। भारतीय राजनीति में साधनों की पवित्रता की जैसी उपेक्षा की जा रही है, वह गंभीर चिंता की बात है। यदि सत्ता हथियाने अथवा सत्ता में बने रहने के लिए चिंता की बात है। यदि सत्ता पर कब्जा अथवा सत्ता में बने रहने के लिए जनप्रतिनिधियों की खरीद-फरोख्त पर पूरी तरह अंकुश नहीं लगा तो लोकतांत्रिक व्यवस्था खतरे में पड़ सकती है। जनप्रतिनिधियों की खरीद-फरोख्त लोकतंत्र के साथ किया जानेवाला विश्वासघात है। यदि इस विश्वासघात को नहीं रोका गया तो आम जनता की लोकतंत्र से आस्था डिग सकती है और देश के बिखरने का खतरा पैदा हो जाएगा।

सजा सुनाते हुए विशेष अदालत ने भ्रष्टाचार के संबंध में टिप्पणी करते हुए कहा था देश में भ्रष्टाचार, कैंसर, प्लेग और एड्स की तरह फ़ैल रहा है, विशेषकर यह न केवल लोकतंत्र और सामाजिक व्यवस्था के खिलाफ है, बल्कि हमारी सांस्कृतिक धरोहर और अर्थव्यवस्था को भी नष्ट कर रहा है। विशेषकर होगा कि देश के राजनीतिक दल और खासकर सांसद विशेष अदालत की इस टिप्पणी को गंभीरता से लें कि आम जीवन में भ्रष्टाचार को समाप्त करने का सबसे बेहतर तरीका यही है कि ऊँचे पदों पर आसीन भ्रष्ट लोगों को सजा दी जाए। इससे समाज में यह संदेश जाएगा कि भ्रष्टाचार बेहद जोखिम भरा धंधा है। दुर्भाग्य से फिलहाल समाज में ऐसा संदेश नहीं जा रहा है।

उच्च पदों पर बैठे भ्रष्ट व्यक्तियों के मामलों की सुनवाई में न्यायपालिका के स्तर पर जो देरी होती है, उसे समाप्त किया जाना चाहिए, भले ही इसके लिए न्यायिक प्रक्रिया में सुधार करना पड़े। अच्छा यह होगा कि इस संदर्भ में संसद् न्यायपालिका की सहायता करे। अभियोजन पक्ष का यह विशेष दायित्व है कि ऊँची अदालतों में वह अपने पक्ष को प्रबलता के साथ रखे और इस बात का ध्यान रखे कि उनसे कहीं कोई चूक न होने पाए। केंद्रीय जाँच ब्यूरो की विशेष अदालत ने भ्रष्टाचार के मामले में एक पूर्व प्रधानमंत्री और केंद्रीय मंत्री को जिस साहस के साथ तीन-तीन वर्ष की कठोर कारावास की सजा सुनाई उसके लिए वह बधाई की पात्र है। भ्रष्टाचार के खिलाफ लोकतंत्र की यह एक बहुत बड़ी उपलब्धि है।

पाकिस्तान के प्रति भारत की नीति

यद्यपि पाकिस्तान का रवैया सदैव भारत के खिलाफ रहा, लेकिन श्री अटल बिहारी वाजपेयी का उसके प्रति उदार एवं शांतिवादी दृष्टिकोण रहा है। अटलजी

मानते हैं कि यह जरूरी है कि भारत और पाकिस्तान मिलकर प्रगतिवादी काम करें। दोनों की जिम्मेदारियाँ बढ़ गई हैं और अब अमनके सिवा कोई रास्ता नहीं है। अब चिनगारी का खेल नहीं चलेगा, क्योंकि छोटी सी चिनगारी आग में बदल सकती है। आग सबकुछ जलाकर खाक कर देगी।

हमें अपना ध्यान गरीबी, बेरोजगारी, बीमारी इत्यादि के निराकरण की ओर लगाना पड़ेगा। किस तरह से हम पिछड़ रहे हैं? लोगों को जिस तरह की जिंदगी जीना चाहिए, उस तरह की जिंदगी जी नहीं पा रहे हैं। इसके लिए शांति चाहिए। शांति के लिए जो मसले हैं, उनको हल करने की जरूरत है। मसले हल करने के लिए भरोसे और विश्वास का वातावरण बनाने की जरूरत है। यह प्रश्न उठा कि मुझे मीनारे-पाकिस्तान जाना चाहिए या नहीं। प्रोग्राम बन गया था। मैं जाना चाहता था। लेकिन कुछ लोगों की राय थी कि अगर मैं वहाँ गया तो फिर पाकिस्तान के ऊपर मेरी मोहर लग जाएगी। मैंने कहा, क्या मतलब है इसका? क्या पाकिस्तान मेरी मोहर से चलता है? पाकिस्तान की अपनी मोहर है और वह चल रही है। लेकिन शक इतना गहरा है कि हो सकता है कि मैं वापस जाऊँ और मुझसे सवाल किए जाएँ कि आप गए थे ऑफिशियल विजिट पर, मीनारे-पाकिस्तान जाने की क्या जरूरत थी? मैं जवाब दूँगा। मेरे जवाब से लोग संतुष्ट होंगे, मैं यह जानता हूँ। लेकिन कुछ ही होंगे, यह भी मैं जानता हूँ। पर मुझे मीनारे-पाकिस्तान जाना चाहिए या नहीं यह बहस का एक मुद्दा बन गया है। यह ठीक है कि हम बँटवारा नहीं चाहते थे। मैंने आपसे कहा कि जब मैं पहले यहाँ आया, तब सारा हिंदुस्तान एक था, अंग्रेज राज कर रहे थे। मैं कोहाट बन्नू तक गया था। वह हिंदुस्तान हमारी आँखों में है।

साथ-साथ चलने के हिमायती

देश का बँटवारा हुआ। देश अलग-अलग राज्यों में बँटा, अलग-अलग राष्ट्रों में बँटा। हमारे दिल में घाव लगा। अब घाव भर सा गया है। दाग जरूर बाकी है। लेकिन वह दाग हमें इस बात की याद दिलाता है कि हमें मिलकर साथ रहना है। साथ रहने के लिए मिलकर चलना जरूरी है। पाकिस्तान फले-फूले, हम चाहते हैं और हम फले-फूलें, यह आप भी चाहते होंगे। इतिहास बदला जा सकता है, मगर भूगोल नहीं बदला जा सकता। आप दोस्त बदल सकते हैं, पड़ोसी नहीं बदल सकते। हम अच्छे पड़ोसी की तरह रहें। 1977-78 में भी हमने शुरुआत की थी, आपको याद होगा। दोनों देशों के बीच आना-जाना आसान कर दिया था। लोग

अभी तक उस बात को याद करते हैं। हम फिर वह काम करने जा रहे हैं।

आज कुछ फैसले हुए हैं। मैं इकतरफा उनका ऐलान नहीं करूँगा। वक्त आने पर उनका ऐलान होगा। लोग परिवार वालों से मिलने नहीं जा सकते। हाई कमीशन में भीड़ लगी है। दरवाजे वक्त पर खुलते हैं, वक्त पर बंद होते हैं। अगर बेवक्त कोई मुसीबत आ जाए तो? और मुसीबत खबर देकर थोड़े ही आती है। लेकिन मिलने के लिए जा नहीं सकते हैं। अगर पहुँच भी गए तो जिस शहर का वीजा बनाया है, उससे दूसरे शहर जाना है तो फिर पुलिस तसवीर में आ जाती है। पुलिस के साथ क्या-क्या आ जाता है, यह बताने की जरूरत नहीं है। जो पुलिस वाले मेरी बात सुन रहे हैं, वे बुरा न मानें। जो यहाँ मौजूद हैं, मैं उनके लिए नहीं कह रहूँ। मैं एक सिस्टम की बात कह रहा हूँ। पर इस चीज के बारे में भी सोचा जाना चाहिए। लोग मछलियाँ पकड़ने के लिए आते हैं। समुद्र में भटक जाते हैं और हवालात पहुँच जाते हैं। मछली पकड़ने की बजाय खुद पकड़ में आ जाते हैं। हमने तय किया है कि ऐसे लोगों को तत्काल छोड़ देना चाहिए। लेकिन दोनों प्रधानमंत्रियों के तय करने मात्र से बात नहीं बनेगी। यह मैं साल भर प्रधानमंत्री बने रहने के बाद समझ गया हूँ। इसके लिए कुछ और करना पड़ेगा, लेकिन हमने तय किया है कि हम करेंगे। स्थिति बदलनी चाहिए, हवा में और तरह की रंगत आनी चाहिए। दोस्ती के लिए भरोसे की जरूरत है।

नवीन कार्य योजनाओं के पक्षधर

श्रम कानूनों के हिमायती वाजपेयीजी ने 6 जनवरी, 1994 को इंदौर में भारतीय जनता पार्टी की राष्ट्रीय परिषद् की बैठक में नई कार्य योजनाओं पर बल देते हुए कहा उद्योगों में क्रांतिकारी परिवर्तन लाने और प्रबंधन तथा मजदूरों के बीच मजबूत संबंध कायम करने के लिए हम चाहते हैं कि श्रम कानूनों का पूरी तरह से पालन हो। व्यापक निगमित क्षेत्र में श्रमिकों के ऐसे उद्योग भी होने चाहिए, जहाँ श्रमिकों की मालिकाना हक में भागीदारी हो। सरकार को लखनऊ में राष्ट्रीय परिषद् की इन माँगों पर रक्षात्मक रुख अपनाना पड़ा कि बंबई में राष्ट्रीयकृत मिलों में मजदूरों को प्रबंधन, लाभ और मालिकाना हक में हिस्सेदारी दी जाए। इस माँग के मद्देनजर सरकार को यह घोषणा करनी पड़ी कि बंबई में मजदूरों को कुछ मिलों में प्रबंधन में भागीदारी दी जाएगी। मगर, अटलजी इस तरह के आधे-अधूरे कदमों और बाजीगरी से प्रभावित नहीं हुए, वे औद्योगिक क्षेत्र के आधुनिकीकरण और वहाँ व्यापक

परिवर्तन से वास्तविक औद्योगिक लोकतंत्र लाना चाहते हैं। उदाहरण के तौर पर अगर निजी मिलों में प्रबंधन खराब है तो सार्वजनिक क्षेत्र के राष्ट्रीय कपड़ा निगम की हालत भी बेहतर नहीं है। इस पर गंभीरता से विचार करने की जरूरत है।

प्रबंधन को सुधारने, हड़तालें कम करने और उत्पादन बढ़ाने के लिए जरूरी है कि उद्योग क्षेत्र के लिए एक नई कार्य योजना बनाई जाए। उद्योगों की वास्तविक प्रगति के लिए सच्चे मन से प्रयास करने की जरूरत है। आधे-अधूरे तथा तदर्थ प्रयासों से कभी भी उद्योग क्षेत्र का भला नहीं हो सकता है।

केंद्र और राज्य के संबंधों में सुधार

श्री अटल बिहारी वाजपेयी केंद्र एवं राज्य के बीच वास्तविक सौहार्द पर अपने नवीन विचार व्यक्त करते हुए कहा कि देश को एकजुट और अखंड बनाने के लिए मजबूत राज्यों की मदद वाला मजबूत केंद्र बनाना होगा। उनका मानना है कि केंद्र-राज्य संबंधों में राजनीतिक, आर्थिक और प्रशासनिक सुधार जरूरी हैं। इसके लिए अंतर-राज्यीय परिषद् बनाना चाहिए। राज्यपाल की भूमिका की व्याख्या जरूरी है। राज्य सरकार को बर्खास्त करने की केंद्र की शक्तियाँ सीमित हों। इसके लिए उचित नियमावली बने। योजना खर्च और राजस्व का एक बड़ा हिस्सा राज्यों को दिया जाना चाहिए। वे केंद्र और राज्य के बीच वास्तविक सौहार्द चाहते हैं। ग्रामीण विकास और कल्याण पर ज्यादा निवेश के लिए प्राथमिकताओं की समीक्षा करना जरूरी है। ग्रामीण भारत के साथ न्याय करने के लिए वे लागत के आधार पर औद्योगिक उत्पादों और कृषि उत्पादों के मूल्य में समानता लाना चाहते हैं। उनके अनुरूप लघु और कुटीर उद्योगों की मदद के लिए संबंधित कानून के जरिए उत्पादन क्षेत्रों के स्पष्ट विभाजन हेतु किए गए प्रयास सराहनीय हैं।

□

देश की अखंडता के प्रति अटल बिहारी वाजपेयी का चिंतन

श्री अटल बिहारी वाजपेयी ने देश की कुछ ज्वलंत समस्याओं पर गहन चिंतन किया है।

एक समय ऐसा होता है, जब हम अपने अतीत में झाँकते हैं और भविष्य की ओर देखते हैं। एक वर्ष का समय भारत जैसे प्राचीन राष्ट्र के जीवनकाल में एक बिंदु जैसा है, जो अपनी महान् पुरातनता के बावजूद सदैव युवा है, किंतु हमारे राष्ट्र के ठीक उलट हम सभी का एक सीमित जीवन होता है। इसलिए हर नई पीढ़ी को अपने जीवनकाल में इस बात को जानते हुए अपना समुचित योगदान देना होता है कि भारत की प्रगति में उसके योगदान का मुख्य रूप से दो बातों पर मूल्यांकन किया जाएगा। पहला, उसने विरासत से मिली कितनी समस्याओं को सुलझाया? दूसरा, उसने राष्ट्र के भावी विकास के लिए कितनी मजबूत नींव रखी?

विरासत में मिली दो समस्याएँ

हमारा देश कई समस्याओं से जूझ रहा है, जो हम विरासत में मिली हैं। मैं उनमें से दो मुद्दों पर अपने विचार रखता हूँ। एक समस्या जम्मू-कश्मीर पर पाकिस्तान के साथ काफी लंबे समय से चली आ रही है और दूसरी अयोध्या में राम जन्मभूमि-बाबरी मसजिद विवाद से संबंधित है।

भारत जैसा आत्मनिर्भर और प्रगतिशील राष्ट्र विवादास्पद मुद्दों को आनेवाले कल के लिए लंबे समय तक टालना नहीं चाहेगा। बल्कि उसे विगत की समस्याओं के निर्णायक हल का प्रयास करना होगा, ताकि वह एक चित्त होकर दृढता के साथ भविष्य की विकास योजनाओं पर काररवाई कर सके। मैंने अपने देशवासियों को

यह कहते सुना है कि हम इन दोनों समस्याओं का स्थायी समाधान खोजें, जिनमें से एक हमें पिछली सदी में और दूसरी पिछली सहस्राब्दि में विरासत में मिली है। मैं उनकी बात से सहमत हूँ।

कश्मीर समस्या

अटलजी कश्मीर समस्या के बारे में कहते हैं कि कश्मीर की समस्या ऐसी दुर्भाग्यपूर्ण समस्या है, जो सन् 1947 में हुए भारत के दुःखद विभाजन से चली आ रही है। भारत ने दो-राष्ट्र के हानिकर सिद्धांत को कभी भी स्वीकार नहीं किया, जिसके कारण देश का विभाजन हुआ। तथापि जिस विचारधारा को लेकर पाकिस्तान बना, वह आज भी उस देश में विद्यमान है। इसी वजह से वह भारत के साथ अच्छे पड़ोसी देश वाले संबंधों और जम्मू-कश्मीर के लोगों के हितों की उपेक्षा करके कश्मीर पर अपनी अतर्कसंगत नीति को जारी रखे हुए है।

भारत कश्मीर समस्या का स्थायी समाधान ढूँढ़ने का इच्छुक है। इसके लिए हम पाकिस्तान के साथ किसी भी स्तर पर पुनः वार्त्ता शुरू करने के लिए तैयार हैं, बशर्ते कि इसलामाबाद सार्थक बातचीत हेतु अनुकूल माहौल बनाने के पर्याप्त सबूत दे। मुझे यह जानकर दुःख हुआ है कि पाकिस्तान सरकार अपने देश में स्थित उन आतंकवादी संगठनों को काबू में रखने के लिए पर्याप्त प्रयास नहीं कर रही है, जो लगातार कत्लेआम कर रहे हैं और कश्मीर तथा भारत के अन्य हिस्सों में निर्दोष नागरिकों और हमारे सुरक्षा कर्मियों को अपना लक्ष्य बनाए हुए हैं।

भारत सरकार जम्मू-कश्मीर में स्थिति को सामान्य बनाने के लिए सुनियोजित कदम उठा रही है। उसने जम्मू-कश्मीर में सैनिक काररवाई में ढील देने का इकतरफा निर्णय, जिसका रमजान के पवित्र महीने के दौरान पालन किया गया, को 26 जनवरी तक बढ़ा दिया है। मेरा हृदय उन माताओं, बहनों और विधवाओं के प्रति दुःख से भर उठता है, जिन्होंने खूबसूरत कश्मीर घाटी को लहूलुहान कर देने वाली हिंसा में अपने सगे-संबंधियों को खो दिया। मेरा मन उन कश्मीरियों के लिए पीड़ा से भर उठता है, जो अपनी ही मातृभूमि में शरणार्थी बन चुके हैं। नया साल उनके जख्मों पर मरहम लगाने का समय है। सरकार जल्द ही राज्य में विभिन्न समूहों के प्रतिनिधियों के साथ बातचीत करेगी। हम जम्मू व कश्मीर में स्थायी शांति कायम करने, सामान्य स्थिति बहाल करने तथा त्वरित विकास के लिए जरूरी उपाय करने के लिए तैयार है।

बाहरी और आंतरिक दोनों पहलुओं की दृष्टि से कश्मीर समस्या का स्थायी

समाधान ढूँढ़ने के अपने प्रयासों में हम केवल विगत की अपनी विफलता पर ही नहीं अड़े रहेंगे। हमें पूरे दक्षिण एशिया क्षेत्र में शांति और समृद्धि के भावी निर्माता की साहसिक और अभिनव भूमिका निभानी होगी। इस प्रयास में आशा की एकमात्र किरण, जो हमारा मार्गदर्शन करेगी, वह है—शांति, न्याय और राष्ट्र के व्यापक हितों के प्रति हमारी वचनबद्धता।

अयोध्या

अटलजी ने अयोध्या की संवेदनशील समस्या पर अपने विचार इस प्रकार प्रस्तुत किए कि अयोध्या मुद्दा पिछली सदी की एक दूसरी समस्या है, जिसे हमें भविष्य में अधिक समय तक अनसुलझा नहीं रहने देना चाहिए। यह हमारे समाज की सामूहिक बुद्धिमत्ता के लिए एक चुनौती है कि हम इस समस्या का जल्दी-से-जल्दी शांतिपूर्ण और मैत्रीपूर्ण समाधान ढूँढ़ें। मैंने पिछले तीन साल से इस मुद्दे पर जानबूझकर कोई टिप्पणी नहीं की है। तथापि मुझे यह जानकर दु:ख हुआ कि विपक्ष द्वारा लगातार तीन दिन तक संसद् की काररवाई न चलने देने के बाद इस विषय पर जब मुझे बोलने के लिए विवश होना पड़ा तो मेरी टिप्पणी को महज राजनीतिक लाभ उठाने के उद्देश्य से तोड़-मरोड़ दिया गया।

यहाँ तक कि मीडिया तथा एक राजनीतिक वर्ग द्वारा मुझे रातोरात उदारवादी से कठोर रुख अपनाने वाले व्यक्ति की संज्ञा दे दी गई। उन्होंने कहा, वाजपेयी का मुखौटा उतरा, इस बात को सहज रूप में लेते हुए मैंने कहा कि मेरा लंबा सार्वजनिक जीवन एक खुली किताब है। इससे भी बुरी बात यह है कि हमारे अल्पसंख्यक भाइयों के मन में मेरे बारे में गलत धारणा पैदा करने के लिए एक अभियान चलाया गया है।

मेरी तरह मेरे अधिकांश देशवासियों को भी यह आशा थी कि पहले लोकसभा में और फिर राज्यसभा में हुई चर्चा के संदर्भ में दिए गए मेरे विस्तृत उत्तर से इस विवाद का अंत हो जाएगा, किंतु यह दु:ख की बात है कि ऐसा नहीं हुआ। संसद् में घटी हाल की घटनाओं के बाद जो कुछ टीका-टिप्पणी की गई और अटकलें लगाई गई, उसे मुझे काफी ठेस पहुँची है। राजनीति में मेरे विरोधी मेरी बात से असहमत होने का पूरा हक रखते हैं, किंतु अयोध्या मुद्दे पर मेरे पहले से जो विचार रहे हैं, उन्हें उनमें कोई फर्क नजर नहीं आएगा।

मैं हमेशा से ही यह कहता आया हूँ कि इस विवादास्पद मुद्दे को हल करने के केवल दो ही रास्ते हैं, या तो इसे न्यायालय के निर्णय पर छोड़ दिया जाए या

फिर दोनों पक्ष आपस में बातचीत के जरिए इसका समाधान निकालें। मैंने कहा कि इस मामले में न्यायालय का जो भी निर्णय होगा, सरकार उसे स्वीकार करेगी और संवैधानिक आधार पर उसे कार्यान्वित करने के लिए बाध्य होगी, किंतु इसका यह अर्थ नहीं कि इस बारे में गैर-सरकारी तथा गैर-राजनीतिक ढाँचे के अंतर्गत बातचीत ही न की जाए। न्यायालय अथवा बातचीत के जरिए इस मुद्दे का समाधान ढूँढ़ना दो अलग-अलग बातें नहीं हैं, बल्कि एक-दूसरे की पूरक हैं। इस मामले में न्यायालय का जो भी निर्णय हो, उसे सुचारु रूप से अमल में लाने के लिए एक अनुकूल सामाजिक माहौल बनाने की जरूरत होगी। दोनों समुदायों के प्रतिनिधियों के बीच आपसी विश्वास तथा उदार एवं सद्भावपूर्ण वातावरण में फिर से बातचीत शुरू करने से इस प्रकार का माहौल बन सकता है। प्रदूषण फैलाने वाले उद्योगों को दिल्ली से बाहर भेजने के मामले में उच्चतम न्यायालय के आदेश को लागू करने में इस समय जो विवाद चल रहा है, उससे यह विशेष बात उभर कर सामने आई है कि किसी विवाद के समाधान के लिए यह जरूरी है कि सभी पक्षों को शामिल करके एक सहयोगपूर्ण सामाजिक माहौल पैदा किया जाए। बहुत कम लोग इस बात से इनकार करेंगे कि श्रीराम का भारत की संस्कृति में एक महत्त्वपूर्ण स्थान है।

वे हमारी परंपरा के सर्वाधिक आदरणीय प्रतीकों में से एक हैं। उनके प्रति आदर किसी पंथ विशेष की सीमाओं से बँधा हुआ नहीं है। अनेक भारतीय भगवान् के अवतार के रूप में उनकी पूजा करते हैं और कुछ उन्हें मर्यादा पुरुषोत्तम कहते हैं। गैर-हिंदू भी उन्हें एक ऐसे आदर्श राजा के रूप में देखते हैं, जो उच्च मानव गुणों से ओत-प्रोत थे। यदि वे ऐसे नहीं होते तो कवि अल्लामा इकबाल ने राम का गुणगान न किया होता।

राम-राज्य की कल्पना

इस बात में कोई आश्चर्य नहीं है कि अयोध्या में राम मंदिर के निर्माण के आंदोलन के प्रति एक से अधिक राजनीतिक दलों का समर्थन रहा है। यदि ऐसा नहीं होता तो स्व. गांधी की सरकार ने कुछ ऐसे विशेष कदम नहीं उठाए होते, जो अयोध्या में राम मंदिर के निर्माण में सहायक होते। यहाँ तक कि राजीवजी ने 1989 के कांग्रेस पार्टी के चुनाव अभियान का शुभारंभ अयोध्या के निकट स्थल से राम-राज्य लाने के वायदे के साथ किया था। महात्मा गांधी का भी यही सपना था। गांधीजी की राम-राज्य की कल्पना अथवा अयोध्या में राजीव गांधी द्वारा की गई पहल में कोई सांप्रदायिक नहीं थी।

इससे यह पता चलता है कि अयोध्या में राम मंदिर को राष्ट्रीय भावना के प्रकटीकरण से जोड़ने पर कोई विवाद नहीं था, क्योंकि यह ठीक उसी प्रकार था, जिस प्रकार सोमनाथ में एक मंदिर के पुनर्निर्माण को भी तत्कालीन सरकार द्वारा राष्ट्रीय भावना के प्रकटीकरण से जोड़ा गया था।

अयोध्या के बारे में विवाद मात्र इतना ही रहा है कि मंदिर कहाँ और किस प्रकार बने इस विवादित मुद्दे पर भी मेरा हमेशा स्पष्ट और समान दृष्टिकोण रहा है। मैंने यह कभी नहीं कहा कि मंदिर का निर्माण विवादित स्थल पर न्यायालय के फैसले अथवा दोनों समुदायों के बीच सौहार्दपूर्ण समझौते के बिना किया जाना चाहिए। यह कार्य इस प्रकार किया जाए जैसा एक कानून द्वारा शासित देश में होना चाहिए। मैं यह बात स्पष्ट कर देना चाहता हूँ कि यदि कोई संगठन यथास्थिति में व्यवधान उत्पन्न करने का प्रयास करता है तो कानून अपना कार्य करेगा। सरकार मूकदर्शक नहीं रहेगी तथा काररवाई करने में विलंब नहीं करेगी, जैसाकि दुर्भाग्यवश आठ वर्ष पूर्व हुआ था। लोकसभा में बहस के दौरान अपने उत्तर में मैंने कहा था कि राम के अलावा और भी कई ऐसे महापुरुष और पवित्र स्थल हैं, जो हमारी राष्ट्रीय संस्कृति के प्रतीक हैं। चाहे वह अजमेर शरीफ की दरगाह हो या दिल्ली में निजामुद्दीन औलिया की दरगाह, अमृतसर का स्वर्ण मंदिर हो या दिल्ली में सेंट फ्रांसिस का चर्च, सभी हमारी मिली-जुली राष्ट्रीय संस्कृति के गौरवशाली प्रतीक हैं।

अयोध्या आंदोलन

मेरे इस वक्तव्य को कई तरह से गलत ढंग से लिया गया, जिसमें मैंने कहा था कि अयोध्या में राम मंदिर के निर्माण का आंदोलन राष्ट्रीय भावना का प्रकटीकरण था। इस बात का ध्यान नहीं दिया गया कि मैंने यह बात भूतकाल में कही थी, जिसका मैंने अपने वक्तव्य में सोच-समझकर प्रयोग किया था। राज्यसभा में हुई बहस का उत्तर देते हुए मैंने स्पष्ट रूप से कहा था, हालाँकि अयोध्या में राम मंदिर के निर्माण का आंदोलन हमारी राष्ट्रीय भावना का प्रकटीकरण था, परंतु 6 दिसंबर, 1992 को विवादित ढाँचे के दुर्भाग्यपूर्ण विध्वंस के कारण यह भावना संकुचित हो गई थी।

□

देशहित में कठोर कदम

परमाणु नीति

अटलजी की भारत की परमाणु नीति अत्यंत संयम एवं खुलेपन की नीति है। मई 1998 में परमाणु परीक्षणों की सफलता एवं इसके परिप्रेक्ष्य में तथाकथित विकसित राष्ट्रों द्वारा भारत पर लगाए जा रहे आर्थिक-राजनीतिक प्रतिबंधों के घटनाक्रम के मध्य 27 मई, 1998 को संसद् में उन्होंने अपना व्याख्यान दिया—

113 गुट-निरपेक्ष देशों की एक सामूहिक आवाज सार्वभौम परमाणु निरस्त्रीकरण के प्रस्ताव को परिलक्षित करती है, जिसके प्रति भारत वचनबद्ध रहा है। गुट-निरपेक्ष आंदोलन के सदस्यों में से एक सदस्य का प्रस्ताव, जिसे हम अत्यधिक महत्त्व देते हैं, अंतरराष्ट्रीय न्यायालय का उल्लेख करना था, जिसके फलस्वरूप 8 जुलाई, 1996 को सलाहकार मत के रूप में अंतरराष्ट्रीय न्यायालय द्वारा सर्वसम्मत घोषणा करनी थी कि सख्त और प्रभावी अंतरराष्ट्रीय नियंत्रण के तहत अपने सभी पहलुओं में परमाणु निरस्त्रीकरण की दिशा में नेक नीयती से बातचीत संपन्न करने की बाध्यता विद्यमान है। इस मामले पर अंतरराष्ट्रीय न्यायालय से जिन देशों ने अनुरोध किया, उनमें भारत भी एक है। अन्य किसी परमाणु शस्त्र संपन्न राज्य ने इस निर्णय का समर्थन नहीं किया। वास्तव में वे इसकी निंदा करना चाहते थे।

परमाणु शस्त्र अभिनयम के लिए बातचीत शुरू करने में हम हमेशा आगे रहे हैं और हमेशा आगे रहेंगे, ताकि इस चुनौती से उसी प्रकार से निपटा सकें, जिस प्रकार जैविक तथा रासायनिक हथियारों से संबद्ध अभिसमय के माध्यम से दो अन्य महाविनाशक हथियारों से निपटे थे।

अपनी निरस्त्रीकरण संबंधी व्यापक, सार्वभौमिक तथा भेदभाव रहित

दृष्टिकोण के प्रति वचनबद्धता को कायम रखने में भारत इन दोनों अभिसमयों का एक आरंभिक पक्षधर राज्य है। तदनुसार भारत अंतरराष्ट्रीय प्राधिकरण, रासायनिक शस्त्र निषेध संगठन को अपने रासायनिक हथियारों को समाप्त करने की योजना शीघ्र ही प्रस्तुत कर देगा। भारत परंपरागत रूप से एक बहिर्मुखी दृष्टि रखनेवाला देश रहा है। संयुक्त राष्ट्र संघ जैसे संगठनों में हमारी सक्रिय भागीदारी, बहुपक्षीयवाद के प्रति हमारी दृढवचनबद्धता परिलक्षित करती है। हाल के वर्षों में नई चुनौतियों का सामना करते हुए हमने सार्क, हिंद महासागर रीम-संघ के क्षेत्रीय सहयोग तथा आसियान क्षेत्रीय मंच के एक सदस्य के रूप में क्षेत्रीय सहयोग को सक्रियता से संवर्धित किया है। यह वचनबद्धता जारी रहेगी। हाल के वर्षों में शुरू की गई आर्थिक उदारीकरण की नीतियों से हमारे क्षेत्रीय और सार्वभौमिक संबंध और बढ़े हैं तथा सरकार इन संबंधों को सघन और मजबूत बनाएगी।

हमारी परमाणु नीति संयम और खुलेपन से ओत-प्रोत है। इसने न तो 1974 में और न ही अब 1998 में किसी भी अंतरराष्ट्रीय करारों का उल्लंघन किया है। हाल के वर्षों में हमने संभाषणकर्ताओं को अपनी चिंता से अवगत करा दिया है। 1974 में अपनी क्षमता का प्रदर्शन कर लेने के बाद 24 वर्ष तक संयम बरतने का अपने आप में एक बेजोड़ उदाहरण है, तथापि संयम से सामर्थ्य उत्पन्न होती है। यह किसी निर्णय अथवा संशय पर आधारित नहीं हो सकता। संयम तभी तक जायज है, जब तक संशयों का निवारण नहीं हो जाता। भारत द्वारा किए गए परीक्षणों की शृंखला ने शंकाओं का निवारण कर दिया है। इससे जुड़ी काररवाई एकदम संतुलित थी। यह हमारी राष्ट्रीय सुरक्षा परिकलन के अपरिवर्तनीय घटक को बनाए रखने के लिए न्यूनतम आवश्यकता थी। अत: सरकार के इस निर्णय को संयम बरतने की उस परंपरा के भाग के रूप में देखा जाना चाहिए, जो पिछले पचास वर्षों से हमारी परमाणु नीति की मुख्य विशेषता रही है।

परीक्षणों के उपरांत भारत सरकार ने पहले ही यह घोषित कर दिया कि भारत अब इन पर अपनी ओर से प्रतिबंध लगा देगा तथा भूमिगत परमाणु परीक्षण करने से बचा रहेगा। सरकार ने इस घोषणा के कानूनन निर्दिष्टीकरण की दिशा में अग्रसर होने की इच्छा का भी संकेत दिया है। परमाणु परीक्षण से दूर रहने की व्यापक परीक्षण प्रतिबंध संधि की प्राथमिक बाध्यता इस प्रकार पूरी हो जाती है। अपनी ओर से की गई इस घोषणा का अभिप्राय सार्थक वचनबद्धता के लिए हमारे आशय की गंभीरता अंतरराष्ट्रीय समुदाय को बताना है। अपने देश की सुरक्षा सर्वोपरि है।

सकारात्मक कार्यनीति की अवधारणा

श्री अटल बिहारी वाजपेयी की राष्ट्रीय कार्यनीति वहुत ही सकारात्मक है। वे संपूर्ण भारत में उसको प्रतिस्थापित करना चाहते हैं। 22 मार्च, 1998 को उन्होंने राष्ट्रीय कार्यनीति को निम्न प्रकार व्यक्त किया—

"सवाल केवल नई चीजों के उत्पादन का नहीं है। ये चीजें हर दूसरे साल एक नई तकनीक पर सवार हो जाती हैं और तुरंत उससे भी नई तकनीक पिछली को धकेलकर आगे बढ़ जाती है। हमें इस नई दुनिया का सामना करना है अपने को इससे काटकर नहीं चल सकते। जो देश आर्थिक तथा तकनीकी की दृष्टि से शक्तिशाली वही दुनिया पर हावी हैं। हम में से कोई भारत का दयनीय स्थिति में बने रहना बरदाश्त नहीं कर सकता।"

हम इसे बरदाश्त करें भी क्यों? जो भी संसाधन चाहिए वे सब हमारे पास हैं। हमारे पास आज विश्वस्तर की प्रतिभा है। नई तकनीक के मामले में भारतीय दुनिया भर में अगली पंक्ति में खड़े हैं। भारत में भी जहाँ-जहाँ रास्ते खुले रहे हैं, जैसे सॉफ्टवेयर, उद्योग, अंतरिक्ष, अनुसंधान, नई सूचना व संचार तकनीकी आदि, हमारे नौजवान और नवयुवतियाँ बड़ी फुर्ती से आगे बढ़कर अपनी जगह बना रहे हैं।

राष्ट्रीय हित सर्वोपरि

विश्व बाजार के भँवर और विश्व व्यापार संगठन के उभरते तंत्र में देश के हितों की रक्षा और उसका संवर्धन हमारी प्राथमिक जिम्मेदारी होनी चाहिए। इस संबंध में संकोच की जरूरत नहीं है। दुनिया भर के सारे देश भूमंडलीकरण के इस जमाने में यही कर रह हैं। अपने देश के हितों को आगे बढ़ाने और इस संबंध में अपनी क्षमताओं को सुदृढ़ करते जाने का अर्थ दुनिया से स्वयं को काटकर अलग-थलग कर लेना नहीं है। इसका अर्थ पूरी तैयारी करने के बाद चुनौतियों को झेलना। इस तैयारी का एक बड़ा भाग विकास को रोकने वाली नौकरशाही और सरकारी नियंत्रण से अर्थव्यवस्था को मुक्ति दिलाना है। मेरी सरकार इस संबंध में पूरी तरह प्रतिबद्ध है।

सकारात्मक वातावरण आवश्यक

सार्वजनिक जीवन में एक दुर्भाग्यपूर्ण मोड़ आया है। लोकतांत्रिक चुनावों ने निरंतर टकराव का रास्ता बना दिया है। इससे भी एक-दूसरे के साथ आने और

मिलकर काम करने में रुकावट पैदा होती है। फिर भी देश की राजनैतिक परिस्थितियों के इन्हीं दबावों के कारण गठबंधन बनें और सहयोग करें का वातावरण भी बना है। नकारात्मकता और छुआछूत की राजनीति ने अपनी दौड़ पूरी कर ली। उचित और अनुचित रास्तों से एक-दूसरे की टाँग खींचने की पागल दौड़ ने दुनिया की नजरों में भारत की छवि को बिगाड़ा है। इसके कारण समाज में सांप्रदायिकता, जातीय विघटन और भय का वातावरण पनपा है। हमें एक देश के नाते इस विनाशकारी रास्ते को छोड़ देना चाहिए।

हमारी सभ्यता प्राचीन और समन्वय पर आधारित है। यह समझाने-बुझाने पर जोर देती है, केवल सहन करने पर नहीं। इसका निर्माण सभी उपासना पद्धतियों के प्रति गहरे और सक्रिया आदर पर हुआ। हमारे ऋषियों ने कहा है कि सभी स्थानों पर गिरने वाली वर्षा की बू जैसे अलग-अलग धाराओं में बहती हुई अंत में एक ही समुद्र में जा मिलती हैं, उसी तरह सभी लोगों की पूजा-पद्धतियाँ एक ही ईश्वर को प्राप्त होती है।

तमिल संत तिरुवल्लुवर ने अपनी रचना तिरुमंदिरम् में कहा है—"औद्रे कुलम्, उर्वाणे देवन्", अर्थात् हमारा कुल एक है, हमारा ईश्वर एक है। भारतीय परिप्रेक्ष्य में सेक्युलरिज्म का यही सही अर्थ है। मेरी सरकार सेक्युलरिज्म की इस अवधारणा से स्पष्ट रूप से प्रतिबद्ध है। मेरे साथी और मैं इसी परंपरा में पले-बढ़े हैं। हम इसे सँजोकर रखना चाहते हैं। इसी परंपरा के जरिए हम उस चेतना का पुनर्निर्माण करेंगे, जो स्वाधीनता-संघर्ष काल की पहचान बन गई थी। तब उसमें देश के सभी कोनों, सभी आस्थाओं और सभी पेशों को मानने वाले लोगों ने शक्तिशाली, आत्मविश्वासपूर्ण और फिर से उभरते हुए भारत के निर्माण के लिए साथ मिलकर काम किया था।

नैतिक मूल्यों की पुनर्प्रतिष्ठान की नीति

श्री अटल बिहारी वाजपेयी ने देश के बहुआयामी संकट पर गहरी चिंता व्यक्त की है। राजनीति में नैतिक मूल्यों के प्रति जनप्रतिनिधियों की उदासीनता के प्रति वे बड़े ही संवेदनशील होकर कहते हैं—"आज हमारा देश बहुआयामी संकट से गुजर रहा है। मुद्रास्फीति, कानून व्यवस्था में गिरावट, बुनियादी सुविधाओं का अभाव, सांप्रदायिक हिंसा की घटनाओं में वृद्धि, सामाजिक तनाव और हिंसा में वृद्धि, हरिजनों, आदिवासियों, महिलाओं पर अत्याचार और अन्य कमजोर वर्गों का दमन, पूर्वोत्तर की विस्फोटक स्थिति, ये सब इस समस्या के विविध कोण हैं, जिन्हें इन

समस्याओं को सुलझाने की जिम्मेदारी सौंपी गई, उनके पास इसके लिए समय नहीं है, क्योंकि वे राजनीति की शतरंज पर अपनी चालें चलने में व्यस्त हैं।"

देश की समस्या दरअसल नैतिक समस्या है। हमारे सार्वजनिक जीवन का सबसे दु:खद पहलू यह है कि नैतिक मूल्यों को निहित स्वार्थों और सत्ता गठजोड़ की बलि चढ़ा दिया गया है, राजनीति अब पूरी तरह से सत्तालोलुपता का खेल बन गई है। अगर हम इस संकट से उबरना चाहते हैं तो इसकी पहली और सबसे जरूरी शर्त सार्वजनिक जीवन में नैतिक मूल्यों की पुनर्प्रतिष्ठा करना है।

मूल्यों की पहचान के लिए हमें देश के बाहर जाने की जरूरत नहीं है। जाति, धर्म, भाषा, क्षेत्र की सीमाओं से हटकर हर औसत भारतीय इन नैतिक मूल्यों, जैसे सहिष्णुता, सादा जीवन, कड़ा परिश्रम और भाईचारे का सम्मान करता है। हमें इन मूल्यों को मजबूत करके एक नए समाज का निर्माण करना है। तथापि आधुनिक संदर्भ को जरूर याद रखा जाए। पं. नेहरू ने विज्ञान और प्रौद्योगिकी का इस्तेमाल विकास के लिए करने पर जोर दिया था। देश ने इसमें बहुत प्रगति की है, लेकिन आबादी के एक बड़े हिस्से को इस समृद्धि का लाभ नहीं मिला। असमानता बढ़ी है, अमीर और गरीब के बीच की खाई और चौड़ी हुई है। इन विसंगतियों को सुधारना जरूरी है। हम ऐसा तभी कर सकते हैं, जब हम भारतीय मूल्यों को प्रगति के आधार पर स्वीकार करें और व्यक्ति, खासकर कमजोर व्यक्ति को अपने विकास का केंद्र मानकर उसका खयाल करें।

गांधीजी, जयप्रकाशजी और उपाध्यायजी, सभी ने इसी दृष्टिकोण पर बल दिया है। जनता पार्टी के शासन में अंत्योदय और कार्य के बदले समाज जैसी योजनाएँ लागू करने के दौरान इसी दृष्टिकोण को स्वीकार किया गया था, शोषण और भेदभाव से मुक्त तथा मूल्य आधारित समाज की स्थापना करना बड़ी चुनौती है। महज गांधीजी का नाम लेकर या हवाई घोषणाएँ करने से कुछ नहीं होनेवाला। इसके लिए सतत संघर्ष करना होगा। हमें इसके लिए गरीब किसानों, मजदूरों, हरिजनों, आदिवासियों और जनसंख्या के अन्य शोषित वर्गों को एकजुट करना है। इन वर्गों की संगठित शक्ति ही वास्तव में एक नए समाज का निर्माण कर सकती है। महात्मा गांधी को विदेशी शासन के खिलाफ संघर्ष में इस वर्ग से बहुत ताकत मिली।

सांप्रदायिक निरपेक्षता की नीति

भारतीय राजनीति के विवादास्पद विषय सेक्युलरवाद की आलोचना करते

हुए अटलजी ने उसकी जगह सांप्रदायिक निरपेक्षता या पंथ निरपेक्षता शब्दों पर विशेष जोर देते हुए अपने विचार रखे—"राज्य इस अर्थ में सेक्युलर होना चाहिए कि उसका अपना कोई धर्म नहीं होगा और यह कि वह धर्म के आधार पर नागरिकों में किसी तरह का भेदभाव नहीं करेगा। संविधान के निर्माण के चार दशक बाद सेक्युलरवाद को लेकर इतना तीव्र विवाद क्यों उठ खड़ा हुआ?"

इसके मुख्यत: तीन कारण दिखाई देते हैं। सिद्धांतत: यह स्वीकार करते हुए कि भारतीय परिकल्पना का सेक्युलरवाद सर्वधर्म समभाव से प्रेरित होगा और धर्म विरोध का रूप नहीं लेगा, प्रशासन द्वारा अपनाई गई नीतियों और उनके कार्यान्वयन के ढंग से इस आशंका ने जन्म लिया कि राज्य धर्म को प्रगति के मार्ग में एक रोड़ा समझता है और उसे दूर रखना चाहता है। सर्वधर्म समभाव के मूल में सब धर्मों और उनके मानने वालों के बीच जो समानता अभिप्रेरित थी, उसका भी व्यवहारत: पालन नहीं हुआ। बहुसंख्यक और अल्पसंख्यक दोनों समुदायों में, सही या गलत यह भावना जड़ पकड़ने लगी कि सत्ता की होड़ में राजनीतिक दल तराजू के पलड़ों को बराबर रखने के बजाय कभी एक तरफ तो कभी दूसरी तरफ झुका देते हैं। बढ़ती हुई जनसंख्या को नियंत्रित करने के लिए छोटे परिवार के आदर्श को कार्यान्वित करने के लिए प्रोत्साहित और निरुत्साहित करने की किसी योजना को इस आधार पर व्यवहार में लाने से इनकार करना कि उससे कुछ वर्गों की धार्मिक आस्थाओं को ठेस लगेगी, सेक्युलरवाद के सिद्धांत को ही हास्यास्पद बना देता है। प्राचीनकाल में विवाह के अवसर पर वधू को अष्ट पुत्रवती होने का आशीर्वाद दिया जाता था। यदि आज की स्थिति में इसे धर्मसम्मत मानकर व्यवहार में लाया जाए तो कुछ ही वर्षों में देश की दशा क्या होगी, इसका सहज ही अनुमान लगाया जा सकता है।"

संविधान के निर्देशक तत्त्वों के अनुसार राज्य को सभी नागरिकों के लिए समान नागरिक संहित के लिए प्रयास करना है। ऐसा करने में राज्य की विफलता ने भी इस धारणा को बनने में सहायता दी। सामाजिक सुधारों की दिशा में भी इसलिए पग नहीं उठाए जा रहे हैं कि उनसे कुछ वर्गों के असंतुष्ट हो जाने और फलस्वरूप चुनाव में घाटा होने की आशंका है। वंदे मातरम् राष्ट्रगीत के गायन पर आपत्ति भी उस मनोवृत्ति का ही परिचय देती है, जिसकी चरम परिणति भारत के दुर्भाग्यपूर्ण विभाजन में हुई। भारत को सेक्युलर बनाने के पीछे यह भी भावना थी कि विभाजित भारत अविभाज्य रहेगा और धर्म, जाति, भाषा के आधार पर अब किसी नए विभाजन की माँग नहीं उठेगी। देश के विभिन्न भागों में विघटनकारी तत्त्वों

के हिंसात्मक उपद्रवों ने राष्ट्रीयता की भावना को ठेस पहुँचाई और कुछ लोग यह सोचने लगे कि 1950 में जो मार्ग चुना गया, क्या वह सही था?

मुझे लगता है कि प्रारंभ में ही सेक्युलर का अनुवाद धर्मनिरपेक्ष की बजाय संप्रदाय निरपेक्ष या पंथनिरपेक्ष कर दिया जाता तो इतनी आशंकाएँ जन्म ही नहीं लेतीं। सेक्युलर शब्द के अर्थ के बारे में भले ही भिन्न-भिन्न मत रहे हों, किंतु उस मतभिन्नता में इस बात पर एकता थी कि राज्य का स्वरूप असांप्रदायिक होना चाहिए। इस प्रश्न पर आज भी एक मत है। संविधान के नए हिंदी संस्करण में सेक्युलर का अनुवाद पंथनिरपेक्ष करके इस भूल के परिमार्जन का प्रयास है। आवश्यक है कि सेक्युलर शब्द के सही अनुवाद को सभी स्वीकारें और उसे प्रचारित करें।

विश्व के कुछ भागों में धार्मिक कट्टरवाद के उदय और हिंसक आतंकवाद से उसके गठबंधन की आशंकाओं से एक चिंताजनक परिस्थिति पैदा हो गई है। भारत के पड़ोस और अन्य देशों में जो कुछ हो रहा है, उस पर सतर्क दृष्टि रखते हुए हमें अपनी संस्कृति और परंपरा पर दृढ रहना है और ऐसे भारत के निर्माण के संकल्प को व्यवहार में लाना है, जिसमें संप्रदाय या पूजा-पद्धति के आधार पर कोई भेदभाव नहीं होगा।

सेक्युलरवाद का नारा कांग्रेस पार्टी का नारा नहीं है, यह इस देश की संस्कृति में से निकाला हुआ मंत्र है। क्या भारत की स्वाधीनता के बाद भारत को हिंदूराज घोषित नहीं किया जा सकता था? पाकिस्तान ने खुद को इसलामिक राष्ट्र घोषित किया। लेकिन हमने नहीं किया, क्यों? इसलिए कि हमारी संस्कृति उसकी इजाजत नहीं देती। स्वयं हिंदुत्व में उपासना की अनेक पद्धतियाँ हैं, हमने कभी ऐसा नहीं कहा कि एक किताब को मानो, एक व्यक्ति में ईमान लाओ। सत्य एक है, लेकिन विद्वान् लोग भिन्न-भिन्न रूप में उसकी व्याख्या करते हैं। परमात्मा एक ही है, उसकी प्राप्ति के अनेक मार्ग हो सकते हैं। लेकिन आज सेक्युलरिज्म का मतलब हो गया है—हिंदू विरोधी। नॉन-एलाइनमेंट की तरह इस सरकार के सेक्युलरिज्म को भी संदेह की नजरों से देखा जा रहा है। यह संदेह दूर करना होगा। मुझे अपने हिंदुत्व पर अभिमान है, किंतु इसका अर्थ यह नहीं है कि मैं मुसलिम विरोधी हूँ या इसलाम से मेरा कोई झगड़ा है। लेकिन जब मजहब के साथ राजनीति को मिलाया जाता है, जब उसके आधार पर सत्ता हथियाने की कोशिश की जाती है, जब आप पृथकता को बढ़ावा देते हैं, जब आप रब्बात के सम्मेलन में जाने का फैसला करते हैं, तब

सांप्रदायिकता बढ़ती है। यह सांप्रदायिकता द्विधारी तलवार की तरह है। एक तरफ सांप्रदायिकता की आग जलाकर दूसरी तरफ सांप्रदायिकता को शांत नहीं किया जा सकता। राष्ट्र की एकता को अगर मजबूत करना है तो वह राजनीतिक सौदेबाजी के आधार पर नहीं हो सकती। हमारा देश विविधताओं से परिपूर्ण है। ये विविधताएँ हमारे जीवन में समृद्धि की द्योतक हैं, लेकिन विविधता के मूल में एकता निवास करती है। इस एकता को बलशाली बनाने का नाम ही भारतीयकरण है।

आर्थिक विकास की नीति

श्री अटल बिहारी वाजपेयी ने भारतीय आर्थिक नीति के बारे में कहा है कि रेटिंग एजेंसियों और अंतरराष्ट्रीय वाणिज्यिक बैंकों जैसे अन्य संस्थानों के दृष्टिकोण और कार्यप्रणाली में आमूल परिवर्तन हो। नई विश्व वित्तीय संरचना के निम्न 6 आधार-स्तंभ होने चाहिए—

1. अधिक अस्थिरता के बिना विशाल पूँजी प्रवाहों का प्रबंध।
2. दुनिया भर में इलेक्ट्रॉनिक पद्धति तत्काल धन अंतरण को अंजाम देते हुए फौरन फैसला करना और समय पर उपचारात्मक उपाय करना।
3. विकसित और विकासशील दोनों ही तरह के देशों में सरकारी तथा अर्द्धसरकारी, सार्वजनिक, निजी और सभी पक्षों में पारदर्शिता।
4. स्वभावतः असमान विश्व आर्थिक व्यवस्था में समानता की प्राप्ति।
5. संसर्ग प्रभाव के विरुद्ध समय पर निवारक कदम।
6. तेजी से बदलती वित्तीय व्यवस्था में अनुकूलन और नवीनता लाने की क्षमता उत्पन्न करना।

हम शीघ्र ही इसे राष्ट्रीय बहस के लिए रखेंगे, जिसमें विपक्षी दलों तथा व्यापार, उद्योग और श्रमिक सभी वर्गों के विचार आमंत्रित किए जाएँगे। हम वित्तीय प्रणाली के पुनर्गठन के लिए अंतरराष्ट्रीय स्तर पर सर्वसम्मति को प्रोत्साहन देने के प्रयास में अन्य देशों के साथ रचनात्मक संवाद भी कायम करेंगे।

केवल विश्व वित्तीय व्यवस्था में आमूल पुनर्गठन की आवश्यकता नहीं है हमारी अपनी अर्थव्यवस्था में भी गहरे, व्यापक और तेज सुधारों की जरूरत है। मेरी सरकार इस लक्ष्य के प्रति पूरी तरह समर्पित है। हमारी प्रतिबद्धता शब्दों में नहीं, बल्कि कर्म में है।

मैं आश्वस्त हूँ कि आर्थिक क्षेत्र में की गई हमारी पहल, हाल की किसी भी

सरकार द्वारा अपने कार्यकाल के पहले छह महीनों में किए गए प्रयासों से कहीं अधिक करागार है।

उदारीकरण की नीति

इस अवधि में हमने भारतीय अर्थव्यवस्था को उच्च प्रगति-पथ पर लाने के अपने इरादे को मूर्त रूप में व्यक्त किया है और उदारीकरण के दर्शन व नीतियों के प्रति अपनी प्रतिबद्धता के बारे में सभी संदेहों को दूर कर दिया है। मेरी सरकार पूर्ववर्ती सरकारों के किसी भी तरह के सुधारों के प्रयास से मुकरी नहीं है, बल्कि सुधार प्रक्रिया को हमने एक नई गति प्रदान की है।

इस पद पर आने से पूर्व भी मेरा निजी विश्वास यह रहा है कि लाइसेंसों, नियंत्रणों और लालफीताशाही को समाप्त किया जाना चाहिए। मेरी सरकार ने चीनी, पेट्रोलियम और कोयला, लिगनाइट को आई.डी.आर. अधिनियम के दायरे से बाहर करके लाइसेंस मुक्त किया है। केवल सामरिक महत्त्व के क्षेत्रों के उद्योगों को छोड़कर समूचे भारतीय उद्योग को औद्योगिक लाइसेंसों के दायरे से मुक्त कर दिया गया है। प्रौद्योगिकी आगमन को सरकार की अनुमोदन-प्रक्रिया से लगभग मुक्त कर दिया गया है, ताकि देश में इनके प्रवाह में सुविधा हो।

सूचना प्रौद्योगिकी

सूचना प्रौद्योगिकी जीवन के हर पहलू में बड़े ही नाटकीय ढंग से क्रांति ला रही है। राष्ट्रीय व विश्व अर्थव्यवस्था भी इन क्रांतिकारी परिवर्तनों से अछूती नहीं रही है। सरकार के लिए यह उच्च प्राथमिकता वाला क्षेत्र है। राष्ट्रीय सूचना प्रौद्योगिकी एवं सॉफ्टवेयर विकास कार्यदल द्वारा तैयार की गई सूचना प्रौद्योगिकी संबंधी कार्य योजना को सरकार ने मान लिया है। इस कार्ययोजना में भारत को सूचना प्रौद्योगिकी के क्षेत्र में महाशक्ति बनाने के लिए 108 सिफारिशें की गई हैं। इनमें से कई सिफारिशों पर अमल किया जा चुका है। भारत में हार्डवेयर निर्माण को बढ़ावा देने जैसी अन्य सिफारिशों को विशेष कार्ययोजनाओं के रूप में अंतिम रूप दिया जा रहा है।

सार्वजनिक विश्वसनीयता की नीति

सार्वजनिक जीवन और संस्थानों की विश्वसनीयता की बहाली के प्रति श्री

अटल बिहारी वाजपेयी का उच्च दृष्टिकोण है। इस संबंध में उन्होंने 20 मार्च, 1998 को राष्ट्र के नाम संदेश में कहा कि जैसे-जैसे हम एक नई सहस्राब्दि की ओर बढ़ रहे हैं, वैसे-वैसे भारत के राष्ट्रीय नवजीवन की रचना का मिशन हमें पुकार रहा है, देश की सरकार को और आम लोगों को भी। पहली जरूरत यह है कि हम सार्वजनिक जीवन और संस्थानों की विश्वसनीयता को फिर से बहाल करें। इन संस्थानों को फिर से राज्य के मजबूत और स्वतंत्र स्तंभ बनाएँ। हमें सभी स्तरों एवं समाज के सभी वर्गों से प्रतिभाओं को जुटाना है। मुझे पचास साल पहले की हर भारतीय के रोमांचक स्पंदन अभी भी याद है, जब हमारे देश ने स्वतंत्रता प्राप्त की थी। हर भारतीय सोचता था कि अब भारत महान् यात्रा पर निकलेगा। तब सर्वोत्तम प्रतिभाओं को राष्ट्र के पुनर्निर्माण में जोड़ा गया था। हम वैसी ही रचनात्मक उत्तेजना पैदा करना चाहते हैं, ताकि प्रतिभाओं को जुटाया जा सके।

सरकार देश के कोने-कोने से प्रतिभाओं को खोजेगी। एक ऐसी विश्वस्तरीय कार्य-संस्कृति और कामकाजी वातावरण का निर्माण करेगी, जिससे सर्वोत्तम प्रतिभाएँ यहीं रहकर देश का निर्माण कर सकें। जो बाहर काम कर रहे हैं, वे लौट सकें और असाधारण क्षमताएँ राष्ट्र-निर्माण में लग सकें। उक्त कार्यों के निष्पादन हेतु निम्न उद्देश्यों पर विशेष जोर दिया गया है—

1. मेरी सरकार ऐसे कदमों को उठाने के लिए कटिबद्ध है, जिनसे भारत का खाद्यान्न उत्पादन अगले दस वर्षों में दोगुना हो जाएगा। वास्तव में यह खतरे का संकेत है कि खाद्यान्नों की प्रति व्यक्ति प्राप्ति, जो पहले ही कम थी, अब और भी घटती जा रही है। यह चिंता का विषय है।
2. मेरी सरकार पेयजल, आवास, शिक्षा, स्वास्थ्य, रक्षा और स्वच्छता के स्तर में सुधार और तेजी से विस्तार लाने के लिए प्रतिबद्ध है। खासतौर से पाँच साल के भीतर देश के प्रत्येक रिहायशी क्षेत्र में हम पीने का साफ पानी उपलब्ध करा देंगे।

आर्थिक उदारीकरण की नीति

श्री अटल बिहारी वाजपेयी आर्थिक उदारीकरण में सुधार के पक्षधर हैं। उन्होंने 28 अप्रैल, 1998 को नई दिल्ली में भारतीय उद्योग परिषद् के राष्ट्रीय सम्मेलन में अपने विचार व्यक्त करते हुए कहा—सरकार और उद्योग दोनों में ही सर्वोच्च स्थानों पर बैठे लोगों की मिली-भगत है और वे अपने फायदे के लिए ही काम करते हैं।

न तो सरकार और न ही उद्योग-जगत् आम आदमी की वास्तविक आवश्यकताओं की परवाह करते हैं। इस देश में कानून के दो अलग-अलग सेट हैं—एक आम आदमी के लिए तथा दूसरा सरकार और उद्योग-जगत् में बैठे 'बड़े लोगों के लिए'।

आर्थिक सुधार प्रक्रिया का महत्त्व

हमें सरकार में सुधार लाने की जरूरत है, क्योंकि सरकार ही किसी राष्ट्र की विकास नीति की संचालक है। सरकार को एक सहयोगी की भूमिका निभानी चाहिए न कि एक बाधक की। इसलिए मैं सरकार में शामिल प्रत्येक व्यक्ति मंत्री से लेकर निचले स्तर के क्लर्क तक से यह आग्रह करता हूँ कि वे इस प्रतिबद्धता से अपने कर्तव्य और जिम्मेदारी को समझें।

हमें उद्योग में भी सुधार लाने की जरूरत है। मोटे तौर पर, प्रत्येक उद्योग और उद्योगपति को अपनी पूरी क्षमता के साथ विकास करने का अधिकार है। आम नागरिक की मानसिकता में भी सुधार लाने की जरूरत है। उसे कठोर परिश्रम, कार्य की गुणवत्ता और अनुशासन के महत्त्व को अवश्य ही महसूस करना चाहिए। जो समाज के कमजोर वर्गों से संबंधित हैं, उन्हें हमारे सभी प्रकार के सकारात्मक सहयोग की जरूरत है।

वैचारिक क्रांति की आवश्यकता

पूरे राष्ट्र में ही सुधार की आवश्यकता है, ताकि वह प्रभावी ढंग से नई चुनौतियों का समाना कर सके और 21वीं सदी में आनेवाले नए अवसरों का फायदा उठा सके। हमें मिलकर आर्थिक उदारीकरण तथा सामाजिक मुक्ति के उद्देश्यों की प्राप्ति के लिए एक वैचारिक क्रांति लानी होगी। सभी मिलकर एक ऐसे मजबूत, समृद्ध और आत्मनिर्भर भारत का निर्माण करें, जो बेरोजगारी एवं अशिक्षा के अभिशाप से मुक्त हो तथा जहाँ कोई क्षेत्र विकास से अछूता न रहे। हम भारत को 21वीं सदी में विश्व की एक आर्थिक शक्ति बनाएँ। इस कल्पना को वास्तविकता में बदलने की जो कुंजी है, वह विकास, अर्थात् रोजगार और समानता का विकास है।

हमने अपने राष्ट्रीय एजेंडा में सतत सकल घरेलू उत्पाद की दर को वर्तमान 5 प्रतिशत के स्तर से बढ़ाकर 7 प्रतिशत तक लाने का वायदा किया है। कई लोगों को आशंका है कि यह लक्ष्य कैसे हासिल हो सकेगा। इस संबंध में मैं कहना चाहूँगा कि भारत की क्षमता और आवश्यकता को देखते हुए यह मामूली लक्ष्य है, 7-8

प्रतिशत की इस विकास दर से भारत को विकसित देशों की बराबरी में आने में आधी सदी से अधिक समय लग जाएगा। क्या हम अपनी विकास दर को इससे भी कम रखने की सोच सकते हैं? हमें तेजी से आगे बढ़ना चाहिए और हम बढ़ सकते हैं, क्योंकि हमारे पास अन्य कोई विकल्प नहीं है। आर्थिक क्षेत्र में मैं आपको साफ-साफ बताना चाहता हूँ कि मुझे एक कमजोर और घाटे की अर्थव्यवस्था विरासत में मिली है। किंतु मैं इसके बारे में आपसे शिकायत नहीं कर रहा हूँ। मैं विगत में जो कुछ हुआ, उसे दोहराना नहीं चाहता। मैं शिकायत नहीं करना चाहता, बल्कि भविष्य की ओर बढ़ना चाहता हूँ।

चुनाव प्रणाली में सुधार

श्री अटल बिहारी वाजपेयी वर्तमान चुनाव प्रणाली से बिल्कुल संतुष्ट नहीं हैं। वे चुनाव सुधारों के प्रति गंभीर हैं। 23 जनवरी, 1999 को नई दिल्ली में भारतीय उद्योग परिसंघ के राष्ट्रीय सेमिनार में उन्होंने कहा—

"राजनीतिक दल धन एकत्र करने के लिए अधिकाधिक लोगों के पास जा सकते हैं, किंतु अकेले उसी चंदे के आधार पर चुनाव नहीं लड़ा जा सकता। अब सभी पार्टियों के अधिकांश उम्मीदवारों को चुनाव के लिए धन के बोरों की तलाश करनी पड़ रही है। कानूनी रूप में कंपनियाँ राजनीतिक पार्टियों को दान नहीं कर सकतीं, किंतु राजनीतिक दल धन एकत्र कर सकते हैं। स्वाभाविक है कि यह धन नंबर दो का यानी काला धन होता है, जिसका कोई हिसाब-किताब नहीं रखा जाता। संसद् की संयुक्त प्रवर समिति ने वांचू समिति की सिफारिशों को स्वीकार किया था और सिफारिश की थी कि इसके लिए एक विशेषज्ञ समिति का गठन किया जाए। इस पर काररवाई आवश्यक है।"

चुनाव खर्च सरकार वहन करें

1990 में तत्कालीन विधि मंत्री श्री दिनेश गोस्वामी ने एक संशोधन विधेयक तैयार किया था, जिसमें जनप्रतिनिधित्व अधिनियम में व्यापक संशोधन का प्रस्ताव किया गया था। इन प्रस्तावों पर सभी राजनीतिक दलों के बीच आम सहमति थी। इसमें कोई संदेह नहीं कि उनमें से कुछ प्रस्तावों पर 1996 में अमल किया गया, किंतु चुनाव खर्च और उम्मीदवारों को सरकार से खर्च की भरपाई सहित अनेक प्रस्तावों को अमली जामा नहीं पहनाया गाया। मेरी सरकार चुनाव-सुधारों को

गंभीरता से ले रही है। हमने चुनाव खर्च सरकार द्वारा वहन किए जाने के बारे में श्री इंद्रजीत गुप्त की अध्यक्षता में एक समिति गठित की है। समिति ने हाल ही में अपनी रिपोर्ट प्रस्तुत की है।

विधिमंत्री ने अपने भाषण में उस रिपोर्ट की चर्चा की थी। श्री इंद्रजीत गुप्त को विचार-गोष्ठी में 'चुनाव खर्च और सरकार द्वारा चुनावों के लिए धन का प्रबंध' विषयक सत्र की अध्यक्षता के लिए आमंत्रित किया गया था। उन्होंने इसकी जोरदार वकालत की। स्वतंत्र और निष्पक्ष चुनावों के लिए निर्वाचन आयोग ने अनेक दिशा-निर्देश जारी किए हैं। यह माँग की गई कि सरकार इनमें से कुछ को कानूनी दर्जा प्रदान करे।

आचार संबंधी इन नियमों का प्रभावकारी कार्यान्वयन राजनीतिक दलों के सद्भाव, प्रशासनिक तंत्र में अनुशासन की भावना और व्यापक स्तर पर स्वेच्छा से लोगों के सहयोग पर निर्भर करता है।

सूची प्रणाली लागू की जाए

विधि आयोग ने चुनाव की 'सूची प्रणाली' शुरू करने का प्रस्ताव किया है, जिसे लोकसभा को 138 अतिरिक्त सीटों के लिए समानुपातिक प्रतिनिधित्व के रूप में जाना जाता है। यह एक स्वागत योग्य कदम है। मैं ऐसा इसलिए कह रहा हूँ, क्योंकि 'फर्स्ट-पास्ट-द-पोस्ट' (यानी निकटतम प्रतिद्वंद्वी से अधिक मत लेने वाला विजेता) की जो प्रणाली है, वह अधिकतर मामलों में जुआ साबित होती है। जरूरी नहीं कि वह हमेशा लोगों की इच्छा को व्यक्त करती हो, खासकर हमारे जैसे बहुदलीय लोकतंत्र में।

तथ्यों से सिद्ध हुआ कि अधिक निर्वाचन क्षेत्रों में उम्मीदवार डाले गए कुल मतों का अल्पमत हासिल करके ही विजयी होता है। नतीजा यह कि राष्ट्रीय स्तर पर मिथ्या-प्रतिनिधित्व होता है। हमारे अधिकतर राजनीतिक दल समाज के विशेष वर्गों की लोकतांत्रिक राय का प्रतिनिधित्व करते हैं। किंतु निर्वाचित संस्थाओं में उनकी हिस्सेदारी हमेशा उनके द्वारा प्राप्त वोटों के अनुरूप नहीं होती। इससे अन्य विसंगतियों के साथ अपर्याप्त भागीदारी की भावना पैदा होती है। चुनाव की प्रस्तावित 'सूची प्रणाली' में कुछ स्वाभाविक कमियाँ हैं। इनमें एक यह है कि उम्मीदवार का चुनाव पूरी तरह राजनीतिक दल के संरक्षण पर निर्भर करेगा। इससे राजनीतिक पार्टियों के भीतर केंद्रीकरण की प्रवृत्ति पैदा हो सकती है।

इस प्रणाली में उम्मीदवार की योग्यता, स्थानीय लोगों के बीच लोकप्रियता और सार्वजनिक जीवन में सेवा के उसके रिकॉर्ड का कोई अर्थ नहीं रहता। इस प्रणाली पर अधिक निर्भरता से सरकार और मतदाता के बीच एक अंतराल पैदा हो जाता है।

पाकिस्तान के प्रति दृष्टिकोण

पाकिस्तान के प्रति अटलजी का उदारवादी व सकारात्मक दृष्टिकोण है। एक साक्षात्कार में उन्होंने अपने दृष्टिकोण स्पष्ट रूप से व्यक्त किया है—

"हम चाहते हैं कि पाकिस्तान से झगड़ा न रहे। देश में कोई ऐसी पार्टी नहीं है, जो पाकिस्तान से लड़ाई चाहती है। श्री देवकीनंदन नारायण यहाँ नहीं हैं, परंतु अखंड भारत की बात करते हैं। अखंड भारत की बात तो मैं भी करता हूँ। यह कोई जुर्म नहीं है। मैं सपना देखता हूँ कि भारत और पाकिस्तान कभी एक होंगे। अगर जर्मनी के एक होने का सपना देखा जा सकता है, अगर कोरिया और वियतनाम के एक होने का सपना देखा जा सकता है, तो भारत-पाकिस्तान के एक होने का सपना क्यों नहीं देखा जा सकता! मगर यह सपना जोर-जबरदस्ती से पूरा नहीं होगा। इस सपने को पूरा करने के लिए फौज काम में नहीं लाई जाएगी। यह लड़ाई के जरिए प्राप्त नहीं होगा। यह हृदय-परिवर्तन से प्राप्त होगा। पाकिस्तान की जनता जब चाहेगी, तभी यह सपना पूरा होगा। उन्हें किसी के भाषण को संदर्भ से तोड़-मरोड़कर सदन में पेश नहीं करना चाहिए। मैं वह समय देखता हूँ, जब भारत और पाकिस्तान के बीच एक लचीला महासंघ बनेगा और रक्षा, यातायात एवं विदेशी संबंधों की दृष्टि से हम निकट आ जाएँगे। आज तो यह सपना ही है, यथार्थ कितना भी कटु क्यों न हो, हम सपना देखना तो नहीं छोड़ सकते। जो 'जयजगत' का नारा लगाते हैं, वही अखंड भारत के सपने पर आपत्ति क्यों करते हैं, यह मेरी समझ में नहीं आ सकता। लेकिन जब तक पाकिस्तान अलग है, हमें पाकिस्तान के प्रति दृढनीति अपनानी होगी। कमजोर नीति को उदारता नहीं समझा जाता उसके गलत अर्थ लगाए जाते हैं। जब हम चीन के साथ संघर्ष में फँसे हैं, हम पाकिस्तान से झगड़ा बढ़ाना नहीं चाहते। मगर मुझे ऐसा दिखाई दे रहा है कि दो-तीन महीनों में पाकिस्तान से संबंध और भी बिगड़ेंगे और उस समय हमें सतर्क रहना होगा। देश के भीतर काम करनेवाले पाकिस्तानी तत्त्वों पर नजर रखनी होगी और कम्युनिस्ट पार्टी के उस हिस्से पर नजर रखनी होगी, जो चीनपरस्त है और चीनपरस्त होने के कारण आज पाकिस्तानपरस्त हो रहा है।

मुझे खेद है कि कलकत्ता के दंगों के संबंध में जो बातें कही गईं, वे इकतरफा हैं। ये बातें बताती हैं कि हम ऐसा प्रचार करना चाहते हैं, जो प्रचार न तो सत्य पर आधारित है और न राष्ट्र के हितों के लिए काम आ सकता है। ऐसे प्रचार से हमको सावधान रहना चाहिए।

वसुधैव कुटुंबकम् का सिद्धांत

'वसुधैव कुटुंबकम्' की परिकल्पना पुरानी है। भारत का सदा से इस धारणा विश्वास रहा है कि संसार एक परिवार है। अनेक प्रयत्नों और कष्टों के बाद संयुक्त राष्ट्र के रूप में इस स्वप्न के अब साकार होने की संभावना है, क्योंकि संयुक्त राष्ट्र संघ की सदस्यता लगभग विश्वव्यापी हो गई है और यह 400 करोड़ लोगों का, जो विभिन्न जातियों, रंगों और समुदायों के हैं, प्रतिनिधित्व करता है। फिर भी यह आवश्यक है कि यह सरकारी प्रतिनिधि मंडलों का मिलन-मंच मात्र न रहे। हमें इस लक्ष्य को ध्यान में रखना चाहिए कि किस प्रकार राष्ट्रों की यह महासभा मानवता की सामूहिक चेतना और इच्छाशक्ति का प्रतिनिधित्व करनेवाली मानव की संसद् का रूप ले सके।

मेरा विश्वास है कि हमारी राष्ट्रीय और विश्व राजनीति में निरंतर सर्वोच्च स्थान मनुष्य, उसके सुख और कल्याण तथा मानव की आधारभूत एकता को मिलना चाहिए। मेरा अभिप्राय किसी अपार्थिव मानव से नहीं है, जो अतीतकाल से निरंकुशता को थोपने का बहाना रहा है। मेरा मतलब जीते-जागते मानव से है। उसकी संवेदनाएँ और अपेक्षाएँ, उसका सुख और दुःख हमारे प्रयत्नों के केंद्रबिंदु होने चाहिए।

हम विश्वशांति के, ऐसी शांति के, जो जीवंत है, प्रबल समर्थक हैं। विश्वशांति हमारे सारे प्रयत्नों की आधारशिला है। शांति की परिभाषा केवल युद्ध न होना मात्र ही नहीं है। विश्व शांति का ताना-बाना किसी समय भी छिन्न-भिन्न हो सकता है। उसका संरक्षण तो केवल उन सामूहिक प्रयत्नों से हो सकता है, जो राष्ट्रों में विद्यमान भारी असमानता और असंतुलन को दूर कर सकें, एक राष्ट्र पर दूसरे राष्ट्र के प्रभुत्व और शोषण का अंत कर सकें और संसार के समस्त लोगों को बराबरी के आधार पर अवसर और अधिकार प्रदान कर सकें।

अंतरराष्ट्रीय संबंधों में आर्थिक समस्याओं का महत्त्व अधिकाधिक बढ़ता जा रहा है। समानता और न्याय पर आधारित एक नई अंतरराष्ट्रीय अर्थव्यवस्था की

कल्पना को विश्व समाज में मान्यता मिल गई है। अब इसे मूर्त रूप देने की दिशा में शीघ्र आगे बढ़ना है, जिससे विश्व के सभी नर-नारियों को अधिक न्यायसंगत और समुचित अवसर तथा अपने श्रम के लिए लाभ प्राप्त हो।

मैं पहले इस बात का उल्लेख कर चुका हूँ कि अंतरराष्ट्रीय सहयोग और राष्ट्रीय दायित्वों के बीच संतुलन स्थापित करने में अनेक अंतर्विरोध और चुनौतियाँ हैं। संयुक्त राष्ट्र संघ की स्थापना के 29 वर्ष बाद यह पहले से कहीं अधिक स्पष्ट हो गया है कि दरिद्रता के सागर में कोई एक राष्ट्र या राष्ट्र-समूह का द्वीप बनकर नहीं रह सकता।

दो दशकों से भी अधिक समय से अंतरराष्ट्रीय आर्थिक संबंधों पर विचार-विनिमय हो रहा है। परंतु विकास के लिए जो स्वल्प लक्ष्य निश्चित किए गए थे, उनकी या तो अवहेलना कर दी गई है या उन्हें पीछे ढकेल दिया गया है। बढ़ी हुई विषमताओं को कम करने के लिए विकसित देशों से संसाधनों और तकनीकी ज्ञान का पर्याप्त स्थानांतरण नहीं हुआ।

प्राय: यह दावा किया जाता है कि आधुनिक विज्ञान और तकनीकी प्रगति निर्धनता को दूर करने और उन्नति के लाभो को समस्त संसार में उपलब्ध कराने की क्षमता रखती है। किंतु सत्य तो यह है कि विकासशील देशों को सही ढंग की तकनीक न मिलने के कारण धनी और निर्धन देशों के बीच की खाई बढ़ती जा रही है। नि:संदेह युद्धोपरांत की दशाब्दियों में अंतरराष्ट्रीय वाणिज्य का कई गुना विस्तार हुआ है। परंतु उसका लाभ अधिकांशत: विकसित देशों को ही मिला है और उन्हीं देशों के आर्थिक विकास तथा जीवन स्तर को ऊँचा उठाने में सहायक हुआ है।

हमें गत कुछ दशकों तथा सदियों से जो अनेक समस्याएँ विरासत में मिली हैं, उन्हें हल करने के लिए हमारे पास न तो कोई जादू है और न कोई तुरत-फुरत समाधान। लेकिन हमें आशा और विश्वास है कि हम सफल होंगे। स्वतंत्रता के विगत तीस वर्षों से हमारे लोगों ने अपनी परंपरागत प्रतिभा के बल पर विज्ञान और तकनीक द्वारा प्रस्तुत नए अवसरों के महत्त्व को समझा है और राष्ट्र की उन्नति के लिए प्रगति के इन नवीन उपकरणों का प्रयोग करने की क्षमता दिखाई है।

हमारी धारणा है कि आणविक अस्त्र खतरनाक हैं, भले ही वे एक देश के पास हैं या कई देशों के पास हों। हम केवल आणविक अस्त्रों के फैलाव के ही विरुद्ध नहीं हैं, वस्तुत: हम तो आणविक अस्त्रों के ही खिलाफ हैं। भारत सदा से ही आणविक अस्त्र प्राप्त करने और उन्हें विकसित करने का विरोधी रहा है।

भारत का विश्वास है कि संयुक्त राष्ट्र संघ का एक ऐसे विश्व संगठन के रूप

में सुदृढीकरण तथा विकास होना चाहिए, जिससे न केवल विश्वशांति का संरक्षण तथा मानव अधिकारों का संवर्धन हो, बल्कि आर्थिक सहयोग की वृद्धि और राष्ट्रों के क्रियाकलाप में मेल बिठाने के दायित्व का भी निर्वाह कर सके। यह अंतरराष्ट्रीय समाज के सम्मुख एक बड़ा महत्त्वपूर्ण कार्य है।

हमारी कार्यसूची का एक सर्वस्पर्शी विषय, जो आगामी अनेक वर्षों और दशकों तक बना रहेगा, मानव का भविष्य है। मानव को यह पृथ्वी विरासत में मिली है। उसने इस धरती का विकास किया है और इससे स्वयं पोषण पा रहा है। यदि हम यह अनुभव करते हैं कि मानव की अस्तित्व-रक्षा अन्य करोड़ों मानवों के साथ अभिन्न रूप से जुड़ी है, जैसा कि पहले कभी नहीं था, तो हम अपने समय के इस एकमात्र निष्कर्ष पर पहुँच जाएँगे कि राष्ट्रीय प्रभुसत्ता का अंतरराष्ट्रीय परस्पर निर्भरता के साथ निश्चित रूप से मेल बैठाया जाना चाहिए।

जहाँ तक भारत का संबंध है, उसका उद्देश्य स्पष्ट है। मैं भारत की ओर से इस महासभा को आश्वासन देना चाहता हूँ कि हम सब एक विश्व के आदर्शों की प्राप्ति और मानव के कल्याण तथा उसके गौरव के लिए त्याग और बलिदान की वेला में कभी पीछे नहीं रहेंगे।

निःसंदेह हर देश अपने राष्ट्रीय हितों का संरक्षण और संवर्धन करना चाहता है। कोई देश सबसे अलग-थलग होकर और चारदीवारी के भीतर नहीं रह सकता। यह समझना होगा कि विश्व के देशों से पारस्परिक निर्भरता के अतिरिक्त और कोई उपाय नहीं है। इसी में विश्व मानव कल्याण है। इसके लिए यह आवश्यक है कि हम अपने-अपने राष्ट्रीय क्षितिजों के पार दृष्टि दौड़ाएँ। पारस्परिक सहकारिता की प्रवृत्ति को बल देकर ही मानव समाज को प्रगति और समृद्धि का पूरा-पूरा लाभ हो सकता है।

इसलिए आइए, हम अपने-अपने सहयोग की इच्छाशक्ति में भाइयों के समान सहयोग की भावना फूँक दें। हमारी कल्पना है कि बराबरी और प्रभुतासंपन्न राष्ट्रों की बिरादरी अपनी राष्ट्रीय संपत्ति, आर्थिक, वैज्ञानिक तथा तकनीकी समस्याओं के सांस्कृतिक और ऐतिहासिक विरासत के आदान-प्रदान से एक-दूसरे को अधिक समृद्ध बना सकें।"

नारी सम्मान एवं समानता के विचार

महिलाओं के प्रति सम्मान एवं समानता के प्रति श्री अटल बिहारी वाजपेयी का सकारात्मक दृष्टिकोण देखने को मिलता है। उन्होंने 'अंतरराष्ट्रीय महिला वर्ष'

पर अपने विचार कुछ इस प्रकार व्यक्त किए हैं—

"इस देश में प्राचीनकाल में महिलाओं का स्थान बहुत ऊँचा था। फिर वर्तमान परिस्थिति कैसे पैदा हुई? आज नारी के लिए कदम-कदम पर बाधाएँ हैं, रुकावटें हैं, रीतियाँ, चलन और व्यवहार हैं। लड़की शिक्षा से वंचित है। महिलाएँ बड़ी तादात में मेहनत करती हैं, परिश्रम करती हैं—खेत में, खलिहान में, कारखाने में, दफ्तर में पुरुष के साथ बराबरी से खड़ी होकर अपने दायित्व का निर्वाह करती है। लेकिन फिर भी वे भेदभाव की शिकार हैं। संविधान में समानता का सिद्धांत किया गया है, लेकिन उसे व्यवहार में लाना बाकी है। जब हम आजादी की लड़ाई लड़ रहे थे तो महिलाओं के बीच जागृति आई। महिलाएँ घरों से निकलीं, उन्होंने स्वाधीनता संघर्ष में योगदान दिया। लेकिन सामाजिक क्षेत्र में जो परिवर्तन होने चाहिए थे, वे परिवर्तन या तो हुए नहीं हैं या बहुत धीमी गति से हुए। महिलाओं की जागृति के मामले में गैर-सरकारी संगठनों ने अनेक कार्य किए हैं।

"देश के अनेक क्षेत्रों में इसके अच्छे परिणाम भी आए हैं। लेकिन कुछ क्षेत्र ऐसे भी हैं, जो हिलने-डुलने का नाम नहीं ले रहे, वहाँ जागृति पैदा करने की जरूरत है। यह काम गैर-सरकारी संगठन कर सकते हैं, जो वे कर रहे हैं। उनकी महत्त्वपूर्ण भूमिका है। कहीं अन्याय हो, कहीं नारी ज्यादती का शिकार बनाई जाएँ, कहीं उत्पीड़न हो, शोषण हो तो सबको संगठित होकर खड़ा होना चाहिए, उसका विरोध करना चाहिए। ऐसे मामले देखने को मिलते हैं, जब शिकायत होने पर महिला पुलिस में जाती है तो पुलिस वाले बहला देते हैं कि किस झंझट में पड़ी हो, मामला रफा-दफा कर लो, जैसे नारी असहाय, बेसहारा व दया की पात्र हो। दयाभाव तो सब प्राणियों में चाहिए, मगर नारी को दया का पात्र बनाकर हम उसका उत्थान नहीं कर सकते। अपने अधिकारों की रक्षा के लिए सजग, संघर्ष के लिए उद्यत। लेकिन जरूरी है कि उस संघर्ष के लिए पुरुष भी साथ रहें। ऐसे पुरुषों की कमी नहीं है। उनकी संख्या बढ़ रही है और बढ़नी चाहिए। कुछ कदम उठाए गए हैं, लेकिन जैसा मैंने कहा, वे पर्याप्त नहीं है।"

आरक्षण की आवश्यकता

संविधान में संशोधन करके स्थानीय संस्थाओं में महिलाओं को साढ़े तैंतीस फीसदी प्रतिनिधित्व दिया गया है। अब जब संसद् में आरक्षण की बात उठती है तो कहानियाँ सुनाई जाती हैं कि एक गाँव में पंचायत है, उसमें सरपंच का स्थान

महिला के लिए सुरक्षित है, उनके पतिदेव पीछे से बैठकर कमान चलाते हैं। इसलिए आरक्षण की कोई जरूरत नहीं है। आरक्षण से कोई लाभ नहीं होगा। उनसे जब पूछा जाए कि ऐसे कितने मामले हैं तो चुप्पी साध लेते हैं। एकाध कोई मामला उनके ध्यान में आया होगा, उसी को तलवार की ढाल बनाकर वे पुरुषों के प्रभुत्व की लड़ाई जीतना चाहते हैं। इसमें सफलता तो नहीं मिलेगी। लोकतंत्र सीखने की एक पद्धति है। लोकतंत्र अपने आप में एक शिक्षा है, जिसको घर से बाहर नहीं निकलने दिया गया। निकली तो लंबा निकालकर निकली, शिक्षा के अवसर से वंचित रही। वह अगर आज कानून के कारण किसी पद पर आ गई है तो उसका दायित्व निभाने में सफल होने के लिए थोड़ा समय लगेगा।

संसद् और विधानमंडलों में लाने के लिए, अपना काम ठीक तरह से निभाने के लिए प्रचुर संख्या में महिलाएँ हमारे देश में हैं। अगर आरक्षण का विधेयक पारिता होता है तो फिर योग्य महिलाओं की कमी नहीं होगी। कभी-कभी पुरुष इस विचार मात्र से कंपायमान हो जाते हैं कि इतनी महिलाएँ आ गईं तो क्या होगा ? ऐसा सोचने की आवश्यकता नहीं है। जागरण का काम चलना चाहिए। पुरुष फिर से विचार करें, जो विरोधी हैं, वे अपनी स्थिति पर पुनर्विचार करें। इसका प्रयास होना चाहिए। मतदाता के रूप में नारी समाज संगठित होना चाहिए। अपनी शक्ति दिखाने के लिए उन्हें तैयार होना चाहिए।

भ्रष्टाचार संबंधी दृष्टिकोण

आज देश में भ्रष्टाचार का बोलबाला है। जीवन के हर क्षेत्र में लोग सुविधाभोगी हो गए हैं। उस सुविधा के लिए लोग भ्रष्टाचार का सहारा लेते हैं। श्री अटल बिहारी वाजपेयी का इस विषय पर बड़ा ही स्पष्ट व स्वतंत्र दृष्टिकोण है—

अगर भ्रष्टाचार को मिटाना है तो ऊँचे क्षेत्रों में शुद्धाचरण आदर्श रखा जाना चाहिए। भगवान् श्रीकृष्ण ने गीता में कहा है, जैसा बड़े लोग आचरण करते हैं, बाकी लोग भी वैसा ही अनुसरण करते हैं। जिनके विरुद्ध भ्रष्टाचार के आरोप हैं, उनकी खुली जाँच की जाए और जाँच के दौरान वे अपने पद से इस्तीफा दें। अगर भ्रष्टाचार का मतलब यह है कि छोटी-छोटी मछलियों को फाँसाया जाए और बड़े-बड़े मगरमच्छ जाल में से निकल जाएँ तो जनता में विश्वास पैदा नहीं हो सकता। भ्रष्टाचार के निराकरण का प्रश्न किसी पार्टी का प्रश्न नहीं है। उसके सहयोग से देश में ऐसा वातावरण बनाया जा सकता है, जिससे हमारा सार्वजनिक जीवन और

शासन शुद्ध एवं भ्रष्टाचार से रहित हो। इसकी शुरुआत केंद्र से होनी चाहिए। हम अगर देश में राजनीतिक और सामाजिक अनुशासन पैदा करना चाहते हैं तो उसके लिए भ्रष्टाचार का निराकरण आवश्यक है।

भ्रष्टाचार ऐसा रोग नहीं है, जिसका शमन न किया जा सके। लेकिन इस ओर ध्यान देने की आवश्यकता है। हमें बेदाग व निष्कलंक नेतृत्व चाहिए। आपको मालूम है, यह भ्रष्टाचार फैलते-फैलते नीचे किस हद तक चला गया है। बिहार प्रदेश में जानवरों का चारा खा लिया गया है। कालेधन से चुनाव नहीं लड़ा जाए, इसका प्रबंध किया जाना चाहिए। इसके लिए कठोर-से-कठोर कदम उठाए जाने चाहिए। हम इसमें साथ देने के लिए तैयार हैं।

सांप्रदायिकता देश की एकता में बाधक

सांप्रदायिकता हमारे देश की एकता में बाधक है। सांप्रदायिकता के खिलाफ जब तक युद्ध स्तर पर कार्य नहीं होगा, देश कमजोर होगा।

परिस्थितियों से आँखें नहीं मूँदी जा सकतीं। परिस्थिति यह है कि हमारे मुसलमान भाई अधिकाधिक संप्रदायवादी होते जा रहे हैं और हिंदू अधिकाधिक उग्रवादी। आवश्यकता इस बात की है कि हम इन दोनों खतरों को समझें और उनका निराकरण करने का प्रयास करें। जिन्होंने मुसलिम लीग के साथ गठबंधन कर लिया, वे हमारे ऊपर आक्षेप करने का दुस्साहस न करें। काँच के महल में बैठने वाले दूसरों पर पत्थर फेंकने की हिमाकत न करें। इस सदन में तो क्या, देश भर में ऐसा कोई नहीं होगा, जो शिवाजी के प्रति आदर न रखता हो। लेकिन उनके नाम का इस्तेमाल सांप्रदायिकता भड़काने के लिए करना किसी भी तरह शिवाजी के प्रति न्यायसंगत नहीं कहा जा सकता।

सांप्रदायिकता, चाहे वह हिंदुओं की हो, मुसलमानों की हो या फिर सिखों की, दुःखद है। चुनाव के संबंध में मसजिद से फतवे दिए जाएँ, गुरुद्वारे से एक पृथक् राज्य के निर्माण का राजनीतिक और सांप्रदायिक आंदोलन चलाया जाए, गिरजाघरों को भारत की एकता को खंडित करने का केंद्र बनाया जाए और फिर उसकी प्रतिक्रिया के फलस्वरूप लोग मंदिरों में भी राजनीतिक गतिविधियाँ लेकर जाने का प्रयत्न करें, इसका समर्थन नहीं किया जा सकता।

क्या एक संप्रदाय की पृथकता की भावना को बढ़ावा देकर देश में राष्ट्रीय एकीकरण किया जा सकता है ? मगर उस संप्रदाय के वोट चाहिए, कांग्रेस को ही

नहीं अन्य पार्टियों को भी। इसलिए उस संप्रदाय की सांप्रदायिकता को छिपाया जाता है। अब चिकनी-चुपड़ी बातें करने का वक्त नहीं है, परिस्थिति गंभीर है, देश की एकता दाँव पर लगी है। सांप्रदायिकता के ज्वार में राष्ट्र की नौका डगमगा रही है। पानी हमारे सिर तक पहुँच गया है।

जिन दो सिद्धांतों के अंतर्गत देश का विभाजन हुआ था, क्या हमने स्वतंत्रता के बाद उस स्थिति की समाप्ति के लिए कुछ रचनात्मक कदम उठाए हैं? अगर हम सांप्रदायिकता को मापने के लिए दो मापदंड बनाएँगे तो सांप्रदायिकता का निराकरण नहीं हो सकेगा।

यह रिलीजियस माइनॉरिटी की परिकल्पना और वह भी राजनीति में, मेरी समझ में नहीं आती। अगर हम इसे बनाए रखना चाहते हैं तो हम राष्ट्रीय एकता की बातें कितनी भी करें, दरअसल राष्ट्रीय एकता पैदा नहीं होने देना चाहते। आज सांप्रदायिकता के साथ देश के भीतर जातीयता का जहर जिस तरह से फैलाया जा रहा है, वह क्या सांप्रदायिकता से कम घातक है?

जनता का राज जनता की भाषा में चलना चाहिए

'भाषा' के संबंध में श्री अटल बिहारी वाजपेयी के स्पष्ट एवं उदारवादी विचार हैं। वे भारत की समस्त भाषाओं के प्रति आदर का भाव रखते हैं। वे हिंदी को राष्ट्रभाषा मानते हैं तथा अन्य भाषाओं के प्रति भी उनके विचार सकारात्मक हैं।

मुगलों और अंगेजों के शासनकाल में जब हिंदी सिंहासन से कोसों दूर थी, तब भी वह पनपी, फूली-फली और राष्ट्रीय एकता का सबल माध्यम सिद्ध हुई। जब विदेशी शासन में हिंदी पनपी तो अपना कहलाने वाले राज्यों में यह अपेक्षित और तिरस्कृत रही। वह केवल हिंदी वालों के लिए ही नहीं, वरन् स्वतंत्र लोकतंत्रवादियों के लिए भी गंभीर चुनौती है। सिंध की भाषा सिंधी होनी चाहिए। जनता का राज जनता की भाषा में चलना चाहिए। राष्ट्र में तभी सच्ची एकता पैदा होगी, जब भारतीय भाषाएँ अपना स्थान ग्रहण करेंगी। सभी प्रांतीय भाषाएँ राष्ट्रीय भाषाएँ हैं, इस संबंध में कोई भी मतभेद नहीं होना चाहिए। भारत की सारी भाषाएँ हमारी अपनी हैं। उनमें हमारी आत्मा का प्रतिबिंब है और वे हमारी आत्माभिव्यक्ति का साधन हैं। उनमें कोई छोटी-बड़ी नहीं है।

मैं एक क्षण के लिए भी यह मानने को तैयार नहीं हूँ कि हिंदी एक समृद्ध भाषा नहीं है। अंगेजी सम्राज्ञी बन बैठी है और हिंदी को चिरदासी का पद प्राप्त हो

गया दिखता है। हिंदी की कितनी दयनीय स्थिति है, यह उस दिन भलीभाँति पता लग गया, जब भारत-पाक समझौते की हिंदी प्रति न तो संसद् सदस्यों को और न हिंदी पत्रकारों को उपलब्ध कराई गई। हिंदी वालों को चाहिए कि हिंदी प्रदेशों में अपनी भाषा पूरी तरह जीवन के सभी क्षेत्रों में प्रतिष्ठित करें।

हम नहीं चाहते कि हिंदी किसी केंद्रीय भाषा की जगह ले। अंग्रेजी तब तक चलेगी जब तक तमिल का विकास नहीं होगा, बँगला समृद्ध नहीं होगी। अंग्रेजी केवल हिंदी की दुश्मन नहीं है, बल्कि हर एक भारतीय भाषा के विकास तथा हमारी संस्कृति की उन्नति के मार्ग में रोड़ा है।

भारतीय भाषाओं को आगे लाने का निर्णय एक क्रांतिकारी निर्णय है। लेकिन अगर उससे देश की एकता खतरे में पड़ती है तो अहिंदी क्षेत्र वाले अंग्रेजी चलाएँ, मगर हम पटना में, जयपुर में, लखनऊ में, अंग्रेजी नहीं चलने देंगे। राष्ट्र में सच्ची एकता तब पैदा होगी, जब भारतीय भाषाएँ अपना स्थान ग्रहण करेंगी।

भारतीय लोकतंत्र : हमारी मूल धारणा

श्री अटल बिहारी वाजपेयी भारतीय लोकतंत्र के प्रति बड़े आस्थावान हैं। उन्होंने इस दृष्टि से भारतीय संविधान को सर्वोपरि माना है।

यह लोकतंत्र का युग है। आज सारे संसार में एक लहर आई है। भारत संसार का सबसे बड़ा लोकतंत्र है। दुनिया हमारी तरफ देख रही है। इस परीक्षा की घड़ी में विफल होने की गलती हम नहीं कर सकते। जब तक नागरिकों में लोकतंत्र के मूल्यों का बोध उत्पन्न न होगा, तब तक लोकतंत्र सफल नहीं हो सकता। हमने लोकतंत्र का शिखर तो खड़ा कर दिया है, किंतु उसके खंभे मजबूत नहीं बनाए। नए-नए आजाद हुए देश, भारत के लोकतंत्र को अनुकरणीय समझते हैं।

चालीस साल से ऊपर का मेरा संसद् का अनुभव कभी-कभी मुझे बहुत पीड़ित कर देता है। हम किधर जा रहे हैं? मूल अधिकार हमारे लोकतांत्रिक जीवन के आधार हैं। भारत में संविधान सर्वोपरि है, न कि संसद्। राज्य को व्यक्तिगत संपत्ति जब चाहे जब्त कर लेने का अधिकार देना एक खतरनाक बात होगी।

भारत के लोग जिस संविधान को आत्मार्पित कर चुके हैं, उसे विकृत करने का अधिकार किसी को नहीं दिया जा सकता। संविधान और कानून सबका अपना महत्त्व है, लेकिन अगर लोकतंत्र एक ढाँचामात्र बनकर रह जाए, एक कर्मकांड में बदल जाए, उसकी प्राणशक्ति घटती जाए तो वहाँ कठिनाई पैदा हो जाती है। उस

प्राणशक्ति को घटने न देना हम सबकी जिम्मेदारी है।

लोकतंत्र बड़ा नाजुक पौधा है। इसे धीरे-धीरे विकसित करना होगा। केंद्र को सबके साथ लेकर चलने की भावना से आगे बढ़ना होगा। अगर किसी को दल बदलना है तो उसे जनता की नजर के सामने दल बदलना चाहिए। उसमें जनता का सामना करने का साहस होना चाहिए। हमारे लोकतंत्र को तभी शक्ति मिलेगी, जब हम दल बदलने वालों को जनता का सामना करने का साहस जुटाने की सलाह देंगे। लोगों को देखना होगा कि उनके द्वारा चुने हुए प्रतिनिधि ठीक काम करते हैं या नहीं। चुने जाते हैं सेवा के लिए और काम की बजाय दाम इकट्ठा करते हैं, तो क्या जनता मूकदर्शक बनी रहे ?

लोकतंत्र केवल पाँच साल में एक बार वोट देने के अधिकार का नाम नहीं है। निर्वाचित प्रतिनिधि की जनता के प्रति जिम्मेदारी होनी चाहिए, जिम्मेदारी देखी जानी चाहिए। लोकतंत्र एक नैतिक व्यवस्था है, उसके मूल में एक नैतिक अवधारणा है।

उत्कृष्ट राष्ट्रीयता की भावना

राष्ट्र के प्रति श्री अटल बिहारी वाजपेयी की उत्कृष्ट भावना है। समय-समय पर उनके द्वारा राष्ट्रीयता के बारे में अनुपम विचार व्यक्त किए गए हैं।

क्षेत्र, प्रदेश, जाति, पंथ, भाषा-भूषा आदि के आधार पर आम भारतीय जन की पृथकता की कल्पना भ्रामक है। उनके आधार पर भारत में अनेक राष्ट्रों अथवा राष्ट्रीयताओं के अस्तित्व का विचार भी मूलत: अशुद्ध है। हम एक राज्य में रहने के कारण एक नहीं है, अपितु हम एक हैं, इसलिए भारत एक राष्ट्र है। मैं चाहता हूँ भारत एक महान् एवं शक्तिशाली राष्ट्र बने, संसार के राष्ट्रों में प्रथम पंक्ति में आए। हम अभी तक एक राष्ट्र नहीं बने, यह अच्छी बात नहीं है।

मजहब के आधार पर पाकिस्तान बना, वह बँट गया। हमने मजहब को अपना आधार नहीं बनाया। हमने कहा कि हमारा देश सेक्युलर होगा। यह सभी धर्मों के मानने वालों के लिए होगा। फिर भी भारत बँटने के कगार पर आ गया। देश एक रहेगा तो किसी एक पार्टी, किसी एक व्यक्ति, किसी एक परिवार की वजह से एक नहीं रहेगा, देश एक रहेगा देश की जनता की देशभक्ति की वजह से।

राजनीति की दृष्टि से हमारे बीच कोई भी मतभेद हो, जहाँ तक राष्ट्रीय सुरक्षा और स्वतंत्रता के संरक्षण का प्रश्न है, सारा भारत एक है और किसी भी संकट का सामना हम सब पूर्ण शक्ति के साथ करेंगे। कश्मीर से कन्याकुमारी तक भारत

एक है। इसकी सेना हमारी राष्ट्रीय सेना है और यह संपूर्ण देश का संरक्षण करेगी।

यह संघर्ष जितने बलिदानों की माँग करेगा, वे बलिदान दिए जाएँगे; जितने अनुशासन का तकाजा होगा, यह देश उतने अनुशासन का परिचय देगा। देश की सुरक्षा और आक्रमणों का मुँहतोड़ उत्तर देने के लिए यह सदन पूरा समर्थन देगा और सारा देश एक व्यक्ति के रूप में इस चुनौती का उत्तर देने में कामयाब होगा।

यह प्राचीन देश है। इसकी एक जीवनधारा है। वह एक संप्रदाय से जुड़ी हुई नहीं है। वह जीवनधारा सहस्रों वर्षों से चली आ रही है। उसके निर्माण में सबने योगदान दिया है। शहीदों का रक्त अभी गीला है और चिता की राख में चिनगारियाँ बाकी हैं। उजड़े हुए सुहाग और जंजीरों में जकड़ी हुई जवानियाँ उन अत्याचारों की गवाह हैं। देश एक मंदिर है, हम उसके पुजारी हैं। राष्ट्रदेव की पूजा में हमें अपने को समर्पित कर देना चाहिए। हमारे राष्ट्र के चैतन्य में तीर्थस्थल स्थायी रूप से विराजमान हैं।

हमारा भारत महान् है

भारत की महानता के बारे में वाजपेयीजी ने विभिन्न स्थानों में जो अपने विचार व्यक्त किए हैं, उनसे उनकी देशभक्ति की भावना का हमारे रक्त में पुनः संचार होता है।

भारत के प्रति अनन्य निष्ठा रखनेवाले सभी भारतीय एक हैं, चाहे उनका मजहब, भाषा तथा प्रदेश कोई भी क्यों न हो। हमें भारत को एक आधुनिक राष्ट्र बनाना है। वेदकाल से लेकर आज तक जो जीवन की धारा अखंड और अविच्छिन्न रही है, हमें उसे अधिक वेगवान और प्रचंड बनाना होगा। भारत सभी देशों से मैत्री चाहता है, लेकिन किसी पर प्रभुत्व नहीं चाहता।

भारत चाहता है कि तनाव-शैथिल्य केवल यूरोप तक न सीमित रहे, बल्कि विश्वव्यापी हो और उसका लाभ विश्व के सब देशों और लोगों को मिले। भारत प्रलय का पुजारी नहीं, निर्माण का अग्रदूत है। भारत की जनता हमारी आराध्य है। पौरुष, पराक्रम, वीरता हमारे रक्त के रंग में मिली है। यह हमारी महान् परंपरा का अंग है। यह संस्कारों द्वारा हमारे जीवन में ढाली जाती है। जब हम रामायण और महाभारत की कहानियाँ सुनते हैं तो वीरता धीरे-धीरे हमारे जीवन में प्रवेश करती जाती है। सभी भारतीयों की राष्ट्रीयता एक है।

यदि भारत को बहुराष्ट्रीय राज्य के रूप में वर्णित करने की प्रवृत्ति को समय

रहते नियंत्रित नहीं किया गया तो भारत के अनेक टुकड़ों में बँट जाने का खतरा पैदा हो जाएगा। समूचा भारत हमारी निष्ठा का केंद्र और हमारा कार्यक्षेत्र है। इस देश में कभी मजहब के आधार पर, मत-भिन्नता के आधार पर उत्पीड़न की बात नहीं उठी, न उठेगी, न उठनी चाहिए। भारत की प्रकृति, प्रतिभा तथा परिस्थिति को ध्यान में रखकर संविधान का निर्माण नहीं किया गया।

राजनीति में नैतिक पतन

श्री अटल बिहारी वाजपेयी ने भारतीय राजनीति के नैतिक पतन पर चिंता व्यक्त करते हुए विभिन्न स्थलों पर अपने विचार निम्न प्रकार व्यक्त किए—

आज राजनीति विवेक नहीं, वाक्चातुर्य चाहती है, संयम नहीं, श्रेय नहीं, प्रेय के पीछे पागल है। मतभेद का समादर करना तो अलग रहा, उसमें सहन करने की वृत्ति भी विलुप्त हो रही है। आदर्शवाद का स्थान अवसरवाद ले रहा है। सत्ता का संघर्ष प्रतिपक्षियों से ही नहीं, स्वयं अपने दल वालों से हो रहा है। पद और प्रतिष्ठा को कायम रखने के लिए जोड़-तोड़, साँठ-गाँठ और ठकुरसुहाती आवश्यक है। निर्भीकता और स्पष्टवादिता खतरे से खाली नहीं है, आत्मा को कुचलकर ही आगे बढ़ा जा सकता है। जाति, उपजाति और संप्रदाय के वोट बैंक के आधार पर लड़े जानेवाले चुनाव राजनीतिक दलों को बेमानी और चुनाव घोषणा-पत्रों को व्यर्थ की लफ्फाजी का रूप दे रहे हैं।

इतना सबकुछ होते हुए भी राजनीति छूटती नहीं है। एक चस्का-सा लग गया है। प्रतिदिन प्रातः समाचार-पत्रों में अपना नाम पढ़कर जो नशा चढ़ता है, वह उतरने का नाम ही नहीं लेता।

राजनीतिक दलों को लोकतांत्रिक ढंग से चलना अनिवार्य हो। नियमित रूप से सदस्यता, आंतरिक चुनाव, कोष-संग्रह आदि का हिसाब-किताब रखा जाए। मृत व्यक्ति वापस नहीं आ सकता, विधवा की सूनी माँग को सुहाग के सिंदूर से मंडित नहीं किया जा सकता, अनाथ बच्चों को पिता नहीं मिल सकता, लेकिन भविष्य में राजनीतिक द्वेष के आधार पर चुनाव में अपनी विजय सुरक्षित करने के लिए किसी के प्राणों का प्रदीप नहीं बुझाया जाएगा, यह देश में गारंटी होनी चाहिए।

दिल्ली के दंगों में जिनके हाथ खून से रँगे हैं, वे पंजाब की समस्या का सफलतापूर्वक समाधान कर सकेंगे, इसमें मुझे संदेह है। दिल्ली में दंगों के लिए किसी को तो दोष लेना पड़ेगा, किसी को सजा भुगतनी पड़ेगी। बिना हमको सफाई

का मौका दिए फाँसी पर चढ़ाने की कोशिश मत कीजिए, क्योंकि हम मरते-मरते भी लड़ेंगे और लड़ते-लड़ते भी मरने को तैयार है। पंजाब जल रहा है, कश्मीर पर शत्रु के दाँत लगे हुए हैं, असम में स्थिति बिगड़ रही है, महँगाई से लोग दुःखी है।

चुनाव-व्यय में निरंतर होनेवाली वृद्धि लोकतंत्र के लिए घातक है। यदि राजनीति को लक्ष्मी की चेरी बनाने से रोकना है तो चुनाव-कानून में भारी परिवर्तन करने होंगे।

जहाँ-जहाँ हमें सत्ता द्वारा सेवा का अवसर मिला है, हमने ईमानदारी, निष्पक्षता तथा सिद्धांतप्रियता का परिचय दिया है। पराधीनता के अंधकारपूर्ण काल में भी भारत कतिपय आभारभूत सिद्धांतों पर दृढ था। ये सिद्धांत थे औपनिवेशिक दमन का तीव्र विरोध और रंगभेद के प्रत्येक रूप तथा मानव-अधिकारों के हनन की पूर्ण अस्वीकृति।

वर्तमान राजनीति अंतर्विरोधों से भरी है। वह हमारा साधन बन सकती है, पर साध्य कदापि नहीं। वोटों के लिए समाज को अल्पसंख्यक और बहुसंख्यक में न बाँटा जाए। सभी भारत के नागरिक हैं, सभी इस धरती का अन्न-जल ग्रहण करते हैं। सब इसकी संतान हैं।

इस क्रूर संसार में यदि स्वाधीनता की, अखंडता की रक्षा करनी है तो शक्ति और शस्त्रों के बल पर ही होगी, हवाई सिद्धांतों के जरिए नहीं। राजनीति सर्वांग जीवन नहीं है। उसका एक पहलू है। यही शिक्षा हमने पाई है, यही संस्कार हमने पाए हैं। कभी-कभी मुझे लगता है कि यदि विदेशी सहायता पूरी तरह बंद हो जाए, यह हमारे लिए अच्छा ही होगा। हमें एक भारी झटका तो लगेगा, परंतु सारी निष्क्रियता और शिथिलता छोड़कर हम कार्यरत हो जाएँगे और जो आज असंभव दिखाई देता है, उसे संभव करके दिखाएँगे।

राजनीति काजल की कोठरी है। जो इसमें जाता है, काला होकर ही निकलता है। ऐसी राजनीतिक व्यवस्था में ईमानदार होकर भी सक्रिय रहना, बेदाग छवि बनाए रखना क्या कठिन नहीं हो गया है? राजनीति में अच्छे लोगों के आए बिना न तो समाज बदला जा सकता है, न ही व्यवस्था बदली जा सकती है।

जम्मू-कश्मीर भारत का अभिन्न अंग

कश्मीर समस्या पर श्री अटल बिहारी वाजपेयी के विचार स्पष्ट एवं राष्ट्र-प्रेम से ओत-प्रोत हैं—

जम्मू-कश्मीर के निवासियों को यह समझने की आवश्यकता है कि एक ओर भारतीय गणराज्य है, जहाँ बोलने, लिखने और संगठन की आजादी है, जहाँ शांतिपूर्ण तरीके से शासन बदला जा सकता है, जहाँ इस महान् राष्ट्र के निर्माण में सहभागी बनने का आनंद और अभिमान अनुभव किया जा सकता है और दूसरी ओर पाकिस्तान है, वहाँ बुनियादी लोकतंत्र के नाम पर जनता की स्वाधीनता का गला घोंट दिया गया है, वहाँ विरोधी दल के नेताओं की जगह संसद् में नहीं, जेल में है।

कश्मीर की समस्या पाकिस्तानी आक्रमण से पैदा है। कश्मीर में पाकिस्तान की कोई भी वैधानिक भूमिका नहीं है। पाकिस्तान कश्मीर को खाली करके चला जाए। ऐसा लगता है कि जम्मू-कश्मीर के संबंध में भारत सरकार किंकर्तव्यविमूढ़ हो गई है।

पृथक् संविधान तथा अनुच्छेद 370 के कारण जम्मू और कश्मीर की जनता तथा शेष भारत की जनता के बीच जो मनोवैज्ञानिक दीवार खड़ी हो गई है, उसको ढहाना जरूरी है। इस प्रश्न पर प्रायः सभी एकमत हैं कि जम्मू-कश्मीर भारत का अभिन्न अंग है और दुनिया की कोई भी शक्ति उसे हमसे दूर नहीं ले जा सकती। जम्मू और कश्मीर हमारे लिए जमीन का एक टुकड़ा नहीं बल्कि कुछ आदर्शों, कुछ सिद्धांतों का प्रतीक है।

पहले कश्मीर या पहले मित्रता—यह सवाल है? इस संबंध में इस बात का ध्यान रखें कि कश्मीर रोग नहीं है, रोग का लक्षण मात्र है। कश्मीर बीमारी नहीं, बीमारी का प्रकटीकरण मात्र है। बीमारी तो यह है कि क्या पाकिस्तान के शासक भारत के साथ मित्रता से रहना चाहते हैं?

सुप्रीम कोर्ट को पूरे अधिकार नहीं हैं कि वह वहाँ के नागरिकों की अपीलों को सुन सके। ये बातें हैं, जो शेष भारत और कश्मीर की जनता में भेद पैदा करती हैं, जो द्वैत की भावना जगाती हैं। आवश्यकता इस बात की है कि हम अद्वैत को स्थान दें।

जम्मू-कश्मीर भारत का अभिन्न अंग बन चुका है और मैं नहीं समझता कि इस संबंध में कोई भी परिवर्तन होनेवाला है। लोग आएँगे, चले जाएँगे, सरकारें बनेंगी-बिगड़ेंगी, मगर जम्मू-कश्मीर भारत के अभिन्न अंग के रूप में, भारतमाता के सिर पर मुकुट के रूप में सुशोभित रहेगा।

कानून से, वैधानिक दृष्टि से हमने रक्त बहाकर जम्मू-कश्मीर को रखा है। जनता की मोहर पर, जनता के निर्णय पर, हमारे जवानों ने अपने रक्त की भेंट

चढ़ाई है। अब जम्मू-कश्मीर भारत से बाहर नहीं जा सकता। भारत की सुरक्षा की अवधारणा सैनिक शक्ति नहीं है। भारत अनुभव करता है कि सुरक्षा आंतरिक शक्ति से आती है।

जब देश पर संकट आया था, उस समय सबने व्यक्तिगत झगड़े समाप्त कर दिए थे। सारा देश एक व्यक्ति के समान उठ खड़ा हुआ था। वास्तव में हमारे देश की लाठी कमजोर नहीं है, वरन् वह जिन हाथों में है, वे काँप रहे हैं। मैं मुक्तिवाहिनी का अभिनंदन करता हूँ, जो भारी कठिनाइयों के बावजूद पाक सेना के हाथों रही है। मेरी माँग है कि भारत सरकार बांग्लादेश को तुरंत मान्यता दे। कैसी भी उत्तेजना हो, सांप्रदायिक शांति और सद्भावना कायम रहनी चाहिए।

मैं हिंदू परंपरा में गर्व महसूस करता हूँ; लेकिन मुझे भारतीय परंपरा में और ज्यादा गर्व है। दुर्भाग्य से आज राजनीति में आदर्शवाद के लिए स्थान ही नहीं बचा है। उसने सत्ता के घिनौने संघर्ष का रूप ले लिया है। कम्युनिस्ट तो कहते हैं कि हम वर्गविहीन समाज बनाएँगे। मगर रूस में कब्रिस्तान में भी नंबर लगा होता है। वहाँ मरने पर भी आदमी एक समान नहीं है।

हम समाजवाद को एक मत के रूप में नहीं मानते, क्योंकि वह नितांत भौतिकवादी मूल्यों पर आधारित एक अपूर्ण तथा असंतुलित जीवन-दर्शन है। इस सदन में एक-एक व्यक्ति की पार्टियाँ हैं और हमारे खिलाफ जमघट करके हमें हटाने का प्रयास कर रहे हैं। उन्हें प्रयास करने का पूरा अधिकार है।

अगर हम देशभक्त न होते, अगर हम निस्स्वार्थ भाव से राजनीति में अपना स्थान बनाने का प्रयास न करते और इन प्रयासों के साथ 50 साल की साधना न होती तो हम यहाँ तक नहीं पहुँचते।

विदेशी नीति राष्ट्रीय हित में आवश्यक

देश में विदेश नीति पर हमेशा आम सहमति रही है, रहनी भी चाहिए। राष्ट्र के हितों का संरक्षण और संवर्धन, यह विदेश नीति का लक्ष्य होता है।

जब हम स्वतंत्र हुए तब हमारे पास कोई बहुत बड़ी दौलत नहीं थी, हमारे पास बहुत बड़ी सेना भी नहीं थी। बस एक नैतिक बल था। एक विदेश नीति की कल्पना थी। न्याय, समता और स्वतंत्रता पर आधारित एक नए विश्व के निर्माण का सपना था और उसके अनुरूप एक नीति। उस नीति के बल पर भारत आगे बढ़ा और भारत का सम्मान बढ़ा।

हमने चीन से लड़ाई नहीं माँगी थी। युद्ध हमारे ऊपर थोपा गया। चीन की मित्रता चाहता है, इसका कोई प्रमाण नहीं है। हम भारत की भूमि चीन को समर्पित करने के लिए तैयार नहीं हैं। ऑक्सीजन देकर जो चीन से समझौता करना चाहते हैं, वे चीन के इरादों को नहीं समझते। भारत सरकार को चीन के सामने झुकने नहीं दिया जाएगा। नई दिल्ली की सरकार दृढतापूर्वक विदेश नीति का निर्धारण करे और उतनी ही दृढता के साथ उसको अमल में लाए। हमारे प्रधानमंत्री कुछ डरते हुए, कुछ झिझकते हुए, कुछ टटोलते हुए आगे बढ़ते हैं, यह ठीक नहीं है।

कौन हमारे साथ है ? कौन हमारा शत्रु ? इस विदेश नीति ने हमको मित्रविहीन बना दिया है। यह विदेश नीति राष्ट्रीय हितों का संरक्षण करने में विफल रही है। इस विदेश नीति पर पुनर्विचार होना चाहिए। कल्पना के लोक से उतरकर हम अपनी विदेश नीति का निर्धारण करें।

हमारे राजदूतों को अपनी संस्कृति, परंपरा और साहित्य का भी कुछ परिचय होना चाहिए। मैं सब राजदूतों के बारे में नहीं कह रहा हूँ, लेकिन विदेश मंत्रालय में इस तरह के एक प्रशिक्षण की प्रक्रिया प्रारंभ करने की आवश्यकता है कि भारतीय राजदूत सच्चे अर्थों में राष्ट्र के प्रतिनिधि होकर विदेश में खड़े रहें।

केवल सोवियत संघ पर निर्भर रहना एक अच्छी नीति नहीं है। सोवियत रूस हमारा मित्र है, लेकिन मित्रता का अर्थ यह नहीं हो सकता कि हम अपने सब ऑप्शंस बंद कर दें, सारे दरवाजे अपने लिये रोक दें और केवल रूस की दयादृष्टि पर निर्भर रहें। यह देश के हित में अच्छी नीति नहीं होगी। जो रूस समर्थक हमारे मित्र ऐसी सलाह देते हैं, वे रूस का हित भले ही करते हों, लेकिन भारत का हित-संवर्धन नहीं करते।

हम अपने घर में एक-दूसरे को प्रोग्रेसिव कह सकते हैं, रिएक्शनरी कह सकते हैं, लेकिन रूस को इजाजत नहीं दे सकते कि हमारे देश के घरेलू मामलों में दखल दे और किसी को प्रोग्रेसिव या रिएक्शनरी कहे।

नेपाल हमारा पड़ोसी देश है। दुनिया के कोई देश इतने निकट नहीं हो सकते, जितने भारत और नेपाल हैं। इतिहास ने, भूगोल ने, परंपरा ने, संस्कृति ने, धर्म ने, नदियों ने हमें आपस में बाँधा है।

साम्यवाद और पूँजीवाद, ये हैं तो एक-दूसरे के विरोधी, लेकिन एक ही तरह से आचरण करते हैं। दोनों छा जाना चाहते हैं, निगलना चाहते हैं, आत्मघात करना चाहते हैं। यह ठीक है कि साम्यवाद में सामाजिक न्याय का पक्ष है, उसी

प्रकार पूँजीवाद में लोकतंत्र का पक्ष है। भारत इन रोगों का समन्वय करके बढ़ना चाहता है।

उर्दू अपने देश की भाषा

हम यह भी नहीं मानते कि उर्दू केवल मुसलमानों की भाषा है। उर्दू पढ़ने-पढ़ाने की पूरी सुविधा दी जाए। उर्दू में कोई पुस्तक लिखे उसको प्रोत्साहन दिया जाए, उर्दू में अगर दरख्सास्तें आएँ तो जहाँ तक संभव हो, उनका जवाब भी उर्दू में देने की कोशिश की जानी चाहिए।

मुसलिम लीग के जो सदस्य केरल से चुनकर आए हैं, जो उर्दू बोल नहीं सकते हैं, वे उर्दू की वकालत कर रहे हैं और समझते हैं कि उर्दू मुसलमानों की भाषा है। यही बात जिन्ना ने भी कही थी कि हिंदू और मुसलमान अलग हैं। यह दृष्टिकोण गलत है। हम उर्दू को विदेशी भाषा नहीं मानते। उर्दू भारत में जन्मी, पली और फली-फूली है। उर्दू बड़ी जानदार भाषा है। बहादुरशाह जफर और गालिब की गजलें विश्व-साहित्य में बेजोड़ हैं।

अस्पृश्यता राष्ट्रीय जीवन का कलंक है

इस भ्रांति का निराकरण भी आवश्यक है कि अस्पृश्यता वर्णव्यवस्था की देन है। मनुष्य-मनुष्य के बीच भेदभाव का व्यवहार चल रहा है। इस समस्या को हल करने के लिए एक राष्ट्रीय अभियान की आवश्यकता है। हमें सभी वर्गों और सभी दलों के सहयोग से देश में एक ऐसा राष्ट्रीय अभियान शुरू करना होगा, जो अस्पृश्यता और भेदभाव के सामाजिक पहलू को समाप्त करने में प्रभावी ढंग से कारगर सिद्ध हो। अस्पृश्यता एक दंडनीय अपराध है। अगर आत्मा भी आ जाए और कहे कि छुआछूत मानो, तो मैं ऐसे परमात्मा को भी मानने को तैयार नहीं हूँ। किंतु परमात्मा ऐसा कह ही नहीं सकता।

मानव और मानव के बीच जो भेद की दीवारें खड़ी हैं, उनको ढहाना होगा, इसके लिए एक राष्ट्रीय अभियान की आवश्यकता है। अस्पृश्यता कानून के विरुद्ध ही नहीं, वरन् परमात्मा तथा मानवता के विरुद्ध भी एक गंभीर अपराध है। परिगणित जातियों और जन-जातियों को समाज के अभिन्न अंग के रूप में प्रतिष्ठित करने का कार्य एक कसौटी है।

प्रेस का स्वतंत्र अस्तित्व

प्रेस की स्वतंत्रता हमारे लोकतंत्र की अनमोल धरोहर है। कुछ अपवादों को छोड़कर भारतीय प्रेस ने पत्रकारिता के ऊँचे स्तर को कायम रखा है। सेंसर की पद्धति लागू करने जैसे कठोर कदम उठाने से पूर्व सरकार को प्रेस के प्रतिनिधियों के साथ विचार-विमर्श करना चाहिए।

मानवता जीवन के लिए वरदान

मेरा विश्वास है कि हमारी राष्ट्रीय और अंतरराष्ट्रीय राजनीति में निरंतर सर्वोच्च स्थान मनुष्य, उसके सुख एवं कल्याण तथा उसकी आभारभूत एकता को मिलना चाहिए। मेरा अभिप्राय किसी आकृतिविहीन मानव से नहीं है, जो अतीत काल में निरंकुशता को थोपने का बहाना रहा है, मेरा मतलब जीते-जागते मानव से है। उसकी संवेदनाएँ और अपेक्षाएँ, उसका सुख और दुःख हमारे प्रयत्नों का केंद्रबिंदु होना चाहिए।

हममें प्राचीनकाल से ही अखिल मानवता के कल्याण की उदार भावना रही है। पारस्परिक सहकारिता और त्याग की प्रवृत्ति को बल देकर ही मानव-समाज प्रगति और समृद्धि का पूरा-पूरा लाभ उठा सकता है।

तिब्बत की आजादी आवश्यक

तिब्बत से हजारों नौजवानों को चीन भेजा गया, नए मजहब की शिक्षा प्राप्त करने के लिए। लेकिन जब वे लौटकर आए तो चीनी नेताओं ने देखा कि उन पर असर नहीं हो रहा है, उनका तिब्बती रंग नहीं मिटाया जा सकता, उनकी पृथकता कायम रहती है; अपनी जीवनरक्षा करने का उनका उत्साह अमिट रहता है, तो उनके कान खड़े हुए और उन्होंने तिब्बत की जीवन-पद्धति को मिटाने का प्रयत्न किया। वर्तमान संघर्ष एक बड़े राष्ट्र द्वारा एक छोटे राष्ट्र को निगलने की इच्छा के कारण हुआ है।

हमने जब तिब्बत पर चीन की प्रभुसत्ता स्वीकार की तो बड़ी गलती की। वह बड़े दुर्भाग्य का दिन था। लेकिन गलती हो गई। परिणाम क्या हुआ ? चीन ने केवल समझौते को ही नहीं तोड़ा, बल्कि भारत के साथ जो समझौता हुआ था, उसका भी उल्लंघन किया। पंचशील की घोषणा कहाँ गई ?

हमारी पार्टी तिब्बत की स्वतंत्रता की हिमायती है। चीनी साम्राज्यवादी अपने

पशुबल के द्वारा तिब्बत की स्वतंत्रता की आवाज को आज दबा सकते हैं, मगर स्वतंत्रता की पिपासा को मिटाया नहीं जा सकता। दमन उस आंदोलन में आग में आँधी का काम करेगा और आज नहीं तो कल तिब्बत की जनता अपनी स्वतंत्रता को प्राप्त करके रहेगी। हम चीन से मित्रता चाहते हैं, मगर उस मित्रता का महल तिब्बत की आजादी की लाश पर नहीं खड़ा किया जा सकता।

कमीशन में रिटायर्ड जज हों

जो जज सरकार को पसंद है, वह कमीशन पर कमीशन पाता है और जो उतना पसंद नहीं है, वह वानप्रस्थ और संन्यास की ओर प्रयाण करता हुआ दिखाई पड़ता है। हाईकोर्ट और सुप्रीम कोर्ट के रिटायर्ड जजों का एक पैनल बनाना चाहिए और उस पैनल के हिसाब से कमीशन में उनकी नियुक्ति होनी चाहिए।

न्याय मंदिर में अगर ऐसा न्यायमूर्ति बैठा है, जो सरकार की सहायता करने के लिए है तो फिर जनसाधारण को न्याय नहीं मिलेगा। व्यक्तिगत स्वाधीनता की रक्षा नहीं होगी और मूलभूत अधिकारों का संरक्षण नहीं होगा। संविधान में लिखा जा सकता है कि वरिष्ठ न्यायाधीश ही मुख्य न्यायाधीश होगा।

संयुक्त परिवार प्रणाली भारत के लिए उपयोगी

संयुक्त परिवार प्रणाली सामाजिक सुरक्षा का सुंदर प्रबंध था, जिसने मार्क्स को भी मात कर दिया था। पारस्परिक सहकारिता और त्याग की प्रवृत्ति को बल देकर ही मानव-समाज प्रगति और समृद्धि का पूरा-पूरा लाभ उठा सकता है। दरिद्रता का सर्वथा उन्मूलन कर हमें प्रत्येक व्यक्ति से उसकी क्षमता के अनुसार कार्य लेना चाहिए और उसकी आवश्यकता के अनुसार उसे देना चाहिए।

भारतीय अर्थव्यवस्था त्रिदोष ग्रस्त

आर्थिक प्रश्नों का कोई हल जो लोकतंत्र के ढाँचे में ठीक नहीं बैठता, उसे सरकार को नहीं अपनाना चाहिए।

नारे कितने भी आकर्षक हों, सुविचारित नीतियों का स्थान नहीं ले सकते। विदेशी पूँजी का उपयोग हमें भारी इंजीनियरिंग, सामान, खाद, स्टील, आणविक विकास आदि क्षेत्रों में करना चाहिए। आर्थिक विकास की शिक्षा तथा व्यूह-रचना ऐसी होनी चाहिए, जिससे पूर्ण रोजगार के लक्ष्य को शीघ्रातिशीघ्र पूरा किया जा

सके। हमारी अर्थव्यवस्था त्रिदोषों से ग्रस्त है। ये हैं—मुद्रास्फीति, काला धन और भ्रष्टाचार। काला धन हमारी अर्थव्यवस्था को खोखला कर रहा है।

आतंकवाद जन-जीवन का अंधकार

आतंकवादियों के खिलाफ एक जबरदस्त अभियान होना चाहिए। सारी शक्ति लगाकर अभियान किया जाए; आवश्यकता हो तो फौज की भी मदद ली जाए। आतंकवाद से देश का सारा जन-जीवन अंधकार में पड़ा है। इसे जड़ से समाप्त करने के लिए सरकार में इच्छा-शक्ति होनी चाहिए अन्यथा रोज बेगुनाह मारे जाएँगे।

दहेजप्रथा : एक अभिशाप

कोई भी विवेकशील व्यक्ति दहेज का समर्थन नहीं कर सकता। दहेज-प्रथा हमारे लिए एक अभिशाप बन गई है। भारतीय समाज में नारी की कितनी दीन दशा है, यह इसका एक सूचक है। पुरुष कितनी स्वार्थबुद्धि से प्रेरित होकर काम करता है, इसका यह द्योतक है। खुशी से कोई भी दहेज देना नहीं चाहता। समाज में एक क्रांति की भावना उत्पन्न करने की आवश्यकता है। पहले हम समाज में जागृति उत्पन्न करें, फिर कानून से उस पर मुहर लगवाएँ।

सेक्युलरवाद : जीवनशैली का एक अंग

जब संविधान का निर्माण हुआ था, उसमें सेक्युलर शब्द नहीं था। यह शब्द तो आपातकाल के दौरान संविधान में जोड़ा गया। तभी से मुसलिम तुष्टीकरण को सेक्युलरवाद के रूप में प्रवेश कराने की कोशिश होती रही है। यह वोट बैंक की राजनीति है, जिसने देश का बड़ा अहित किया है। आज सेक्युलरिज्म का मतलब हो गया है—हिंदू-विरोध। सेक्युलरवाद के नाम पर पृथकतावादी मनोवृत्तियों को बढ़ावा देने की नीति राष्ट्रीय एकात्मकता के लिए घातक सिद्ध होगी। सेक्युलर का अर्थ इतना ही है कि राज्य की अपनी कोई उपासना पद्धति नहीं होगी और वह सभी उपासना पद्धतियों, मतों और पंथों के प्रति समान भाव रखेगा।

भारतीय जनता पार्टी ज्यादा मौकों पर यह स्पष्ट कर चुकी है कि हम संविधान से, संविधान की सेक्युलर निष्ठा से हृदय से बँधे हुए हैं। राज्य को सेक्युलर होना चाहिए। भारत में राज्य हमेशा सेक्युलर रहा है। भविष्य में भी सेक्युलर ढाँचे से कोई

खतरा पैदा नहीं होगा। हमारा सेक्युलर हमारी जीवनशैली का एक अंग है। भारत कभी मजहबी राज्य नहीं रहा और न ही भविष्य में कभी मजहबी राज्य बनेगा।

गुटनिरपेक्षता भारत के लिए आवश्यक

जहाँ तक भारत का संबंध है, हम विश्वकुटुंब के कल्याण के लिए कष्ट सहने और पसीना बहाने के लिए तैयार हैं।

पाकिस्तान कश्मीर कश्मीरियों के लिए नहीं चाहता, वह कश्मीर चाहता है पाकिस्तान के लिए। वह कश्मीरियों को बलि का बकरा बनाना चाहता है। मैं पाकिस्तान से दोस्ती करने के खिलाफ नहीं हूँ। सारा देश पाकिस्तान से संबंधों को सुधारना चाहता है, लेकिन जब तक कश्मीर पर पाकिस्तान का दावा कायम है, तब तक शांति नहीं हो सकती। हम अपनी भौगोलिक अखंडता के बारे में सदैव सावधान रहेंगे, किंतु पड़ोसियों के लिए किसी प्रकार का खतरा पैदा नहीं होने देंगे। अतीत के संदेहों को भुलाकर तथा पड़ोसी होने के नाते हम इस उपमहाद्वीप में आर्थिक सहयोग सुदृढ करें।

मैं भारतमाता के उन करोड़ों पुत्रों और पुत्रियों को शुभकामना का संदेश भेजता हूँ, जो विश्व के विभिन्न भागों में वहाँ की सरकारों के अधीन या व्यक्तिगत नागरिक के रूप में काम कर रहे हैं। इनमें से प्रत्येक अपने-अपने ढंग से भारत का दूत है और हमारी प्राचीन संस्कृति और सभ्यता का प्रतीक है। वह जहाँ कहीं हैं, भारत की विरासत को लेकर चल रहे हैं।

□

अटलजी का प्रधानमंत्रित्वकाल : प्रमुख उपलब्धियाँ

श्री अटल बिहारी वाजपेयी देश के उन गिने-चुने नेताओं में से हैं, जिन्हें राष्ट्र निर्विवाद रूप से प्रधानमंत्री के साथ-साथ अपना जननायक भी मानता है। भारतीय राजनीति में ऐसे व्यक्ति विरले ही हुए हैं, जिनकी पहचान किसी एक दल एवं विचारधारा से ऊपर हो। गठबंधन शासन करने की बातें करना एक बात है, लेकिन गठबंधन सरकार को सफलतापूर्वक चलाना अलग शैली से ही संभव हो पाता है। श्री वाजपेयी एक विराट् गठबंधन बनाने में सफल हुए। ऐसा गठबंधन, जहाँ सभी विचारधाराओं को यह महसूस हो रहा है कि शासन एवं प्रशासन में उनकी भी भागीदारी अहम है। श्री अटल बिहारी वाजपेयी के व्यक्तित्व में पं. मदन मोहन मालवीय की सामाजिक एकता, समरसता और कर्मठता, डॉ. राजेंद्र प्रसाद की सादगी और अध्ययनशीलता के साथ-साथ महर्षि वाल्मीकि के वंचितों के प्रति दृष्टिकोण का अद्‌भुत सम्मिश्रण है। वाजपेयीजी के प्रधानमंत्रित्व काल में अंतरराष्ट्रीय परिदृश्य पर छा जानेवाली कुछ प्रमुख घटनाएँ निम्न है—

परमाणु परीक्षण

भारत हमेशा से शांति का पुजारी रहा है। यह भगवान् गौतम बुद्ध की शांतिस्थली है। भारत सदा 'जीओ और जीने दो' का हिमायती रहा है। लेकिन हमारे पड़ोसी देश हमारी शालीनता एवं सहजता को हमारी कमजोरी समझ रहे थे। अंतरराष्ट्रीय परिदृश्य में तथाकथित विकसित एवं आणविक शक्ति-संपन्न राष्ट्र भेदभावपूर्ण नीति के तहत हम पर परमाणु अप्रसार संधि पर हस्ताक्षर करने हेतु दबाव बना रहे थे। इसलिए प्रधानमंत्री श्री अटल बिहारी वाजपेयी ने 1998 में परमाणु परीक्षण

करवाया। मिशन सफल रहा। लेकिन विकसित राष्ट्रों की त्योरियाँ चढ़ गईं। वे भारत को हमेशा से पिछड़ा व आर्थिक विपन्नता से संघर्षरत देश मानते चले आ रहे थे। इस दृष्टिकोण के अंतर्गत परमाणु परीक्षण उन्हें नागवार गुजरा और उन देशों ने भारत पर आर्थिक-राजनीतिक प्रतिबंध लगा दिए। लेकिन गठबंधन सकार ने इनका डटकर मुकाबला किया। कभी-कभी राष्ट्र की अस्मिता को बनाए रखने के लिए शक्तिप्रदर्शन की आवश्यकता भी पड़ती है।

परमाणु परीक्षण के बाद राष्ट्र को अनेक कठिनाइयों से गुजरना पड़ा। लेकिन धीरे-धीरे वे कठिनाइयाँ दूर हो गईं। राष्ट्र की सुरक्षा के लिए हमने इन कठिनाइयों को सफलतापूर्वक झेला। आज दुनिया के अनेक महत्त्वपूर्ण देशों के साथ हमारे संबंधों में घनिष्ठता आई है। उनके साथ नियमित रूप से संवाद-समझौते हो रहे हैं तथा दुनिया में हमारी प्रतिष्ठा बढ़ी है।

उदारीकरण व निजीकरण

प्रधानमंत्री श्री अटल बिहारी वाजपेयी ने विश्व क्षितिज पर भारत का नाम उकेरने के लिए उदारीकरण व निजीकरण पर जोर दिया। कई अवसरों पर उन्होंने अपना मत भी व्यक्त किया। सभी जानते हैं कि भारत आर्थिक मंदी के दौर से गुजर रहा है, विश्व अर्थव्यवस्था भी संकट में है। भारतीय अर्थव्यवस्था में मंदी की वजह आंतरिक है न कि बाहरी। इसलिए अर्थव्यवस्था को पटरी पर लाने की कोशिश भी आंतरिक उपायों से ही संभव होगी न कि बाहरी उपायों से। इसके लिए ग्रामीण विकास पर पहले की तुलना में कहीं अधिक ध्यान देने की जरूरत है। यही एकमात्र रास्ता है, जिसे अपनाकर हम भारतीय अर्थव्यवस्था को मजबूती और तेजी से पटरी पर लाकर योजना के लाभों के अनुरूप सकल घरेलू उत्पाद की विकास दर 8 प्रतिशत बनाए रख सकते हैं।

स्वास्थ्य की देख-रेख और शिक्षा दो अन्य ऐसे पहलू हैं, जिनमें सार्वजनिक-निजी क्षेत्र की सहभागिता की तत्काल जरूरत है और जिसके बहुत अच्छे परिणाम निकल सकते हैं। पिछले 50 वर्षों में भारत ने ग्रामीण क्षेत्रों में प्राथमिक स्वास्थ्य केंद्रों तथा प्राथमिक व माध्यमिक विद्यालयों का विशाल नेटवर्क खड़ा किया है। किंतु सरकारी नियंत्रण और नौकरशाही के कारण इन पर बुरा असर पड़ा है और इनमें लोगों की भागीदारी बहुत कम रही है। सरकार को निजी स्वास्थ्य सेवा प्रदाताओं को पंचायत की देख-रेख में प्राथमिक स्वास्थ्य केंद्रों तथा सरकारी

अस्पतालों का उपयोग करने की अनुमति देने पर विचार करना चाहिए, ताकि अधिकाधिक लोगों को और अधिक सस्ती स्वास्थ्य सेवा मुहैया कराई जा सके। इसी प्रकार, निजी शैक्षिक एजेंसियों को सरकारी विद्यालयों की व्यवस्था का उपयोग करने की अनुमति दी जा सकती है, ताकि वे व्यावसायिक शिक्षा, कृषि तथा रोजगार सर्जक अन्य कौशल उपलब्ध करा सकें। उनका मत है कि सार्वजनिक निजी क्षेत्र की सहभागिता की इस अवधारणा को अमली जामा पहनाने के लिए केंद्र और राज्य सरकार, दोनों को कानूनों और विनियमों में कई बदलाव लाने होंगे। यह भी स्पष्ट है कि ग्रामीण विकास अपेक्षित परिणाम हासिल करने हेतु विभिन्न मंत्रालयों के कार्यक्रमों और क्रियाकलापों में भी एकरूपता लानी होगी।

कृषि उत्पादन और उत्पादकता एक अन्य ऐसा क्षेत्र है, जिसमें वृद्धि के लिए सरकार, निजी क्षेत्र और ग्रामीण समुदाय मिल-जुलकर काम कर सकते हैं। निगम क्षेत्र और ग्रामीण सहकारिता के बीच सहयोग से यह लक्ष्य हासिल किया जा सकता है। खासकर लंबित सिंचाई परियोजनाओं को शीघ्र पूरा करने की दृष्टि से यह आवश्यक है, जिसके लिए सरकार के पास संसाधन सीमित हैं। यह भी जरूरी है कि हम बंजर भूमि विकास, सामाजिक वानिकी, बागान तथा बेहतर परती भूमि कृषि प्रबंधन, पशुपालन और मछली पालन को बढ़ावा दें। सरकार ने दो सौ से ज्यादा जिलों में कृषि विज्ञान केंद्रों का बड़ा नेटवर्क खड़ा किया है। निजी क्षेत्र के सहयोग से इन केंद्रों को बड़ा लाभ होगा। कृषिजन्य व्यवसाय से जुड़ी कंपनियों से सुझाव माँगे जाएँ कि वे कृषि विज्ञान केंद्रों से जुड़कर किस प्रकार कृषि में नवीनतम अनुसंधान और विकास का लाभ किसानों तक पहुँचा सकती हैं।

भारत के ग्रामीणों के पास पारंपरिक वैज्ञानिक और प्रौद्योगिकीय ज्ञान का विशाल भंडार है, जो उन्होंने सदियों में हासिल किया है। वे अपनी स्थानीय जरूरतें पूरी करने के लिए अकसर ऐसे छोटे किंतु उपयोगी तरीके ईजाद कर लेते हैं, जिनकी लागत बहुत कम होती है। ऐसे क्रियाकलापों को बढ़ावा देने के लिए सरकार ने नेशनल इनोवेशन फाउंडेशन के साथ मिलकर अधिक घनिष्ठतापूर्वक कार्य करें, ताकि ऐसे आविष्कारों के बारे में अनुसंधान और विकास कार्य किया जा सके तथा उपयोगी आविष्कारों का घरेलू और विदेशी बाजारों में विपणन किया जा सके।

समाज के सर्वांगीण विकास के लिए साहसिक कदम

अटलजी का संकल्प है कि नई आर्थिक नीति सामाजिक न्याय की संवर्धक

बने, जिसका लाभ देश के दलित, आदिवासी, पिछड़े और पिछड़ों में से भी पिछड़े वर्गों तक पहुँचे। इसी क्रम में प्रधानमंत्री द्वारा कुछ नए कदमों की दिशा इस प्रकार निर्धारित की गई है—

ग्रामीण इलाकों में अधिक और सुनिश्चित रोजगार के अवसर उपलब्ध कराने के लिए केंद्र सरकार ने 10 हजार करोड़ रुपए की लागत से संपूर्ण ग्रामीण रोजगार योजना शुरू की। इस महत्त्वाकांक्षी योजना के अंतर्गत ग्रामीण क्षेत्रों में पंचायतों द्वारा संचालित स्थायी विकास कार्यों में काम करनेवालों को नकद और अनाज के रूप में मजदूरी मिलेगी। इसके लिए पाँच हजार करोड़ रुपए मूल्य का 50 लाख टन अनाज राज्यों को हर साल आवंटित किया जाएगा। साथ ही मौजूदा सभी रोजगार योजनाओं को इस वृहद् योजना में सम्मिलित किया जाएगा। इस योजना से लगभग सौ करोड़ रोजगार के अवसर उत्पन्न होंगे।

भारतीय अर्थव्यवस्था में एक खास विसंगति है। प्रायः समूची बचत बैंकों में जमा है, जो इसका पूरी तरह विकास कार्यों के लिए इस्तेमाल नहीं कर पा रहे हैं। दूसरी तरफ, अर्थव्यवस्था के असंगठित क्षेत्रों के बैंकों की सहायता नहीं मिलती। ये असंगठित क्षेत्र हमारी अर्थव्यवस्था का दो तिहाई हिस्सा हैं। इस क्षेत्र की ऋण वापसी की साख बड़े उद्योगों की तुलना में अच्छी है। असंगठित क्षेत्रों को साधन मुहैया कराने के लिए संस्थागत प्रबंध के सहयोग विचार किया गया है।

विकेंद्रीकरण के बिना न तो विकास में तेजी संभव है और न ही इसमें जनता की भागीदारी। इसलिए दस वर्ष पहले पंचायती राज संस्थाओं को अधिकार सौंपने के लिए संविधान में दो महत्त्वपूर्ण संशोधन किए गए। लेकिन अभी भी वित्तीय और प्रशासनिक दृष्टि से हम पंचायतों को पर्याप्त अधिकार संपन्न नहीं बना पाए हैं।

इस महत्त्वपूर्ण उद्देश्य को प्राप्त करने के लिए सरकार शीघ्र ही एक राष्ट्रीय बहस छेड़ेगी, जिसमें पंचायती राज संस्थाओं के तीस लाख से अधिक निर्वाचित प्रतिनिधियों को शामिल किया जाएगा। विकास की प्राथमिकताओं के निर्धारण से लेकर कार्यक्रमों की योजना बनाने तथा उनके कार्यान्वयन तक, सभी में पंचायतों की प्रमुख भूमिका होगी व ग्रामवासियों की भागीदारी को प्रोत्साहन मिलेगा। इसके लिए पंचायतों तथा ग्रामीण विकास में लगे गैर-सरकारी संगठनों को बैंकों तथा अन्य वित्तीय संस्थाओं से ऋण उपलब्ध कराने की दिशा में भी कदम उठाए जाएँगे।

इस कड़ी में एक राष्ट्रीय पोषाहार मिशन की परिकल्पना की गई है, जिसके अंतर्गत गरीबी रेखा से नीचे के परिवारों की गर्भवती महिलाओं, दूध पिलाने वाली

माताओं और किशोरियों को सस्ती दर पर अनाज उपलब्ध कराया जाएगा। गरीबों के लिए सामूहिक भोजन का कार्यक्रम चलाने वाली संस्थाओं को भी इस योजना का लाभ मिल सकेगा।

शहरों की तेजी से बढ़ती आबादी के मद्देनजर अनुसूचित जातियों, जनजातियों, पिछड़े वर्गों व अन्य कमजोर वर्गों के गरीबों के लिए अंबेडकर वाल्मीकि मलिन बस्ती आवास योजना की परिकल्पना की गई। शहरी विकास मंत्रालय से अनूदित, प्रतिवर्ष एक हजार करोड़ रुपए वाली इस योजना का क्रियान्वयन हुडको के जिम्मे होगा, जो बतौर ऋण दो हजार करोड़ रुपए भी उपलब्ध कराएगा।

साठ हजार करोड़ रुपए की लागत वाली प्रधानमंत्री ग्रामीण सड़क योजना का प्राय: सभी राज्यों में क्रियान्वयन हो रहा है। केंद्र ने अब तक इस योजना के लिए 5 हजार करोड़ रुपए उपलब्ध करा दिए हैं। सन् 2007 में दसवीं पंचवर्षीय योजना के अंत तक 500 से ज्यादा आबादी वाले सभी गाँवों को बारहमासी सड़क से जोड़ने की योजना है। इसके अलावा राष्ट्रीय राजमार्ग विकास योजना भारत की महत्त्वाकांक्षी परियोजनाओं में से एक है। इन दो प्रमुख सड़क योजनाओं से रोजगार के नए अवसर पैदा हो रहे हैं। दूरियों को दूर करने की दिशा में गाँवों को सिर्फ सड़कों से ही नहीं, बल्कि दूरसंचार तथा इंटरनेट के माध्यम से जोड़ने का काम भी प्रगति पर है।

लघु व कुटीर उद्योग रोजगार के सबसे बड़े स्रोत हैं। अकेले खादी ग्रामोद्योग आयोग के अधीन विभिन्न इकाइयों में साठ लाख से अधिक लोगों को रोजगार प्राप्त है। पिछले तीन वर्षों में छह लाख नए रोजगार के अवसर पैदा हुए हैं। इस आयोग को और सशक्त बनाने हेतु उठाए गए कदमों में विदेशी बाजारों में इसके सशक्तीकरण के लिए किए गए सफल प्रयास सराहनीय हैं। इससे जुड़ा हुआ पर्यटन जो रोजगार बढ़ाने तथा विदेशी मुद्रा अर्जित करने का एक बड़ा स्रोत है। पर्यटन को उदारीकरण व निजीकरण का समुचित लाभ पहुँचाने के लिए एक प्रगतिशील राष्ट्रीय नीति की परिकल्पना की गई है।

न्यायिक व्यवस्था में देरी व लंबित मामलों की संख्या कम करने के लिए 1700 फास्ट टैक न्यायालयों की स्थापना की गई है। साथ ही, उन सभी कानूनों व नियमो को, जो गरीबों के हितों के प्रतिकूल हैं, निरस्त करने अथवा उनमें संशोधन करने के लिए आवश्यक कदम उठाए गए हैं।

स्वास्थ्य व परिवार कल्याण के क्षेत्र में पल्स पोलियो अभियान को मिली

अभूतपूर्व सफलता को देखते हुए सरकार कुष्ठ रोग, क्षय रोग, मलेरिया तथा एड्स जैसे रोगों के खिलाफ जन-आंदोलन चलाने की रूपरेखा बना रही है। उधर हालिया वर्षों में आयुर्वेदिक व अन्य देशी चिकित्सा पद्धतियों की तेजी से बढ़ती लोकप्रियता के मद्देनजर सरकार ने महत्त्वपूर्ण कदम उठाए हैं। स्वास्थ्य व परिवार कल्याण मंत्रालय के अंतर्गत आयुर्वेदिक व अन्य देशी चिकित्सा पद्धति विभाग को अधिक स्वायत्ता प्रदान करके सरकारी, गैर-सरकारी संस्थाओं के माध्यम से विश्व बाजार में इस क्षेत्र में आए उछाल का लाभ उठाने की मुहिम जोरों पर है। आम बीमारियों के इलाज के लिए प्रामाणिक जड़ी-बूटियों और परंपरागत दवाइयों के किट घरेलू बाजार में सस्ते दामों पर जल्दी ही उपलब्ध होंगे।

2002 की परिकल्पना महिला सशक्तीकरण वर्ष के रूप में करके महिलाओं व बालिकाओं के कल्याण हेतु चलाए जा रहे कार्यक्रमों में तेजी लाने की एक अच्छी पहल की गई। इस क्षेत्र में स्व-सहायता समूहों की सराहनीय भूमिका है। ऐसे अनेक उदाहरण हैं, जहाँ इन समूहों ने लघु ऋण का लाभ उठाते हुए गाँवों व शहरों से गरीबी दूर करने में महत्त्वपूर्ण भूमिका निभाई है। इसलिए सरकार ने 2004 के अंत तक देश में 14 लाख बस्तियों में से हरेक में कम-से-कम एक स्व-सहायता समूह स्थापित करने का संकल्प लिया।

सद्भावना यात्रा

भारत विश्वशांति का प्रबल समर्थक है। हम हजारों वर्षों से पृथ्वी: शांति से लेकर वनस्पतय: शांति का पाठ करते आ रहे हैं। स्वाभाविक रूप से हम अपने पड़ोसियों के साथ भी शांति का रिश्ता चाहते हैं। सारी दुनिया जानती है कि भारत ने पाकिस्तान के साथ संबंध सुधारने के लिए भरसक प्रयास किए हैं। ये प्रयास नेहरूजी से लेकर अब तक चल रहे हैं। कई मौकों पर अनेक समझौतों पर हस्ताक्षर किए गए। लेकिन स्थायी शांति की स्थापना नहीं हो पाई। उसी कड़ी को आगे बढ़ाते हुए अटलजी ने लाहौर की यात्रा की। इस अवसर पर दोनों देशों के नागरिकों को एक-दूसरे के यहाँ जाने की सुविधा प्रदान करने के लिए सद्भावना एक्सप्रेस नाम से एक बस सेवा की शुरुआत की गई। लक्ष्य था लोगों के बीच नफरत की बजाय प्रेम का आदान-प्रदान हो, ताकि लोग एक-दूसरे को जान सकें व दोनों देशों के बीच दुश्मनी की भावना कम की जा सके। अटलजी के इस कदम की सभी देशों ने भूरि-भूरि प्रशंसा की। उनका कद दुनिया की नजरों में और ऊँचा उठ गया। पाकिस्तान के

तत्कालीन प्रधानमंत्री श्री नवाज शरीफ बस की अगवानी के लिए बाघा सीमा तक आए और गर्मजोशी के साथ प्रधानमंत्री व बस के अन्य यात्रियों का स्वागत किया। लेकिन यह सब पाकिस्तान के तत्कालीन बददिमाग सेना प्रमुख-जनरल परवेज मुशर्रफ को अच्छा नहीं लगा। वे तो शांति नहीं युद्ध चाहते थे, इसीलिए नवाज शरीफ के कहने के बावजूद वे सीमा पर भारतीय प्रधानमंत्री की अगवानी के लिए नहीं आए और इसकी परिणति अंततः कारगिल युद्ध के रूप में हुई।

कारगिल युद्ध

कारगिल युद्ध तत्कालीन पाकिस्तानी सेना प्रमुख जनरल परवेज मुशर्रफ व इसलामिक आतंकवादी संगठनों की देन था। कश्मीर घाटी में लौट रहे अमन-चैन से पाकिस्तानी आतंकवादी संगठन बौखला उठे थे। उन्हें तो वहाँ अशांति पैदा करनी थी। लिहाजा आई.एस.आई. के साथ मिलकर उन्होंने नियंत्रण रेखा पर युद्ध छेड़ दिया। घाटी की भौगोलिक स्थिति पहाड़ी है। पाकिस्तानी सैनिकों ने दुश्मन के दाँत खट्टे कर दिए और उन्हें जन-धन की भारी क्षति उठानी पड़ी। अटलजी ने असीम धैर्य का परिचय देते हुए, इस विषम परिस्थिति को सफलतापूर्वक विश्व के सामने रखा। उन्होंने विकसित देशों के राष्ट्राध्यक्षों को साफ मना कर दिया कि जब तक पाकिस्तान नियंत्रण रेखा से पीछे नहीं हटता, हम अपनी सेना नहीं हटाएँगे। सारी दुनिया ने उनके विचारों से सहमति जताई। अंततः दुश्मन की सेना को पीछे हटने पर मजबूर होना पड़ा। अटलजी के सक्षम नेतृत्व में भारत को एक और विजय मिली।

आगरा समझौता

कारगिल युद्ध में करारी हार के बावजूद पाकिस्तान के व्यवहार में कोई अंतर नहीं आया। वह आतंकवाद को बढ़ावा देता रहा। भारत को सुकून से न रहने देने की जैसे उसने कसम ले रखी थी। दोनों देशों के बीच तनाव चरम सीमा पर था। विश्व के अग्रणी देशों, जैसे अमेरिका, ब्रिटेन, जर्मनी, फ्रांस आदि ने सीमा पर तनाव कम करने के लिए भारत और पाकिस्तान को उपाय ढूँढ़ने की दिशा में कार्य करने को कहा। भारत के प्रधानमंत्री अटल बिहारी वाजपेयी ने विश्व क्षितिज पर अपनी तसवीर साफ कर दी थी, लिहाजा दबाव पाकिस्तान पर ही था। वहाँ सत्ता सेना के हाथों में जा चुकी थी। जनरल परवेज मुशर्रफ वहाँ के शासक थे। अमेरिका का शिकंजा उन पर कसता गया। फलस्वरूप जनरल मुशर्रफ वार्त्ता के लिए अपनी

टीम के साथ भारत पहुँचे। भारतीय नेताओं ने गर्मजोशी से उनका स्वागत किया। वार्त्तालाप के लिए आगरा का चयन किया गया। तमाम मीडिया हल्कों ने इस वार्त्ता को ऐतिहासिक घटना का जामा पहनाकर लोगों की उत्सुकता को काफी बढ़ा दिया था। सारे विश्व की नजरें इससे आनेवाले परिणाम पर टिकी हुई थी।

दो दिन तक मैराथन अंदाज में चली वार्त्ता विफल हो गई। कोई परिणाम नहीं निकला। जनरल मुशर्रफ के अड़ियल रुख की वजह से समझौता पत्र पर हस्ताक्षर नहीं हो पाए। वे कश्मीर मुद्दे पर ही अड़े रहे। सीमा पर आतंकवाद को उन्होंने स्वतंत्रता की लड़ाई करार दिया व आतंकवादियों को स्वतंत्रता सेनानी। जिस आतंकवाद को दुनिया जानती है, मुशर्रफ अकेले ही उसे दिग्भ्रमित करने की मंशा रखते थे। वैसे यह समझौता विफल जरूर हुआ, मगर वार्त्ता का एक रास्ता खुला।

संसद् पर आतंकवादी हमला

एक दशक से ज्यादा समय से आतंकवाद के खतरे से अकेले ही जूझते हुए अंतत: भारत ने आतंकवाद के खिलाफ जनमत तैयार करने में सफलता प्राप्त की। अटलजी अंतरराष्ट्रीय समुदाय को यह समझाने का प्रयास करते आए हैं कि वे आतंकवाद और मजहबी कट्टरवाद को शांत और सभ्य विश्वव्यवस्था के लिए एक गंभीर खतरे के रूप में पहचानें। हमारे निकट पड़ोस के कुछ देशों ने आतंकवाद और मजहबी कट्टरवाद को बढ़ावा देना अपने देश की नीति का एक अभिन्न अंग बना लिया है।

अंतरराष्ट्रीय जनमत बनाने की भारतीय सफलता ने भारत में सक्रिय आतंकवादी संगठनों के विश्वास को पूरी तरह हिला दिया। परिणामस्वरूप आतंकवादी तथा कट्टरपंथी संगठनों ने विचलित होकर 13 दिसंबर, 2001 को भारतीय संसद् पर हमला बोल दिया। लेकिन हमारे जाँबाज सुरक्षाकर्मियों ने उनका डटकर मुकाबला किया और सभी हमलावर मुठभेड़ में मारे गए। गोलीबारी में हमारे कुछ सुरक्षाकर्मी भी मारे गए। इस घटना से समूचा राष्ट्र बौखला गया और प्रधानमंत्री पर दबाव बढ़ने लगा कि अब पाकिस्तान समर्थित आतंकवाद का सिर कुचलने के लिए आर-पार की लड़ाई होनी चाहिए। तभी से नियंत्रण रेखा पर सेना का जमावा भी बढ़ा दिया गया।

प्रधानमंत्री ने विश्व समुदाय को साफ शब्दों में बताया कि राष्ट्र की पूँजी राष्ट्र के विकास में लगनी चाहिए और इसके लिए जरूरी है कि देश की सीमा पर शांति

व व्यवस्था कायम हो। सीमा पर आतंकवाद समाप्त करने के लिए विश्व जनमत बनाने की दिशा में अटलजी के इस कूटनीतिक फैसले का राष्ट्रों ने पुरजोर स्वागत किया और पाकिस्तान पर तत्काल आतंकवाद को रोकने के लिए दबाव डाला। वहाँ के सैनिक शासक मुशर्रफ ने इसे रोकने की सिद्धांततः हामी भरी। कुछ हद तक सीमा पार से आतंकवाद में कमी भी आई।

लेकिन जरूरत है कि हिंसा फैलाने वाले आतंकवादी संगठनों, चाहे वे कश्मीर में हों या किसी दूसरी जगह पर, को सभी सभ्य राष्ट्रों द्वारा आतंकवादी संगठन घोषित किया जाना चाहिए। आतंकवादी संगठनों को धन मुहैया कराने वाले स्रोतों को बंद करना होगा। जो देश उन्हें पनाह या किसी प्रकार का सहयोग दे रहे हैं, उन पर प्रतिबंध लगना चाहिए। उन चरमपंथी विचारधाराओं के विरुद्ध भी सम्मिलित जागरूकता अभियान चलाया जाना चाहिए, जो धर्म के नाम का दुरुपयोग करते हैं। इस मुद्दे पर अंतरराष्ट्रीय समुदाय की राय अब भारत की सार्थक सोच के अनुरूप बनने लगी है। यह जम्मू कश्मीर तथा किसी भी जगह आतंकवाद के विरुद्ध हमारे लगातार संघर्ष को देखते हुए एक शुभ संकेत है। संसद् पर किए गए इस हमले की मंत्रणा करने व योजना बनाने के दोषी सिद्ध हुए अभियुक्तों को मौत की सजा सुनाकर न्यायपालिका ने नया मापदंड स्थापित किया। मगर आत्मघाती हमले करनेवाले प्रशिक्षित देशद्रोहियों व आतंकवादियों के लिए मौत की सजा काफी नहीं। विश्व मानवाधिकार आयोग को संबंधित सलाह-मशविरा करके ऐसे अपराधियों के लिए कड़ी सजा का प्रावधान करना चाहिए।

आतंकवाद निरोधक अध्यादेश (पोटो)

आतंकवाद के खतरे से घिरा हर देश अपने आप्रवास कानूनों और प्रक्रियाओं को सख्त बना रहा है। भारत आतंकवादियों के लक्ष्य की सूची में सब पक्षों से ऊपर है, किंतु हमारे कानून व प्रक्रियाएँ ढीली रही हैं। कई पड़ोसी देशों से लगी हमारी सीमाएँ आसानी से पार की जा सकती हैं। ऐसे अनेक विदेशी नागरिकों, जो पर्यटक वीजा पर हमारे देश में आए, का कहीं अता-पता नहीं है।

इस सबके बावजूद जिन परिस्थितियों में इस विधेयक को संसद् से पास कराया गया, उससे पूरा देश वाकिफ है। सरकार ने इस विधेयक को लाने के पहले राज्य सरकारों और विधि आयोग के साथ गहन मंत्रणा की। टाडा, जो किसी आतंकवाद निरोधक कानून के आए बिना ही कुछ वर्ष पूर्व समाप्त हो गया था,

की खामियों को दूर करने पर भी ध्यान रखा गया। यद्यपि कुछ राजनीतिक दलों ने आशंका जताई कि इसका दुरुपयोग होगा और राजनीतिज्ञों को इसके माध्यम से परेशान किया जाएगा, फिर भी राष्ट्रहित के मद्देनजर संसद् के दोनों सदनों के संयुक्त अधिवेशन में इस विधेयक को ध्वनि मत से पास कर दिया। इस अध्यादेश के जरिए आतंकवाद में लिप्त किसी भी नागरिक को गिरफ्तार कर मुकदमा चलाया जा सकता है।

अलमाटी शिखर सम्मेलन—
आतंकवाद पर भारत की नीति की सफलता

प्रधानमंत्री श्री अटल बिहारी वाजपेयी के आतंकवाद पर विश्व जनमत तैयार करने में कूटनीतिक प्रयासों को लगभग सभी देशों का समर्थन मिला है। श्री अटल बिहारी वाजपेयी की रूस, अमेरिका तथा ब्रिटेन की यात्राओं से यह जानने का मौका मिला है कि इन देशों के नेताओं ने आतंकवाद तथा मजहबी कट्टरवाद के प्रति भारत के सैद्धांतिक रुख की सराहना की। 11 सितंबर, 2001 की घटना के बाद कई देशों के गण्यमान्य व्यक्तियों की दिल्ली यात्रा के दौरान भी इसी तरह के संकेत सामने आए।

पिछले पाँच दशकों की तुलना में आज कश्मीर मसले पर भारतीय रुख के औचित्य को अंतरराष्ट्रीय समुदाय द्वारा काफी सराहा जा रहा है। विश्व के प्रमुख राष्ट्रों में से कुछ ने पहली बार इस बात का समर्थन किया कि आतंकवाद को पहचानने और उससे निपटने में दोहरे मानदंडों को नहीं अपनाया जा सकता। अलमाटी शिखर सम्मेलन में भारत को आतंकवाद के खिलाफ एशियाई देशों द्वारा एकजुटता से निपटने के लिए दबाव बनाने का एक अच्छा मौका मिल गया और बिना झुके सफलता प्राप्त हो गई। रूस के राष्ट्रपति श्री पुतिन ने कहा वे चाहते हैं भारत-पाक के बीच न केवल मौजूदा तनाव की स्थिति समाप्त हो, बल्कि सभी समस्याओं का कोई स्थायी हल निकले। अलमाटी में श्री मुशर्रफ ने परमाणु युद्ध की आशंका ने इनकार किया। उनके रुख में जो परिवर्तन आया है, यह विश्व-शांति के लिए एक शुभ संकेत है। अलमाटी ऐक्ट के तहत 16 देशों ने आतंकवाद के खिलाफ प्रस्ताव पर अपने हस्ताक्षर कर दिए। इसका यकीनी तौर पर भारत को लाभ होगा।

राष्ट्रपति प्रत्याशी चयन में अटलजी का कौशल

राजनीति की उठा-पटक में तमाम बाधाओं के बावजूद एक पर एक सफलता

अर्जित करनेवाले प्रधानमंत्री श्री अटल बिहारी वाजपेयी की झोली में एक और उपलब्धि तब आई, जब उन्होंने देश के चहेते राष्ट्रभक्त वैज्ञानिक ए.पी.जे. अब्दुल कलाम का नाम राष्ट्रपति पद के लिए सुझाया। श्री कलाम का नाम आते ही राजनीतिक अखाड़े के तमाम प्रतिद्वंद्वी किंकर्तव्यविमूढ़ हो गए। भारतीय मध्यवर्ग के नायक व अत्याधुनिक मिसाइलों से लैस करके देश को सुरक्षित करनेवाले वैज्ञानिक के रूप में प्रसिद्ध श्री कलाम का विरोध करने का मतलब भारत के जनमानस को उद्वेलित करना होता। कुल मिलाकर अटलजी ने कलाम रूपी ऐसा पासा फेंका कि सभी चित्त हो गए। कांग्रेस के लिए कलाम, जो देश के सबसे बड़े अल्पसंख्यक वर्ग के उम्मीदवार भी थे, को समर्थन देना मजबूरी थी। पूर्व प्रधानमंत्री एच.डी. देवगौड़ा ने कहा कि कलाम राजग और भाजपा के उम्मीदवार है। वहीं सपा के मुलायम सिंह यादव ने यहाँ तक कहा कि कलाम का नाम उन्होंने सुझाया था। उन्होंने यह भी कहा सपा कलाम जैसे योग्य उम्मीदवार का विरोध नहीं करेगी। सुरजीत सिंह के निवास पर हुई लोकमोर्चा की बैठक में एक नेता ने तो यहाँ तक कह दिया कि लोकमोर्चा खत्म हो गया। सोनिया गांधी को यह विश्वास नहीं था कि कलाम राजग की पसंद हैं। उन्होंने अमर सिंह से कहा, "अंतिम क्षण में वे अलेक्जेंडर पर विचार कर सकते हैं।" उनके शक की वजह थी कि पहले कृष्णकांत के नाम की चर्चा थी फिर अलेक्जेंडर और अंत में कलाम राजग के राष्ट्रपति पद के उम्मीदवार बन गए।

कम्युनिस्ट मुलायम सिंह यादव से खफा हैं, क्योंकि वे कलाम समर्थक हैं। मुलायम सिंह और वामपंथियों के बीच अलगाव इस मायने में महत्त्वपूर्ण है कि इस गठजोड़ ने गैर-भाजपा और गैर कांग्रेस राजनीतिक वजूद को जीवित रखा था। भाजपा द्वारा प्रस्तावित मुसलिम प्रत्याशी को स्वीकार करने पर मजबूर विपक्ष की एकता चूर-चूर हो गई।

इस पूरे परिदृश्य में अटलजी ने जिस परिपक्वता व राजनीतिक सूझ-बूझ का परिचय देते हुए सत्ता का ग्राफ ऊँचा कर विरोधियों को धूल चटाई उससे उनके विरोधी भी उनकी दूरदृष्टि का लोहा मानने को विवश हो गए।

□

अटल बिहारी वाजपेयी : जनसम्मान्य की दृष्टि में

मेल-मिलाप की राजनीति के समर्थक

पूर्व उपराष्ट्रपति स्व. कृष्णकांतजी से अटल बिहारी वाजपेयी के पुराने संबंध रहे। उन्होंने अटलजी के राजनैतिक व्यक्तित्व को नजदीक से देखा और उन्हें एक मेल-मिलाप की राजनीति करनेवाला राजनयिक बताया।

श्री अटल बिहारी वाजपेयी का व्यक्तित्व प्रजातंत्र में सबसे मिल-जुलकर चलने वाला है। प्रजातंत्र वर्गयुद्ध नहीं है अपितु एक अहिंसक प्रक्रिया है। हिंसा और कटुता से दूर रहना, इसका प्रारंभिक पाठ है। इस संदर्भ में एक घटना का उल्लेख करना उचित रहेगा। अगस्त 1989 में मैंने लोकसेवक मंडल की ओर से राजनीति के अपराधीकरण के बारे में संसदीय शोध में एक गोष्ठी आयोजित की। राजनीतिक अपराधीकरण पर देश में शायद यह पहली ऐसी गोष्ठी थी। राजनीति में अपराधीकरण शब्द प्राय: तभी से प्रचलित हुआ।

पं. कमलापति त्रिपाठी ने उस गोष्ठी की अध्यक्षता की थी। सर्वश्री ई.एम.एस. नंबूदिरीपाद, विश्वनाथ प्रताप सिंह, चंद्रशेखर, दिनेश सिंह, सत्यपाल डांग आदि के साथ अटलजी भी गोष्ठी में सम्मिलित हुए। उस समय दिया गया उनका मर्मस्पर्शी भाषण गंगा के नीर की तरह वाणी और आँखों से बह रहा था। उन्होंने कहा कि राजनीति में अपराधीकरण देखने के लिए हम राजनीति में नहीं आए थे। राजनीति के अपराधीकरण से अधिक कष्टदाई कोई चीज नहीं है। उन्होंने कहा, "इसे दूर करने के लिए मैं सभी सद्शक्तियों का साथ देने को तैयार हूँ।"

पं. कमलापति त्रिपाठी उत्तर प्रदेश में पंचायत और जिला परिषद् में अपराधीकरण से बहुत चिंतित थे। उन्होंने कई उदाहरण भी दिए। गोष्ठी के बाद

उन्होंने सुझाया कि हम सब मिलकर दिल्ली से मुगलसराय तक इकट्ठे चले और पता करें कि गाँव और जिला निकायों पर अपराधीकरण का कितना असर पड़ा है। पंडितजी के सुझाने पर मैंने कांग्रेस के सरदार दरबारा सिंह, श्री सी. सुब्रह्मण्यम एवं श्री गुलजारी लाल नंदा से बात की। श्री नंदा को बात पसंद तो आई, लेकिन स्वास्थ्य खराब होने के कारण साथ चलने में उन्होंने अपनी असमर्थता जताई। कम्युनिस्ट पार्टी के श्री चंद्रा राजेश्वर राव भी साथ चलने को मान गए। जब मैंने श्री अटल बिहारी वाजपेयी से पूछा तो उन्होंने कहा कि मैं सबके साथ चलूँगा। पंडित कमलापति इससे काफी प्रसन्न हुए। बाद में चुनाव आ जाने के कारण हालात बदल गए और वह यात्रा न हो सकी।

वाजपेयीजी का व्यक्तित्व सबके साथ चलने का है, प्रजातांत्रिक है। संसद् की समितियाँ हों या पार्टियों से विचार करने की बात, अटलजी मेल-मिलाप की राजनीति के लिए सदैव तैयार रहते हैं। लड़ना बहुत आसान है, मिलकर चलना बहुत कठिन। अटलजी इस कठिन कार्य के लिए सदा प्रयत्नशील रहे।

राजनीति में जनसंपर्क के श्रेष्ठ व्यक्ति

भारत के वरिष्ठ पत्रकार श्री खुशवंत सिंह अटलजी के अंतरंग साहित्यकार मित्रों में रहे। उन्होंने अटलजी द्वारा व्यस्त जीवन में भी जनसंपर्क की सराहना की—

अटलजी को मैं उस समय से जानता हूँ, जब मैं इलस्टेटेड वीकली का संपादक था। यह कोई 1970-72 की बात है। उसके बाद हमारी मुलाकातें होती रहीं, अकसर लेख आदि के सिलसिले में। जब दिल्ली हिंदुस्तान टाइम्स में आया, तब भी हमारी मुलाकात होती रही। अकसर कभी किसी के घर पर, कभी पार्टी आदि में, क्योंकि दिल्ली में हम दोनों के कई साझे मित्र थे।

6 दिसंबर की उस घटना के बाद 25 दिसंबर को उनका जन्मदिन आया। इसके एक-दो दिन बाद वे मुझे एक छोटी सी पार्टी में मिले। वहाँ सिर्फ 5-6 लोग ही थे। बातचीत में पता चला, अटलजी ने बहुत अच्छी कविता लिखी है। वह कविता उनकी जेब में ही थी। मेरे कहने पर उन्होंने तुरंत जेब से निकालकर वह कविता पढ़ी, जिसका शीर्षक था 'क्या मैं बूढ़ा हो गया हूँ'? उसका मूल भाव था बाबरी ढाँचे के बारे में अफसोस व्यक्त करना कि मैं कुछ कर नहीं पाया। कविता सुनने के बाद मैंने कहा, "अटलजी, आप यह बात खुल्लम-खुल्ला क्यों नहीं कहते? यह जो कुछ हुआ, वह होना नहीं चाहिए था।" मेरी बात सुनकर अटलजी चुप रहे। मैंने

कहा, "आप यह कविता मुझे देंगे?" उन्होंने कहा, "ले लो।" मैंने कहा, "आप इस पर हस्ताक्षर कर दो।" उन्होंने हस्ताक्षर कर वह कविता दे दी। मैंने उसका अंग्रेजी अनुवाद कर हिंदुस्तान टाइम्स में अपने स्तंभ में छापा। इसे छापने पर उन्होंने कोई आपत्ति नहीं की। इससे मेरी नजरों में उनकी इज्जत और भी बढ़ गई।

सच पूछो तो पं. नेहरू के बाद मुझे कोई ऐसा नेता नहीं मिला, जिसमें सही मायने में नेतृत्व का गुण हों। जब वाजपेयीजी की कार्यशैली देखी तो मुझे लगा, यह व्यक्ति भारत की आशा हो सकता है। उन्हें देखकर मुझे अल्लामा इकबाल की नज्म की वे पंक्तियाँ याद हो जाती हैं, जिसमें वह कहते हैं—वे रहनुमा हैं। देश राह दिखा सकते हैं। यह नहीं कि भीड़ देखी और भीड़ की भाषा बोलने लगे। जहाँ तक उनके भाषण की बात है, तो मैं दावे से कह सकता हूँ कि उनके मुकाबले में पं. नेहरू की भाषण शैली भी नहीं थी। अटलजी से अच्छी हिंदी मैंने किसी और मुँह से नहीं सुनी।

उनका व्यक्तित्व सचमुच गर्मजोशी से भरा है। आज मैं उन्हें एक दूरदर्शी व्यक्ति के रूप में देखता हूँ। उनके पास देश के लिए एक दूरदर्शितापूर्ण सोच है और उसे साकार करने का दमखम भी। उनमें इनसानियत कूट-कूटकर भरी हुई है। एक उदाहरण बताऊँ! आजकल मेरी पत्नी की तबीयत बहुत खराब है। वह अपनी याददाश्त एकदम खो चुकी है, बिस्तर पर चौबीसों घंटे रहती है। वाजपेयीजी उनका हाल-चाल बराबर पूछते रहते हैं।

एक प्रधानमंत्री के पास समयाभाव होता है, लेकिन वे अपनी उस व्यस्तता में से समय निकालकर मुझसे फोन पर बात करते हैं, मेरी पत्नी का हाल-चाल पूछते हैं। यह जताता है कि जनसंपर्क में वह कितने कुशल हैं। आज तक किसी प्रधानमंत्री ने मुझसे फोन पर हालचाल पूछा हो, याद नहीं आता, जबकि मैं तो पं. नेहरू का प्रेस अधिकारी भी था। अटलजी के मन में यह कोमल भाव सिर्फ मेरे लिए ही नहीं, आमतौर पर सभी के लिए है। यही गुण उन्हें एक अच्छा इनसान बनाता है।

इसी संदर्भ में मुझे 1984 में सिख विरोधी दंगों की वह घटना याद है, जब अटलजी तेज बुखार में भी सिख टैक्सी चालकों को बचाने के लिए घर से निकल पड़े थे।

सर्वश्रेष्ठ सांसद

भूतपूर्व राष्ट्रपति श्री के.आर. नारायणन ने अटलजी के अनुशासन एवं गरिमामय व्यवहार की भूरि-भूरि प्रशंसा निम्न शब्दों में की—

अटलजी संसद् में पिछले चार दशकों से हैं। इन वर्षों में उन्होंने अपनी ओजपूर्ण और विनोद शैली, अनुशासित और गरिमामय व्यवहार से खास छवि बनाई है। उनका संसदीय व्यवहार भी सराहनीय रहा है। राष्ट्रीय हित हमेशा उनके मस्तिष्क में रहता है और उन्होंने क्षुद्र स्वार्थों से ऊपर उठने की क्षमता प्रदर्शित की है। यह भी कह सकते हैं कि श्री वाजपेयी ने ही भारतीय राजनीति, खासकर भारतीय संसदीय जीवन को गरिमा प्रदान की और कर रहे हैं।

वाजपेयीजी ने स्मरण करते हुए कहा था कि एक बार श्री नेहरू ने न्यूयॉर्क में ख्रुश्चेव से उनका परिचय प्रतिभावान सांसद के रूप में कराया था। साठ के दशक का यह प्रतिभावान युवा सांसद आज हमारे सामने सर्वश्रेष्ठ सांसद के रूप में मौजूद है।

वाजपेयीजी को सर्वश्रेष्ठ संसद् सदस्य का अवार्ड मिला है, जो उनके एक अच्छे संसद् सदस्य के गुणों के अनुरूप ही है। उनकी भाषा सरल, सीधी, मधुर तथा सबको समझ आ जानेवाली है। उनके भाषण में अति उत्तेजक वक्तव्य या बढ़ा-चढ़ाकर कही गई बात नहीं होती।

अटलजी हमेशा एक गंभीर राजनीतिज्ञ की तरह बोलते व आचरण करते हैं। इनका यही गुण इन्हें सभी दलों के सांसदों की नजरों में ऊँचा उठा देता है। वाजपेयीजी का विश्वास है कि सदन में काररवाई के दौरान सभी नियमों का पालन एवं वाक्-शैली अन्य सदस्यों और यहाँ तक कि सरकार को भी सदन में सहायता प्रदान करती है। उनके भाषण में राष्ट्र के सम्मुख गंभीर और चिंतनीय समस्याओं पर उनकी विस्तृत जानकारी प्रतिबिंबित होती है।

वाजपेयीजी मूल रूप से स्वतंत्र विचारधारा वाले राजनीतिज्ञ हैं। बेशक वे अपनी पार्टी की विचारधारा के प्रति समर्पित हैं, पर कभी-कभी उनकी राजनीतिक सोच में समाजवादी दृष्टिकोण दिखाई देता है। उनकी और स्व. पं. जवाहरलाल नेहरू की राजनीतिक सोच में काफी समानताएँ हैं। देश के अन्य स्वतंत्र विचारधारा रखनेवाले राजनीतिज्ञों में से एक होने के कारण वाजपेयीजी के अन्य राजनीतिक पार्टियों में काफी मित्र हैं।

उनकी राजनीतिक सोच की तरह ही उनका सामाजिक दृष्टिकोण भी उदार है। भारतीय दर्शन और अध्यात्म के मूल सिद्धांतों की गहराइयाँ श्री वाजपेयी बखूबी जानते हैं। पर आधुनिक जगत् की नई सामाजिक विचारधारा से भी वे प्रभावित हैं। उनके सामाजिक दृष्टिकोण में वैज्ञानिक व आध्यात्मिक दृष्टिकोण और सबको एक

साथ लेकर काम करने के ढंग का समन्वय दिखाई देता है।

वाजपेयीजी का विश्वास है कि सदन में काररवाई के दौरान सभी नियमों का पालन होना चाहिए। ऐसे समय में उन्हें कई बार अपनी ही पार्टी के मित्रों को सँभालना पड़ जाता है। उन्हें उनका गुस्सा भी सहन करना पड़ता है। सबसे बड़ा गुण वाजपेयीजी का लोकसभा में देखने को जो मिलता है, वह यह है कि वे सरकार को कभी भी अनावश्यक रूप से आड़े हाथों नहीं लेते। कभी आवश्यक हुआ तो सरकार की आलोचना भले ही कर लें, पर उनका आशय किसी व्यक्ति विशेष का निरादर करना या अनावश्यक रूप से घसीटना नहीं होता।

नेतृत्व क्षमता

वर्ष 1957 के लोकसभा चुनावों के लिए जनसंघ ने वाजपेयीजी को उत्तर प्रदेश में तीन स्थानों मथुरा, लखनऊ और बलरामपुर से खड़ा किया था। लखनऊ में वे चुनाव हार गए। मथुरा में न केवल चुनाव हारे बल्कि जमानत तक जब्त हो गई, लेकिन बलरामपुर में वे भारी मतों से जीते और लोकसभा में जनसंघ की चार सदस्यीय टीम के नेता बने। ऐसी क्या बात थी कि पार्टी नेतृत्व ने अटलजी को एक साथ तीन स्थानों से चुनाव लड़ाने का निर्णय लिया? संभवत यह दीनदयालजी का निर्णय था, क्योंकि उन पर निर्णय की जिम्मेदारी थी। दरअसल दीनदयालजी की इसमें गहरी रुचि थी कि श्री वाजपेयी लोकसभा में जरूर पहुँचें, भले ही इसके लिए तीन जगहों से भाग्य आजमाना ही क्यों न पड़े। पंडितजी का यह स्पष्ट तौर पर मानना था कि डॉ. श्यामाप्रसाद मुकर्जी की शहादत से उत्पन्न शून्य को पार्टी में अगर कोई भर सकता है तो वह 31 वर्षीय युवक अटल है, जिसमें उसकी आयु से कहीं ज्यादा दूरदर्शिता और समझदारी है। इसके बाद के चालीस वर्षों में देश की राजनीति में वाजपेयीजी की भूमिका और उन्हें प्राप्त प्रतिष्ठा को देखकर कोई भी दीनदयालजी की दूरदृष्टि से प्रभावित हुए बिना नहीं रह सकता।

अटल बिहारी वाजपेयी नि:संदेह आज डॉ. श्यामाप्रसाद मुकर्जी की भाँति युगपुरुष की तरह जाने जाते हैं। नब्बे के दशक में देश के लिए अटल बिहारी का महत्त्व पचास के दशक के श्यामाप्रसाद मुकर्जी से कहीं ज्यादा है। डॉ. मुखर्जी एक श्रेष्ठ शिक्षाविद् थे। उन दिनों की राजनीति में उनका विशिष्ट स्थान था। लेकिन उस समय और भी दिग्गज मौजूद थे। मौजूदा राजनीति में अटलजी सामयिक नेताओं के बीच विशाल व्यक्तित्व की तरह दिखते हैं। इसमें कोई आश्चर्य नहीं कि वे लोगों की

उम्मीदों और आकांक्षाओं के केंद्र बन गए हैं। देश में पिछले कुछ वर्षों में हुए सभी सर्वेक्षणों से यही सच्चाई उभरती है।

आज अटलजी के लाखों प्रशंसक हैं। उनमें से अधिकतर ने उनकी बेजोड़ भाषण कला की वजह से उन्हें अपना चहेता बना लिया है। उनकी ओजस्वी वाणी और भाषा के ऊपर पूर्ण नियंत्रण उनकी नेतृत्व क्षमता की खूबियों में शामिल है। यह नेतृत्व क्षमता निश्चित ही देश और इसके नागरिकों के प्रति उनके गहरे समर्पण का प्रतिफल है। सर्वे भवन्तु सुखिनः के प्रति गहरे समर्पण और कमजोर तथा उपेक्षितों के प्रति कवि-हृदय तदानुभूति उनकी व्यक्तिगत खूबियाँ हैं, जिससे वे सभी के प्रिय हैं, उनके भी, जो अटलजी के जीवन को प्रेरणा देने वाली विचारधारा से असहमत हैं।

संसदीय परंपरा के समर्थक

श्री अटल बिहारी वाजपेयी परंपराओं के कट्टर समर्थक हैं। संसद् की गरिमा और व्यवस्था बनाए रखने में उनका योगदान उल्लेखनीय है। चाहे विदेश मंत्री के रूप में या सदन में विपक्ष के नेता या फिर संसद् सदस्य के रूप में, उनके शब्दों में हमेशा राष्ट्रवाद के प्रति पूरी प्रतिबद्धता दिखी। उनके लिए राजनीति, राजनीतिक दल और सार्वजनिक पक्ष स्वयं की स्वार्थपूर्ति नहीं बल्कि आम जनता की आकांक्षाओं को पूरा करने का माध्यम हैं। वे कई संसदीय समितियों के अध्यक्ष रहे। खुले दिमाग का होने के कारण समूचा राष्ट्र उनके लिए परिवार है। सभी राष्ट्रीय नेता उनका सम्मान करते हैं। अटलजी सभी सांसदों के लिए आदर्श हैं।

विपक्ष के कुशल नेता

सदन में हम हमेशा आमने-सामने बैठे हैं। मैंने हमेशा उनके हस्तक्षेप को बुद्धिमत्तापूर्ण पाया है। विपक्ष में उनके कई वर्ष, उनके चुटीले व्यंग्यबाणों और सटीक टिप्पणियों से परिपूर्ण हैं। हम सभी उनकी वक्तृत्वकला के प्रशंसक हैं और उन्हें ध्यान से सुनते हैं। विपक्ष में होते हुए भी उन्होंने राष्ट्रीय उपलब्धियों के अवसरों पर उदारतापूर्ण और भावुक विचार व्यक्त किए हैं। मुझे वह अवसर याद है, जब उन्होंने भावुक होकर श्रीमती इंदिरा गांधी को दुर्गा और काली कहा था। मेरे विचार से वह क्षण अब भी जीवित है।

अंतरराष्ट्रीय संबंधों पर अटलजी की जानकारी और विदेशमंत्री के तौर पर उनके अनुभवों के कारण आज विश्व में वे अंतरराष्ट्रीय कूटनीति के शीर्ष विशेषज्ञों में

से एक हैं। बहुआयामी कूटनीति अपने आप में अंतरराष्ट्रीय क्षेत्र में संसदीय प्रक्रिया का ही विस्तार है। जेनेवा में मानवाधिकार आयोग की बैठक में उनका भारतीय प्रतिनिधिमंडल के नेता के तौर पर प्रदर्शन उनके कूटनीतिक कौशल के साथ-साथ संसदीय व्यवस्था के प्रति उनकी प्रतिबद्धता का परिचायक है, जो इसकी पुष्टि करता है कि राष्ट्रीय मुद्दों पर हमारा देश एकजुट है।

हर मौके पर उन्होंने अपनी तर्कशैली और ओजस्वी वाणी से संसद् और राष्ट्र पर प्रभाव छोड़ा है। श्रेष्ठ वक्तृत्व कला, चुटीले हावभाव के साथ पद्यात्मक भाषा के कारण उनके भाषण प्रभावी एवं ओजस्वी होते हैं। वे उन लोगों में से एक हैं, जिन्होंने संसद् का उपयोग राजनीतिशास्त्र के साथ शैक्षणिक मंच के रूप में किया और संसदीय व्यवस्था की गरिमा बढ़ाई है।

राष्ट्रवादी विचारक

'द ट्रिब्यून' के संपादक हरि जयसिंह अटलजी को राष्ट्रीय हित की बात करनेवाले एवं राष्ट्रीय विचारक के रूप में स्वीकार करते हुए कहते हैं—

श्री अटल बिहारी वाजपेयी अव्वल दर्जे के सांसद हैं। आज की तारीख में उनके जैसे बहुत कम ही लोग हैं, यह कहते हुए मेरे मन में कोई शंका नहीं है। उनकी बातों में गहराई होती है, भाषा में कभी-कभी तीखापन होता है, पर बातें वजनदार होती हैं। वे बहुत ही सुलझे हुए सांसद की तरह विचार रखते हैं। उनमें अपनी बात मनवा लेने की सामर्थ्य है। लोगों का मानना है कि उनमें एक निष्ठा है, समर्पण है और जिस सरलता से वे बोलते हैं, वह अत्यंत प्रभावी है। जटिल मुद्दों में भी वह देशहित सर्वोपरि रखते हैं। यही कारण है कि सांसद के रूप में उनकी बातें लोगों के दिलों को छू जाती हैं।

पिछले 40 सालों में वे ज्यादातर विपक्ष में ही रहे। अगर आप राष्ट्रीय हित की बात करें तो इससे कोई फर्क नहीं पड़ता कि आप विपक्ष में हैं अथवा सत्तापक्ष में। यह ठीक है कि कहने का ढंग जरूर बदल जाता है। अगर सत्तारूढ़ गठबंधन की ओर से कुछ कहा जाता है तो बातों में कुछ नियंत्रण दिखता है, सबको साथ लेकर चलने वाली सहमति की राजनीति का प्रयास करना पड़ता है। इसमें कभी-कभी अवसरवादिता की भनक तो आएगी, पर उनकी मूलभूत निष्ठा पर किसी को संदेह नहीं होता।

आज सत्तारूढ़ गठबंधन के सहयोगी और विपक्षी नेता भी मानते हैं कि उनकी विचारधारा राष्ट्रवादी है। उन्होंने रमजान के महीने में संघर्षविराम की बात की। ऐसे

और एक महीना बढ़ाने की बात करना एक साहसी कदम ही कहा जाएगा। मुझे इस बात की बहुत खुशी है कि भारतीय विदेश नीति ने इस दिशा में किसी भारतीय राजनय ने पहल तो की।

उनके नेतृत्व में पिछले 3 साल की सरकार का प्रदर्शन देखें तो पाएँगे कि भाजपा और क्षेत्रीय दलों में अच्छा तालमेल रहा है। कुछ मन-मुटाव जरूर हुए हैं, 'ब्लैकमेल' की रणनीतियाँ भी अपनाई गईं, फिर भी दक्षिण से उत्तर तक और पश्चिम से पूर्व तक कांग्रेस से अलग हटकर एक विकल्प मिला है। राजग सरकार ने कई अच्छे निर्णय लिये हैं, सुधार कार्यक्रम चलाए। स्वदेशी की बात आती है तो कभी-कभी लगता है कि किसी दबाव में वह क्षेत्र भाजपा भूल रही है। पत्र-पत्रिकाओं में विदेशी पूँजी के मुद्दे का मैंने भी जोरदार विरोध किया था। इस मुद्दे पर मैंने अपने अखबार में कुछ कटु शब्द भी लिखे थे कि अटलजी अपने दरबारियों से घिरे हुए हैं।

अटलजी की पिछली अमेरिका यात्रा में उस देश के साथ तालमेल बढ़ा है। उनके नेतृत्व में विदेशों में भारत की छवि बेहतर बनी है। अब तक रहे सभी प्रधानमंत्रियों में विदेशों में अटलजी के लिए सबसे ज्यादा स्वीकार्यता और सम्मान दिखता है।

सहिष्णुता के पोषक

श्री अटल बिहारी वाजपेयी भारतीय राजनीतिक आकाश के दैदीप्यमान नक्षत्र हैं, जिनकी ज्योति में सद्भाव, प्रेम, स्वदेशभक्ति और निःस्वार्थ सेवा की किरणें सदा प्रकाश देती रहेंगी। 'बूँद अघात सहहिं गिरि कैसे, खल के वचन संत सह' जैसे ये विरोधियों के अपशब्दों और संसदीय भाषा को शिव के समान पचा लेने का अद्भुत सहिष्णुभाव उनकी गरिमा की वृद्धि करता है। संतों के प्रति श्रद्धा, विद्वानों के प्रति आदरभाव, बालकों के प्रति वात्सल्य उनके इंद्रधनुषी बहुआयामी व्यक्तित्व का दिग्दर्शन कराता है।

मानवतावादी दृष्टिकोण

प्रसिद्ध उपन्यास लेकिन श्रीमती कमला दास ने अटलजी के मानवतावादी दृष्टिकोण की निम्न प्रकार प्रशंसा की है—

कुछ वर्ष पहले भारतीय सांस्कृतिक अनुसंधान परिषद् ने लेखकों के एक दल को पाकिस्तान भेजने की योजना बनाई गई थी। मैं भी उस दल की एक सदस्य थी। उन दिनों पाकिस्तान में मेरे पिता के एक मित्र खलील इश्पहानी रहते थे। मैं जब

अपने पिता के साथ कलकत्ता में रहती थी, तब श्री इश्पहानी से मिली भी थी। मैंने उन्हें अपनी यात्रा के बारे में सूचना दे दी, ताकि पाकिस्तान में मुझे असुरक्षा न महसूस हो। उनकी पत्नी के लिए मैंने सफेद और सुनहरे रंग की एक साड़ी खरीद ली। कुल मिलाकर पाकिस्तान जाने की सभी तैयारियाँ कर लीं। उस समय त्रिवेंद्रम से दिल्ली के लिए कोई सीधी विमान सेवा नहीं थी, इसलिए मैंने रात सेंटूर होटल में गुजारी और अगली सुबह मुझे सांताक्रुज हवाई अड्डे जानेवाले एक वाहन में बैठना था।

जहाँ मैं खड़ी थी, वहीं पास की सीट पर एक संभ्रांत दिखने वाले व्यक्ति बैठे थे। ऐसा लगता था, बड़ी जल्दबाजी में तैयार होकर आए हैं। वे अपने कुरते पर नारंगी रंग का स्वेटर और सलवटों वाला पायजामा पहने हुए थे। उनकी आँखें जानी-पहचानी सी लग रही थीं। मैं सोच रही थी, मैंने उन्हें कहाँ देखा है? अचानक वे खड़े हुए और मेरे लिए अपनी सीट खाली करनी चाही। मैंने सिर हिलाकर इनकार कर दिया। वे मुझसे कुछ ज्यादा उम्र के और थके हुए लग रहे थे। मैंने उन्हें धन्यवाद दिया और अपना सफर पूर्ववत् जारी रखा। कुछ देर बाद मैंने अपने एक सहयात्री से पूछा कि क्या ये श्री वाजपेयी हैं?

उन्होंने कहा, "बिल्कुल, यह निश्चित ही अटल बिहारी वाजपेयी हैं। क्या आप सोच सकती हैं कि कोई और राजनेता किसी अनजान के लिए अपनी सीट छोड़ सकता है?" अब तक मैं केवल उन्हीं नेताओं से मिली थी, जो ऐसे नहीं थे।

पाकिस्तान की वह यात्रा नहीं हो पाई, क्योंकि नौकरशाहों ने योजना रद्द कर दी। उसके बाद मुझे फिर वाहन पर चढ़ा दिया गया। मैंने काली सलवारी कमीज पहनी थी और काली शॉल से मेरा सिर और कंधे ढके हुए थे। मुझे पूरी तरह मुसलमान जो दिखना था। मैंने कोई आभूषण भी नहीं पहना था, सिर्फ औरंगजेब काल के सिक्के के समान दिखने वाली एक अँगूठी पहनी थी। वाहन खचाखच भरा था, जिसमें अधिकतर लोग नींद में थे। वाहन की सारी सीटें भरी हुई थीं। मैं चमड़े का पट्टा पकड़कर बड़ी मुश्किल से खड़ी हुई थी। मेरे कंधे पुस्तकों से भरे बैग के बोझ के कारण झुके जा रहे थे।

उसके बाद मुझे फिर कभी पाकिस्तान नहीं बुलाया गया। कई वर्षों बाद मैंने दूरदर्शन पर एक नाटक देखा, जिसमें तेरह दिन के प्रधानमंत्री अटल बिहारी वाजपेयी को विपक्षी पार्टियों ने भारतीय संसद् के कठघरे में खड़ा कर रखा था। उस दृश्य की याद ताजा हो आई, जोन ऑफ आर्क पर मुकदमा। उस समय मुझे भारतीय लोकतंत्र बहुत भद्दा और शर्मनाक लगा।"

विरोधी भी अटलजी के प्रशंसक

प्रसिद्ध अभिनेता एवं राजनेता राज बब्बर ने अटलजी के बहुआयामी व्यक्तित्व की प्रशंसा करते हुए उन्हें विरोधियों का भी प्रशंसक स्वीकार किया है—

मैं पिछले 30 वर्षों से अटलजी का प्रशंसक हूँ। पहले मैंने उनके बोलने की कला के बारे में केवल सुना ही था, जब पहली बार उनका भाषण सुना तो उन पर फिदा हो गया। हम तब राजनीति में रुचि रखनेवाले छात्र थे। युवा राजनीतिक कार्यकर्ता के नाते हम उनकी धाराप्रवाह भाषा से प्रभावित थे। मैंने जब भी संभव हुआ, उनका एक भी भाषण सुनने का मौका नहीं छोड़ा। उनकी तर्कशैली बेजोड़ थी। हम उनके अनुयायी बन गए थे। हमारे राजनीतिक विचार भी एक से होते थे। बाद में मैं डॉ. लोहिया के प्रभाव में आया और कट्टर लोहियावादी बन गया, जो अब भी हूँ। लेकिन वाजपेयीजी के प्रति आज भी वही सम्मान बरकरार है। इसके बाद फिर ऐसा मौका आया, जब हम दोनों एक ही लोकसभा क्षेत्र से खड़े हुए। मैं श्री वाजपेयी के खिलाफ नहीं बल्कि उनकी पार्टी की सांप्रदायिक विचारधारा के खिलाफ चुनाव लड़ रहा था। अपने चुनाव प्रचार में भी मैंने उनके सम्मान को ठेस पहुँचाने कोई का प्रयास नहीं किया।

जब मैं नामांकन पत्र भरने गया, उसी समय वे अपनी उम्मीदवारी का पर्चा दाखिल कर बाहर आ रहे थे। मैंने उनके पैर छुए और आशीर्वाद माँगा। उन्होंने मुसकराते हुए कहा, "वोट तो मैं नहीं दूँगा।" मैंने उनसे कहा कि उनके वर्षों पुराने प्रशंसक को ऐसा बड़ा कार्य सौंपा गया है, उनको उसे आशीर्वाद जरूर देना चाहिए। उन्होंने मेरे सिर पर हाथ रखकर कहा, "मेरा आशीर्वाद है।"

ईमानदार

समता पार्टी के अध्यक्ष एवं समाजवादी नेता श्री जॉर्ज फर्नांडीज अटलजी की कार्यप्रणाली, व्यक्तिगत ईमानदारी, व्यवहारकुशलता एवं देशप्रेम की प्रशंसा इस प्रकार करते हैं—

श्री अटल बिहारी वाजपेयी उन अग्रणी सांसदों में से हैं, जिनका किसी मुद्दे को सामने रखने, भाषा के सटीक प्रयोग तथा मुद्दे के प्रति ईमानदारी में एक अलग ही अंदाज है। एक वक्ता के रूप में वे अद्वितीय हैं। उनकी वाक्-शैली सुनने का अलग ही मजा है।

संसद् वह स्थान है, जहाँ देश के सामने बड़े मुद्दे रखे जाते हैं तथा संसद् व संसद् के बाहर उन मुद्दों पर काररवाई जारी रखी जाती है। मधु लिमये, ज्योति बसु

और फिरोज गांधी के राजनैतिक जीवन में यह कार्यशैली प्रमुख रही है, पर अटलजी की कार्यशैली इनसे अलग है। वास्तव में यह उनकी व्यक्तिगत ईमानदारी तथा उनका लोगों से लगातार संबंध बनाए रखने का नतीजा है। उनका किसी विवाद से परे रहना उनके सार्वजनिक जीवन की सबसे बड़ी उपलब्धि है।

मोरारजी देसाई की सरकार में विदेश मंत्री की हैसियत से उन्होंने जैसा काम किया, वह उनके ऐसे व्यक्तित्व का प्रमाण है, जिसमें देश का हित सभी हितों से सर्वोपरि है। मुख्य तौर से उनकी स्वच्छ एवं ईमानदार छवि उनका सबसे बड़ा गुण है। मैं उनके भाषण को काफी ध्यान से सुनता हूँ। अटलजी के भाषणों में उनकी विद्वत्ता और देशप्रेम दोनों के दर्शन होते हैं।

शुद्ध आचरण

भारत के जाने-माने समाजसेवक श्री नानाजी देशमुख अटलजी के आचरण एवं प्रभावशाली वाणी की प्रशंसा करते हुए नहीं थकते—

अटलजी और मैं पिछले 20 वर्षों से अलग-अलग क्षेत्रों में काम कर रहे हैं, लेकिन हम हमेशा से एक-दूसरे के बहुत करीब रहे हैं। हम दोनों को राष्ट्रीय स्वयंसेवक संघ के संस्कार मिले हैं, इसलिए हममें कोई वास्तविक दूरी नहीं है। हालाँकि मैंने '70 के दशक के अंत में राजनीति छोड़ दी और अटलजी उसमें बने रहे। उन्होंने भारतीय राजनीति में अपने आचरण, उद्देश्यपरक और ओजस्वी वाणी से एक विशिष्ट स्थान बनाया है।

कुछ लोग सोचते हैं कि उनका संवेदनशील कवि हृदय मौजूदा आपाधापी की राजनीति के लिए उपयुक्त नहीं है, लेकिन मैं इससे पूरी तरह से असहमत हूँ। मेरे विचार से कवि होना एक व्यक्ति की बड़ी ताकत है। क्योंकि एक कवि में लोगों तक पहुँचने और जमीन से जुड़ने की खासियत अंतर्निहित होती है। वे जो कविताएँ लिखते हैं, उनमें स्वाभाविक अभिव्यक्ति होती है, जो विश्व के बारे में उनकी दृष्टि और कल्पना दरशाती है। यही बात उनके भाषणों और बातचीत में भी है तथा वे उनकी सच्ची ताकत भी हैं।

गंभीर व्यक्तित्व

प्रसिद्ध लेखिका अमृता प्रीतम ने अटलजी को नेक, गंभीर और रहमदिल इनसान बताते हुए उनके भाषणों पर निम्न विचार व्यक्त किए—

जब मैं राज्यसभा की सदस्या थी तो अटलजी से मेरी कभी-कभी मुलाकात

हो जाया करती थी। मुझे वे हमेशा एक बहुत ही नेक, गंभीर और रहमदिल इनसान लगे। यही नहीं, वे जितने अच्छे इनसान हैं, उतने ही अच्छे वक्ता भी हैं। कई बार मुझे संसद् में उनका भाषण सुनने का मौका मिला, हालाँकि उनका कोई भी भाषण ऐसा नहीं, जो काबिले-तारीफ न हो।

फिर भी मेरे खयाल में 1984 में दिल्ली में सिख विरोधी दंगों के बारे में उनका भाषण अविस्मरणीय है। दंगे-फसादों के शिकार सिख लोगों के प्रति उनकी सहानुभूति, उनकी करुणा, सिखों की दुर्दशा पर उनका दर्द और गहरा दुःख...उनके भाषण का एक-एक शब्द संवेदना से ओत-प्रोत था। मेरे लिए तो उनका वह भाषण एक अमिट यादगार है।

कुशल राजनीतिज्ञ

चर्चित शास्त्रीय गायक राजन-साजन मिश्र ने अटलजी के अनोखे व्यक्तित्व की प्रशंसा करते हुए उन्हें कुशल राजनीतिज्ञ बताया है—

"आदरणीय अटल बिहारी वाजपेयीजी हमारे देश के एक ऐसे अनोखे नेता हैं, जिनका संपूर्ण व्यक्तित्व हम सभी के लिए अनुकरणीय है। सच्ची भारतीयता के साथ उनके व्यक्तित्व व भाषा में जो मिठास और मोहकता है, वह सभी को अपनी ओर आकर्षित करती है। एक अत्यंत कुशल राजनीतिज्ञ होने के साथ-साथ उनका साहित्य व संगीत से भी अपार लगाव है, उनकी कविताएँ प्रेरणादायक हैं। मुझे भी दो-तीन अवसरों पर उनके सामने अपनी स्वरांजलि प्रस्तुत करने का सौभाग्य मिला, तब स्वर के प्रति उनकी आत्मीयता का दर्शन हुआ। ऐसे महान् व्यक्ति से मिलना, उनको सुनना, कुछ सीखना अपने आप में सौभाग्य की बात है।"

त्याग और सादगी के प्रतीक

विश्वप्रसिद्ध गायक श्री भीमसेन त्यागी ने अटलजी को त्याग और सादगी का प्रतीक स्वीकार किया है—

"मेरा राजनीति और राजनेताओं से कभी संबंध नहीं रहा, परंतु कविहृदय अटलजी के बारे में ऐसा नहीं कह सकता। मेरी और उनकी मुलाकात हवाई अड्डे पर जल्दबाजी में आते-जाते हो जाती है। उस समय संभव होने पर अटलजी जरूर बात करते हैं। समय होने पर वे गाना सुनने भी आते हैं। इसलिए वे अन्य राजनेताओं से अलग नजर आते हैं। अटलजी एक सभ्य और प्रामाणिक व्यक्ति हैं। मुझे याद है कि मेरे 75वें जन्मदिवस पर उन्होंने संगीत पर जो अप्रतिम और सारगर्भित भाषण

दिया था। कविहृदय होने के कारण वे कलाकार के मन को भलीभाँति समझते हैं। राजनीति में रहकर भी उन्होंने कभी विवेक नहीं छोड़ा। मेरे विचार से अटल बिहारी वाजपेयीजी त्याग और सादगी के प्रतीक हैं। ऐसे लोग विरले ही होते हैं।"

पूर्वग्रह से मुक्त

देश के जाने-माने उद्योगपति श्री कुलवंत राय ने अटलजी को पूर्वग्रह से मुक्त व्यक्ति मानते हुए कहा—

"अटलजी की दो खूबियाँ मुझे सबसे ज्यादा भाती हैं। वे सच्चे, भले मनुष्य हैं और प्रखर वक्ता होने के साथ-साथ मृदुभाषी हैं। मेरे विचार से वे संसद् के सर्वश्रेष्ठ वक्ता हैं, क्योंकि वे विभिन्न मसलों पर सटीक निष्कर्षों और सुझावों के साथ बोलते हैं। इसमें कोई आश्चर्य नहीं कि अन्य पार्टियों के सदस्य उन्हें सम्मान देते हैं। वे धर्मांध नहीं हैं और जाति, वर्ग तथा नस्ल से परे जनहित के वास्तविक मुद्दों पर बोलते हैं।

"अटलजी किसी तरह के पूर्वग्रह से पूरी तरह मुक्त हैं। वे हमारी एक संस्था 'सनातन संगीत संस्कृति' की समिति में हैं। इस समिति से हम विभिन्न कलाकारों को पुरस्कृत करते हैं। वे हमेशा ट्रस्ट की बैठकों और काररवाइयों में शामिल होते हैं। जब भी हमें कोई समस्या आती है, हम उनसे सलाह लेते हैं। देखा गया कि आड़े वक्त में इनके सुझाव और मार्गदर्शन से हमें नई राह मिली है।"

जीवन का उद्देश्य एवं सुख-दुःख

अपने एक साक्षात्कार में श्री अटल बिहारी वाजपेयी ने अपने जीवन का उद्देश्य जीवन के हर क्षेत्र में अपनी भूमिका गंभीरता से निभाना और भारत को एक महान् देश के रूप में देखना बताया।

संयुक्त राष्ट्र महासभा में हिंदी में भाषण देने के अनुभव को वे अपना सर्वाधिक खुशी का क्षण मानते हैं। अपने पिता की मृत्यु पर उन्हें सर्वाधिक दुःख हुआ था। अटलजी के अनुसार उनके करीबी मित्र लालकृष्ण आडवाणी, भैरोंसिंह शेखावत, एन.एम. घटाटे, जसवंत सिंह तथा मुकुंद मोदी हैं।

लोकप्रिय नेता

फैशन डिजाइनर रितु बेरी ने उन्हें लोकप्रिय राजनेता मानते हुए कहा है—

"अटलजी एक बड़े विचारवान और सभ्य पुरुष हैं। मेरे विचार में देखा जाए

तो उनका अंदाज सबसे निराला और अलग है। किसी भी तरह के विवाद से बचे रहना उनके सार्वजनिक जीवन की एक बड़ी उपलब्धि है, जो आजकल देखने को कम ही मिलती है। वे सबसे लोकप्रिय राजनेता हैं और किसी भी तरह के सांप्रदायिक पूर्वग्रह से परे हैं। वे एक विशिष्ट वक्ता और कल्पनाशील व्यक्ति हैं। इनसान ही नहीं, जानवरों के प्रति भी वे बहुत रहमदिल और संवेदनशील हैं।"

सकारात्मक नजरिया

प्रसिद्ध उद्योगपति स्व. श्री रौनक सिंह ने उनके सकारात्मक नजरिए की तारीफ इस प्रकार की थी—

"अटलजी मेरे जीवन में आनेवाले सर्वश्रेष्ठ लोगों में से एक हैं। उनका नजरिया हमेशा सकारात्मक रहता है, इसलिए उनसे बातचीत करना अच्छा लगता है। विदेश नीति और अंतरराष्ट्रीय राजनीति के वे अच्छे जानकार हैं। मैं जानता हूँ कि अटलजी के नेतृत्व में अन्य देशों से हमारे संबंधों का हमें बड़ा फायदा मिलेगा, क्योंकि अटलजी अर्थव्यवस्था के विभिन्न पहलुओं को भी समझते हैं।"

स्पष्टवादी

प्रसिद्ध डोगरी लेखिका पद्मा सचदेव अटलजी को स्पष्टवादी वक्ता के साथ-साथ लोगों के दिलों तक पहुँचने का रास्ता जानने वाला मानते हुए कहती हैं—

"अटलजी को मैं पिछले करीब 18 वर्षों से न सिर्फ अच्छे नेता के रूप में, बल्कि एक अच्छे कवि और बहुत ही अच्छे इनसान के रूप में भी जानती हूँ। वे निर्भीक और स्पष्टवादी वक्ता हैं, जो लाखों भारतीयों के दिलों पर अपनी साफ छवि के कारण राज कर रहे हैं। अटलजी की कविताएँ दिल को छू लेने वाली हैं। इनकी ज्यादातर कविताओं का विषय राष्ट्र है और इन्हीं में छिपी है देशभक्ति की भावना। मैं इनकी कविताओं से हमेशा प्रभावित रही हूँ। हमारे देश में बहुत से नेता है, जिनमें बहुत सी अच्छाइयाँ हैं, पर लोगों के दिलों तक पहुँचने का रास्ता सिर्फ अटलजी को ही आता है।"

बेहतरीन इनसान

प्रसिद्ध ओडिसी नृत्यांगना सोनल मानसिंह एक साक्षात्कार में अटलजी को राष्ट्रीय नेता के साथ-साथ एक बेहतरीन इनसान बताते हुए कहती हैं—

'अटल' यानी दृढ, स्थिर, अडिग और 'बिहारी' यानी खिला हुआ सौंदर्य,

गतिशील, प्रवासी, भावमय और एक स्थान से दूसरे स्थान तक जानेवाला।

अटलजी में इन अर्थों का अनूठा संगम है। उनके विचार, चरित्र और जीवन उनके नाम को सार्थक करते हैं। वे हमेशा इनमें ही रचे-बसे होने का प्रभाव छोड़ते हैं। यदि मैं कहूँ तो वे 'कमल' की तरह खिले हुए हैं।

एक शीर्ष नेता होने के अलावा वे नि:संदेह एक बेहतरीन इनसान भी हैं, तदानुभूति श्रेष्ठ विनोद और छुपी हुई उदारता से भरे। उनका असली व्यक्तित्व कभी प्रकट नहीं होता, लेकिन जब वे कविताएँ पढ़ते हैं, श्रेष्ठ संगीत सुनते हैं, मेरे नृत्य कार्यक्रमों की आलोचनात्मक सराहना करते हैं, प्राकृतिक सौंदर्य में खो जाते हैं और किसी कलाकार की कला को पूरी तन्मयता से देखते हैं, तब उनको आसानी से पहचाना जा सकता है।

अटलजी जैसे लोग विरले ही होते हैं। वे मेरी श्रद्धा, प्रशंसा और आकर्षण के केंद्र हैं।

आत्मीय छवि

प्रसिद्ध संगीतकार श्री वीर फड़के ने अटलजी को आत्मीय छवि वाला व्यक्ति स्वीकारते हुए कहा, "मुझे ठीक-ठीक याद नहीं कि मैं अटलजी से पहली बार मिला था, लेकिन उनकी मुसकराती हुई आत्मीय छवि और कवि हृदय व्यवहार अब भी मुझे अच्छी तरह से याद है। उनमें मराठी कविता और साहित्य की गहरी समझ है।"

प्रधानमंत्री के रूप में अटलजी का कार्यकाल

सन् 2003 में कार्यकाल पूरा होने से पहले भयंकर गरमी में संपन्न कराए गए लोकसभा चुनावों में भाजपा के नेतृत्व वाले राष्ट्रीय जनतांत्रिक गठबंधन (एन. डी.ए.) ने वाजपेयीजी के नेतृत्व में चुनाव लड़ा और 'भारत उदय' (अंग्रेजी में इंडिया शाइनिंग) का नारा दिया। इस चुनाव में किसी भी पार्टी को बहुमत नहीं मिला। ऐसी स्थिति में वामपंथी दलों के समर्थन से कांग्रेस ने भारत की केंद्रीय सत्ता पर कायम होने में सफलता प्राप्त की और भाजपा विपक्ष में बैठने को मजबूर हुई। संप्रति वे राजनीति से संन्यास ले चुके हैं और नई दिल्ली में 6-ए, कृष्ण मेनन मार्ग स्थित सरकारी आवास में रहते हैं।

भारत को परमाणु शक्ति संपन्न राष्ट्र बनाना

अटल सरकार ने 11 और 13 मई, 1998 को पोखरण में पाँच भूमिगत परमाणु

परीक्षण करके भारत को परमाणु शक्ति संपन्न देश घोषित कर दिया। इस कदम से उन्होंने भारत को निर्विवाद रूप से विश्वमानचित्र पर एक सुदृढ वैश्विक शक्ति के रूप में स्थापित कर दिया। यह सब इतनी गोपनीयता से किया गया कि अतिविकसित जासूसी उपग्रहों व आधुनिक तकनीकी से संपन्न पश्चिमी देशों को इसकी भनक तक नहीं लगी। यही नहीं, इसके बाद पश्चिमी देशों द्वारा भारत पर अनेक प्रतिबंध लगाए गए, लेकिन वाजपेयी सरकार ने सबका दृढतापूर्वक सामना करते हुए आर्थिक विकास की ऊँचाइयों को छुआ।

पाकिस्तान से संबंधों में सुधार की पहल

19 फरवरी, 1999 को सदा-ए-सरहद नाम से दिल्ली से लाहौर तक बस सेवा शुरू की गई। इस सेवा का उद्घाटन करते हुए प्रथम यात्री के रूप में वाजपेयीजी ने पाकिस्तान की यात्रा करके नवाज शरीफ से मुलाकात की और आपसी संबंधों में एक नई शुरुआत की।

कारगिल युद्ध

कुछ ही समय पश्चात् पाकिस्तान के तत्कालीन सेना प्रमुख परवेज मुशर्रफ की शह पर पाकिस्तानी सेना व उग्रवादियों ने कारगिल क्षेत्र में घुसपैठ करके कई पहाड़ी चोटियों पर कब्जा कर लिया। अटल सरकार ने पाकिस्तान की सीमा का उल्लंघन न करने की अंतरराष्ट्रीय सलाह का सम्मान करते हुए धैर्यपूर्वक, किंतु ठोस काररवाई करके भारतीय क्षेत्र को मुक्त कराया। इस युद्ध में प्रतिकूल परिस्थितियों के कारण भारतीय सेना को जान-माल का काफी नुकसान हुआ और पाकिस्तान के साथ शुरू किए गए संबंध-सुधार के प्रयास एक बार फिर शून्य हो गए।

स्वर्णिम चतुर्भुज परियोजना

भारत के चारों कोनों को सड़क मार्ग से जोड़ने के लिए स्वर्णिम चतुर्भुज परियोजना (अँगरेजी में गोल्डन क्वाड्रिलेट्रल प्रोजेक्ट या संक्षेप में जी.क्यू. प्रोजेक्ट) की शुरुआत की गई। इसके अंतर्गत दिल्ली, कलकत्ता, चेन्नई व मुंबई को राजमार्ग से जोड़ा गया। ऐसा माना जाता है कि अटलजी के शासनकाल में भारत में जितनी सड़कों का निर्माण हुआ, उतना केवल शेरशाह सूरी के समय में ही हुआ था।

वाजपेयी सरकार के अन्य प्रमुख कार्य

- एक सौ साल से भी ज्यादा पुराने कावेरी जल विवाद को सुलझाया।
- संरचनात्मक ढाँचे के लिए कार्यदल, सॉफ्टवेयर विकास के लिए सूचना एवं प्रौद्योगिकी कार्यदल, विद्युतीकरण में गति लाने के लिए केंद्रीय विद्युत् नियामक आयोग आदि का गठन किया।
- राष्ट्रीय राजमार्गों एवं हवाई अड्डों का विकास, नई टेलीकॉम नीति तथा कोकण रेलवे की शुरुआत करके बुनियादी संरचनात्मक ढाँचे को मजबूत करनेवाले कदम उठाए।
- राष्ट्रीय सुरक्षा समिति, आर्थिक सलाहकार समिति, व्यापार एवं उद्योग समिति भी गठित की।
- आवश्यक उपभोक्ता सामग्रियों की कीमतें नियंत्रित करने के लिए मुख्यमंत्रियों का सम्मेलन बुलाया।
- उड़ीसा के सर्वाधिक गरीब क्षेत्र के लिए सात सूत्री गरीबी उन्मूलन कार्यक्रम शुरू किया।
- आवास निर्माण को प्रोत्साहन देने के लिए अर्बन सीलिंग ऐक्ट समाप्त किया।
- ग्रामीण रोजगार सृजन एवं विदेशों में बसे भारतीय मूल के लोगों के लिए बीमा योजना शुरू की।
- सरकारी खर्चे पर रोजा-इफ्तार शुरू किया।

ये सारे तथ्य सरकारी विज्ञप्तियों के माध्यम से समय-समय पर प्रकाशित होते रहे हैं।

पुरस्कार

- 1992 : पद्म विभूषण
- 1993 : डी.लिट्. (कानपुर विश्वविद्यालय)
- 1994 : लोकमान्य तिलक पुरस्कार
- 1994 : श्रेष्ठ सांसद पुरस्कार
- 1994 : भारत रत्न पं. गोविंद वल्लभ पंत पुरस्कार
- 2015 : डी.लिट्. (मध्य प्रदेश भोज मुक्त विश्वविद्यालय)
- 2015 : 'फ्रेंड्स ऑफ बांग्लादेश लिबरेशन वार अवॉर्ड' (बांग्लादेश सरकार द्वारा प्रदत्त)
- 2015 : भारतरत्न से सम्मानित।

भारत रत्न अलंकरण से सम्मानित

दिनांक 27 मार्च, 2015 को भारत के पूर्व प्रधानमंत्री, राजनीतिज्ञ और कवि अटल बिहारी वाजपेयी को राष्ट्रपति प्रणब मुखर्जी ने उनके आवास पर जाकर 'भारत रत्न' से सम्मानित किया। यह सम्मान पाने वाले वे छठे प्रधानमंत्री हैं। इससे पूर्व प्रधानमंत्री पं. जवाहर लाल नेहरू (1955), लालबहादुर शास्त्री (मरणोपरांत, 1966), इंदिरा गांधी (1971), मोरारजी देसाई (1991) और राजीव गांधी (मरणोपरांत, 1991) को यह सम्मान प्राप्त हो चुका है।

सन् 1942 में 'भारत छोड़ो आंदोलन' से अपने राजनैतिक जीवन की शुरुआत करनेवाल श्री अटल बिहारी वाजपेयी एक सहृदय इनसान, कुशल प्रशासक (अपने ही मुख्यमंत्री को राजधर्म निभाने की सीख देने वाले) और बेहतरीन कवि (कविताएँ यहाँ पढ़ें) के रूप में जाने जाते हैं। हालाँकि स्वास्थ्य संबंधी दिक्कतों के कारण वे पिछले काफी समय से सक्रिय जीवन में नहीं हैं, पर उनका जीवन एक खुली किताब होने के कारण लाखों लोगों को प्रेरित करता रहा है। यहाँ प्रस्तुत है उनके जीवन की एक बेहद रोचक, प्रेरक और सच्ची घटना, जिसके बारे में बहुत कम लोग जानते हैं—

करिश्माई नेता, ओजस्वी वक्ता, प्रखर कवि और विरोधियों में भी सम्मान के पात्र रहे राजनेता एवं पूर्व प्रधानमंत्री अटल बिहारी वाजपेयी को आज देश के शीर्ष नागरिक पुरस्कार भारत रत्न से सम्मनित किया गया।

राष्ट्रपति प्रणब मुखर्जी ने प्रोटोकोल को एक तरफ कर इन दिनों बीमार चल रहे वाजपेयीजी के कृष्ण मेनन मार्ग स्थित निवास पर खुद जाकर उन्हें इस पुरस्कार से नवाजा। इस मौके पर वाजपेयीजी के कुछ नजदीकी संबंधी, उपराष्ट्रपति हामिद अंसारी, प्रधानमंत्री नरेंद्र मोदी और बीजेपी के कई वरिष्ठ नेता मौजूद थे। राष्ट्रपति भवन की ओर से जारी संक्षिप्त विज्ञाप्ति में वाजपेयी को भारत रत्न से सम्मानित किए जाने की घोषणा की गई।

राष्ट्रपतिजी द्वारा वाजपेयीजी को भारत रत्न से सम्मानित किए जाने के बाद पूर्व प्रधानमंत्री के निवास के लॉन में एक पार्टी का आयोजन हुआ, जिसमें अन्य लोगों के अलावा कुछ केंद्रीय मंत्रियों और जम्मू कश्मीर के मुख्यमंत्री मुफ्ती मोहम्मद सईद सहित कुछ राज्यों के मुख्यमंत्री शामिल हुए।

प्रधानमंत्री मोदी ने वाजपेयीजी को भारत रत्न से सम्मानित किए जाने पर खुशी जताते हुए कहा, "अटल बिहारी वाजपेयी भारतमाता के ऐसे प्रिय सपूत हैं, जिन्होंने

अपना पूरा जीवन राष्ट्र को समर्पित कर दिया। आज हमें उन्हें भारत रत्न से सम्मानित करने का सौभाग्य मिला।"

उन्होंने ने कहा, "अटलजी का जीवन राष्ट्र को समर्पित रहा, वह देश के लिए जिए और हर पल देश के बारे में सोचा। भारत में मेरे जैसे करोड़ों कार्यकर्ता हैं, जिनका जीवन वाजपेयीजी से प्रेरित है।"

वाजपेयीजी को उनके जन्मदिन से एक दिन पहले 24 दिसंबर को भारत रत्न देने संबंधी निर्णय का ऐलान किया गया था। वाजपेयी बीते साल 25 दिसंबर को 90 साल के हो गए।

श्री वाजपेयी निम्न पदों पर आसीन रहे—

1951 — भारतीय जनसंघ के संस्थापक-सदस्य

1951 — दूसरी लोकसभा के लिए निर्वाचित

1957-77 — भारतीय जनसंघ संसदीय दल के नेता

1962 — राज्यसभा के सदस्य

1966-67 — सरकारी आश्वासन समितियों के अध्यक्ष

1967 — चौथी लोकसभा के लिए पुनः निर्वाचित (दूसरी बार)

1967-70 — लोकलेखा समिति के अध्यक्ष

1968-73 — भारतीय जनसंघ के अध्यक्ष

1971 — पाँचवीं लोकसभा के लिए पुनः निर्वाचित (तीसरी बार)

1977 — छठी लोकसभा के लिए पुनः निर्वाचित (चौथी बार)

1977-79 — केंद्रीय विदेश मंत्री

1977-80 — जनता पार्टी के संस्थापक सदस्य

1980 — सातवीं लोकसभा के लिए पुनः निर्वाचित (पाँचवीं बार)

1980-86 — भारतीय जनता पार्टी के अध्यक्ष

1980-84, 1986 और
1993-96 — भाजपा संसदीय दल के नेता

1986 — राज्यसभा के सदस्य; सामान्य प्रयोजन समिति के सदस्य

1988-90 — आवास समिति के सदस्य; कार्य-संचालन सलाहकार समिति के सदस्य

1990-91 — याचिका समिति के अध्यक्ष

1991 — दसवीं लोकसभा के लिए पुनः निर्वाचित (छठी बार)

1991-93	—	लोकलेखा समिति के अध्यक्ष
1993-96	—	विदेश मामलों संबंधी समिति के अध्यक्ष; लोकसभा में प्रतिपक्ष के नेता
1996	—	ग्यारहवीं लोकसभा के लिए पुनः निर्वाचित (सातवीं बार)
16 मई, 1996—31 मई, 1996	—	तक-भारत के प्रधानमंत्री; विदेश मंत्री और इन मंत्रालयों/विभागों के प्रभारी मंत्री-रसायन तथा उर्वरक; नागरिक आपूर्ति, उपभोक्ता मामले और सार्वजनिक वितरण; कोयला; वाणिज्य; संचार; पर्यावरण और वन; खाद्य प्रसंस्करण उद्योग; मानव संसाधन विकास; श्रम; खान; गैर-परंपरागत ऊर्जा स्रोत; लोक शिकायत एवं पेंशन; पेट्रोलियम और प्राकृतिक गैस; योजना तथा कार्यक्रम कार्यान्वयन; विद्युत्; रेलवे, ग्रामीण क्षेत्र और रोजगार; विज्ञान तथा प्रौद्योगिकी; इस्पात; भूतल परिवहन; कपड़ा; जलसंसाधन; परमाणु ऊर्जा; इलेक्ट्रॉनिक्स; जम्मू व कश्मीर मामले; समुद्री विकास; अंतरिक्ष और किसी अन्य कैबिनेट मंत्री को आबंटित न किए गए अन्य विषय।
1996-97	—	प्रतिपक्ष के नेता, लोकसभा
1997-98	—	अध्यक्ष, विदेश मामलों संबंधी समिति
1998	—	बारहवीं लोकसभा के लिए पुनः निर्वाचित (आठवीं बार)
1998-99	—	भारत के प्रधानमंत्री; विदेश मंत्री; किसी मंत्री को विशिष्ट रूप से आबंटित न किए गए मंत्रालयों/विभागों का भी प्रभार
1999	—	तेरहवीं लोकसभा के लिए पुनः निर्वाचित (नौवीं बार)
13 अक्तूबर, 1999 से 13 मई, 2004 तक	—	भारत के प्रधानमंत्री और किसी मंत्री को विशिष्ट रूप से आबंटित न किए गए मंत्रालयों/विभागों का भी प्रभार
2004	—	चौदहवीं लोकसभा के लिए पुनः निर्वाचित (दसवीं बार)

□

उपसंहार

सामान्य राजनेता से विश्व की सर्वप्रिय शख्सियत तक पहुँचे अटलजी का जन्म 25 दिसंबर (क्रिसमस के दिन), 1926 को ग्वालियर में हुआ था। वे अपने पिता पंडित कृष्णबिहारी वाजपेयी की चौथी संस्थान हैं। वे संस्कारी परिवार के हैं। उनमें मानवतावाद का बाहुल्य है। मानवीय संवेदना एवं निरपेक्षता की दृष्टि से उनका व्यक्तित्व कहीं-कहीं राष्ट्रपिता महात्मा गांधी की तरह लगता है।

पं. जवाहरलाल नेहरू की तरह ही अटलजी की पहली मोहब्बत (फर्स्ट लव) भी राजनीति रही है। पत्रकारिता उनका कार्य और उनकी रुचि थी। उन्होंने एक दर्जन पुस्तकें लिखी हैं और पार्टी के प्रकाशनों 'राष्ट्रधर्म', पाञ्चजन्य और वीर अर्जुन का संपादन किया है। 1947-52 तक वे पत्रकारिता से जुड़े रहे। उन्होंने 1949-50 में लखनऊ से दैनिक स्वदेश का प्रकाशन शुरू किया था। 1951 में डॉ. श्यामाप्रसाद मुकर्जी ने जनसंघ की स्थापना की। अटलजी जनसंघ के संस्थापकों में से थे। 1977 में जनता पार्टी बनी तो वे उनके साथ चले गए। 1977 से 78 तक वे भारत के विदेश मंत्री रहे। भारत में यह पहली गैर-कांग्रेस केंद्रीय सरकार थी। 1980 में भारतीय जनता पार्टी का गठन हुआ। वे लगातार 6 वर्ष तक भारतीय जनता पार्टी के संस्थापक अध्यक्ष रहे।

संसद् में रहकर चार दशकों तक उन्होंने राष्ट्र की सेवा की है। उन्हें 1992 में 'पद्म विभूषण' से सम्मानित था। 1993 में कानपुर विश्वविद्यालय ने उन्हें मानद 'डॉक्टरेट' की उपाधि दी। 1994 में उन्हें देश के सर्वश्रेष्ठ सांसद का पुरस्कार दिया गया। अटलजी 1998 में भारत के प्रधानमंत्री थे।

प्रजातंत्र संख्या और आँकड़ों का खेल है, पर प्रजातंत्र वस्तुत: विरोध और विपक्ष के प्रति एक बेहतर रवैए का नाम है। इसमें सत्ताधारी जब अपने विरोधी के

प्रति अटलजी जैसा दार्शनिकता और व्यवहार का परिचय देते हैं, वह महत्त्वपूर्ण है। 'इमरजेंसी' में जब वे बंगलौर जेल में बंद थे, उन्होंने इस कैद को 'श्रीमती इंदिरा गांधी का आतिथ्य' कहा था।

उनकी जिह्वा पर सरस्वती विराजती है। उनके कथ्य में हास्य और व्यंग्य का पुट होता है, जो उनके व्यक्तित्व को सामने वाले के मुकाबले इक्कीस कर देता है। संसद् में जब अटलजी जनसंघ के नेता थे, और तत्कालीन प्रधानमंत्री पं. जवाहरलाल नेहरू ने अपने एक वक्तव्य में जनसंघ की भारी खिंचाई की तो भला अटलजी चुप रहनेवाले कहाँ थे। वे बोले, "मैं जानता हूँ, प्रधानमंत्री के हर सुबह सिर के बाल खड़े होते हैं (शीर्षासन करते थे), इसलिए जनसंघ उन्हें ऊपर से नीचे दिखाई देती है।"

उपसंहार के रूप में हम देखते हैं कि एक बहुमुखी व्यक्तित्व के स्वामी एवं भारतीय जीवन जीने वाले राजनीतिज्ञ अटल बिहारी वाजेपयी तल्ख होते हैं तो कबीर लगते हैं, जब राष्ट्रमय हो जाते हैं तो तुलसीदास बन जाते हैं। उनका कद जनमानस के बीच पहुँचकर भारतीय जनता पार्टी को पीछे छोड़ जाता है। वह भारतीय जनता पार्टी से जुड़ जाते हैं। लिहाजा पार्टी छोटी पड़ जाती है। गंभीरतापूर्वक विचार किया जाए तो अटल बिहारी वाजपेयी ने अपने जीवन की शती भारतीय राजनीति को समर्पित कर दी। 16 मई, 1996 को उन्होंने प्रधानमंत्री पद की शपथ ली थी, के संबंध में दो प्रतिक्रियाएँ महत्त्वपूर्ण हैं। एक स्वयं अटल बिहारी वाजपेयी को प्रधानमंत्री पद से त्याग-पत्र देते हुए खुशी हुई थी। वह खुशी लोगों से मिली सहानुभूति और स्नेह के कारण हुई थी।

दूसरी प्रतिक्रिया राष्ट्रपति द्वारा थी गई टिप्पणी थी। अपनी प्रतिक्रिया तत्कालीन राष्ट्रपति डॉ. शंकर दयाल शर्मा ने इस प्रकार व्यक्त की है—"मैंने अपने राष्ट्रपति कार्यकाल के दौरान अटल बिहारी वाजपेयी को प्रधानमंत्री पद की शपथ दिलाई तो राजनीतिक क्षेत्रों में चर्चाएँ काफी चलीं कि हम दोनों मध्य प्रदेश के हैं, इस कारण मैंने उन्हें शपथ दिलाई थी, पर मुझे विश्वास था कि वे दोबारा प्रधानमंत्री बनेंगे ही।" और मेरा विश्वास सत्य निकला। माखनलाल चतुर्वेदी राष्ट्रीय पत्रकारिता विश्वविद्यालय के स्थापना दिवस पर वाजपेयीजी ने कहा था कि "पत्रकारिता पहले मिशन थी, फिर प्रोफेशन हुई और अब धंधा बनती जा रही है। परंतु पत्रकार बिना रुके-झुके तटस्थ होकर संजय की भूमिका निभाएँ तो धृतराष्ट्र जैसे अंधे राजा को भी यथार्थ से परिचित करा सकते हैं।" आज के मीडिया और पत्रकारों को खुशामद

की नहीं, ईमानदार, बेबाकी और बेलागपन की जरूरत है। उन्हें समाज की आँख और कान बनना होगा।

राजनीति के लोग व्यक्तिगत रूप से वाजपेयीजी के कायल हैं। अनेक बौद्धिक यह मानते हैं कि अटल बिहारी वाजपेयी के बारे में उनकी एक राय भी है। "यू मे हेट हिज पार्टी, हिज आइडियोलॉजी, बट यू विल लव दिस मैन।" एक तरह से देखा जाए तो अटलजी भारतीय राजनीति में जवाहर लालजी के बाद सबसे ज्यादा लोकप्रिय शख्सियत है। यही कारण है कि बीसवीं शताब्दी के अंतिम वर्षों और इक्कीसवीं सदी के शुरुआती दौर में पक्ष और विपक्ष की राजनीति के केंद्रबिंदु अटल बिहारी वाजपेयी ही रहे हैं।

सत्ता और विपक्ष की राजनीति दोनों में सामंजस्य और जिम्मेदारियों से वे पूर्णतः परिचित हैं। उन्हें गिरते हुए सामाजिक मूल्यों के प्रति वैसी ही चिंता है, जैसे एक परिवार के स्वामी की होती है। वे राजनीति के शिखर पुरुष हैं। वे कहते हैं कि दुर्भाग्य से आज राजनीति में आदर्शवाद के लिए स्थान ही नहीं बचा है, उसने सत्ता के घिनौने संघर्ष का रूप ले लिया है और आज का सत्य भी यही है। वाजपेयीजी एक सफल विश्लेषक और कूटनीतिज्ञ दिखाई देते हैं। मोरारजी देसाई के मंत्रिमंडल में वे विदेश मंत्री रहे। उनकी अच्छाइयों पर टिप्पणी करते हुए पूर्व विदेश मंत्री एवं प्रधानमंत्री पी.वी. नरसिंह राव कहते हैं, "संसद् में अटलजी के बौद्धिक हस्तक्षेपों ने मुझे हमेशा आकर्षित किया है। अंतरराष्ट्रीय कूटनीति में तो उनकी विशेषज्ञता का कोई सानी ही नहीं है।"

अपनी 'माँ' और अपनी 'भाषा' हिंदी को अटलजी बराबर सम्मान देते हैं। विदेश मंत्री की हैसियत से संयुक्त राष्ट्र संघ में उनका हिंदी में दिया हुआ भाषण आज भी राजनीति के आकाश में प्रतिध्वनित होता है।

अटलजी 19 मार्च, 1998 को पुनः भारत के प्रधानमंत्री बने। अठारह छोटे-छोटे स्थानीय और क्षेत्रीय दलों के सहयोग के कारण उनके पास स्पष्ट बहुमत है। उन्हें तेलुगूदेशम के सदस्यों के तटस्थ भाव की दया पर निर्भर रहना पड़ रहा है। इसके बावजूद उनका उदार व्यक्तित्व तथा सहमति से तैयार किया गया 'राष्ट्रीय एजेंडा' भाजपा एवं सहयोगी दलों की सरकार का शासकीय आधार है। स्वयं अपनी पार्टी भाजपा और राष्ट्रीय स्वयंसेवकसंघ का उन पर दबाव है, फिर भी वे सामंजस्य कर चल रहे हैं।

अटलजी के व्यक्तित्व का प्रभाव है कि जयललिता और ममता बनर्जी एक

मंच पर साथ थीं, जॉर्ज फर्नांडीज और राम जेठमलानी एक ही मंत्रिमंडल में रहे, उमा भारती और मेनका गांधी साथ-साथ हैं।

भारत की राजनीति में वे विपक्ष एवं पक्ष की भूमिका निभाते आ रहे हैं। वे भारतीय राजनीति में नैतिक मूल्यों के प्रतिष्ठापक के रूप में जाने जाते हैं। उन्होंने भारतीय राजनीति को नया मोड़ दिया है। राजनीति के लिए समर्पित श्री वाजपेयीजी का जीवन दर्पण की तरह स्वच्छ एवं निर्मल है। उन्होंने विश्व राजनीति के फलक पर भारत की गरिमा को महिमा मंडित किया है और विश्व की राजनीति को 'वसुधैव कुटुंबकम्' की विचारधारा पर ले चलने के लिए कटिबद्ध हैं। वे भारतीय राजनीति के आदर्श पुरुष हैं।

परिवर्तन अपने आप में बुरी चीज नहीं होती, वह विचारों का परिवर्तन हो, जीवन, समाज और प्रकृति का परिवर्तन हो, यदि उसकी दिशा ऊर्ध्वगामी और विकासात्मक हो तो उसे सकारात्मक माना जाता है। दूसरों के अच्छे विचारों को स्वीकार करना और उनकी प्रशंसा करना साहस का काम है, जबकि अनुदार, हठी और मूर्ख व्यक्ति जीवन भर अपनी अधकचरी मान्यताओं का बंदी बना रहता है, जिससे उसका मानसिक विकास हमेशा अवरुद्ध रहता है। इसीलिए प्रारंभ में जो वाजपेयीजी ने कहा, आज समय की माँग के अनुसार उनमें लचीलापन आया है। यह विचार बहुलतावादी भारतीय समाज के लिए अनुकूल एवं उपयोगी है।

अयोध्या प्रकरण में उनकी बदली विचारधारा भारतीय संस्कृति के अनुकूल ही है, क्योंकि भारतीय चिंतन परंपरा और धार्मिक-सांस्कृतिक सहिष्णुता की उदार हिंदू परंपरा का शायद सर्वश्रेष्ठ तत्त्व यही है और वह घृणा और विद्वेष पर आधारित न होकर प्रेम सहयोग एवं स्वीकार्यता पर आधारित है। सहिष्णुता में फिर भी एक तरह से किसी को सहते रहने की बू आती है। 'स्वीकार्यता' ज्यादा सकारात्मक और व्यापक शब्द है, जिसमें उदारता और सहनशीलता के तत्त्व अधिक प्रबल हैं। उदार हिंदुत्व की खूबसूरती भी यही है कि स्वयं उसके भीतर इतनी धाराएँ एवं उपधाराएँ मौजूद हैं और लंबे समय से उन्हें बरतते रहने का उसे इतना आंतरिक अभ्यास है कि उसे भिन्न संस्कृतियों वाले समूहों के साथ भी आराम से रहने में कोई कठिनाई नहीं हुई। यह इंद्रधनुषी परंपरा ही वास्तव में भारतीय समाज की जीवंत परंपरा है, जिसे मानने और आगे बढ़ाने का वादा वाजपेयीजी कर रहे हैं; क्योंकि एक कट्टर प्रधानमंत्री वर्तमान भारतीय समाज की हिंसक विध्वंसी और नफरत फैलाने वाली ताकतों का प्रतिनिधित्व करते हुए किस सीमा तक जा सकता है,

इसकी सिर्फ कल्पना ही की जा सकती है, जबकि उदार और सबकी भावनाओं का सम्मान करनेवाला प्रधानमंत्री भी ऐसे किसी कार्य को प्रोत्साहित नहीं कर सकता, जिससे सामाजिक सौमनस्यता बिगड़ने और राष्ट्रीय अखंडता टूटने का अंदेशा हो। वाजपेयीजी ने भी प्रधानमंत्री पद पर रहते हुए ऐसा ही उदार विचार व्यक्त किया है। हमें इस बात को नहीं भूलना चाहिए कि भाजपा सिर्फ सत्ता के लिए ही नहीं, बल्कि उनके व्यक्तिगत प्रभाव से भी काफी लचीली और व्यावहारिक हुई है।

जब अटलजी भारत से लाहौर तक की बस यात्रा करते हैं तो भी उनके विचार खुले रहते हैं। कश्मीर पर चर्चा होती है तो राजनीतिक छद्म उनके आड़े नहीं आता है, वहाँ उनकी दृढता मुशर्रफ को वार्त्ता छोड़कर भागने को मजबूर करती है। कारगिल के मामले में वे देशभक्ति का परिचय देते हैं। वे जहाँ एक ओर अमेरिका से हाथ मिलाते हैं, वहीं दूसरी ओर रूस और चीन जैसे अपने पड़ोस के देशों से अपने संबंधों को भी मजबूत बनाते हैं। विश्व वैश्वीकरण समय की माँग है, उसे भी स्वीकार करते हुए वे राष्ट्रहित में उदारवादी नीति अपनाते हैं। एक कुशल राजनीतिज्ञ का यह गुण उनको विश्व में श्रेष्ठ राजनीतिज्ञ की श्रेणी में लाता है तथा भारतीय राजनीति में उनकी सफलता का परिचायक सिद्ध होता है।

□

संदर्भ ग्रंथ-सूची

गोलवलकर, एम.एस.	'अवर नेशनहुड डिपग हंड, चतुर्थ संस्करण नागपुर, भारत प्रकाशन, 1947
गोलवलकर, एम.एस.	हवाई हिंदू राष्ट्र बंगलौर, केसरी प्रेस, 1962, गांडीव, वाराणसी, दैनिक
गांधीजी और गोरक्षा	सूचना प्रसारण मंत्रालय, भारत सरकार
चुनाव आयोग, भारत	प्रथम चुनाव का प्रतिवेदन, 1951-52, भाग-2, नई दिल्ली
चुनाव आयोग, भारत	भारत में चतुर्थ आम चुनाव प्रतिवेदन, 1967, भाग-2, नई दिल्ली, 1967
चुनाव आयोग, भारत	भारत में तृतीय आम चुनाव प्रतिवेदन, 1962, भाग-2, नई दिल्ली, 1962
चुनाव आयोग, भारत	भारत में द्वितीय आम चुनाव प्रतिवेदन, 1957, भाग-2, नई दिल्ली, 1958
जनता, बॉम्बे वीकली	जनदीप, सं. रामाचार्य पांडेय, प्र. हरिश्चंद्र श्रीवास्तव, डॉ. रघुवीर नगर, लखनऊ
जनवार्ता	वाराणसी, दैनिक
जनसंघ	ए. ब्रीफ हिस्टरी, बी. ग्रेग, साउथ एशियन पॉलिटिक्स ऐंड रिलिजन डी.ई. स्मिथ द्वारा संपादित, पृ. 74, 101, प्रिंस्टन यूनिवर्सिटी प्रेस, 1966

जनसंघ गतिविधि, सं.	जगदीश प्रसाद माथुर, प्र. भारतीय जनसंघ, नई दिल्ली
जयदेश	वाराणसी-दैनिक
जस्टिस ऑन ट्रायल	कमल प्रिंटर्स, बंगलौर, 1958
जैंन कमेटी रिपोर्ट	(सांप्रदायिकता विरोध समिति) नई दिल्ली, ति.र.
टाइम्स ऑफ इंडिया डायरेक्टरी 1977, प्र.	दि टाइम्स ऑफ इंडिया प्रेस, बॉम्बे
इयर बुक इन्क्लूडिंग हूज हू, टी.के. टाइम्स, सं.	टी.के. भार्गव, इलाहाबाद, साप्ताहिक
ट्रांसफर ऑफ पावर इन इंडिया	वी.पी. मेनन, प्रिंस्टन यूनिवर्सिटी प्रेस, 1957
ट्रांसफर ऑफ पावर इन इंडियन	अल्टवेव, पी.जी. एशियन सर्वे—छह-8 (अगस्त, स्टूडेंट्स मूवमेंट 1966)
तिब्बत	डॉ. रघुवीर, दिल्ली, 1960
दल-बदल और राज्यों की राजनीति	डॉ. सुभाष कश्यप, प्र. मीनाक्षी प्रकाशन, मेरठ
दिनमान	टाइम्स ऑफ इंडिया प्रकाशन, नई दिल्ली, साप्ताहिक
दीनदयाल उपाध्याय का हत्यारा कौन	प्रकाशक भारतीय जनसंघ प्रकाशन, नई दिल्ली, 1969
पं. दीनदयाल उपाध्याय की निर्मम हत्या क्यों और कैसे	प्रकाशक माधुरी पुस्तक भंडार, हास्पिटल रोड, मुजफ्फरपुर
दीनदयाल उपाध्याय व्यक्तित्व और दर्शन, सं.	कमल किशोर गोयनका, प्रकाशक दीनदयाल शोध संस्थान, रानी झाँसी मार्ग, नई दिल्ली- 55
दीनदयाल उपाध्याय दीनदयाल—उपाध्याय हत्याकांड	प्र.भारतीय जनसंघ, विट्ठलभाई पटेल भवन, रफी मार्ग, नई दिल्ली
धर्मयुग, सं. धर्मवीर भारती	प्र. बहादुरशाह जफर मार्ग, नई दिल्ली
नव भारत टाइम्स, नेपाल इन 1965	न्यू दहेलवी, दैनिक

एशियन सर्वे नेशनल पॉलिटिक्स ऐंड दि 1957 इलेक्शंस इन इंडिया	एस.एल. पोपले, मेट्रोपोलिटन, 1957
नेहरू ऑफ कम्यूनलिज्म	नंदलाल गुप्त द्वारा संपादित, नई दिल्ली, सांप्रदायिकता विरोधी कमेटी, नई दिल्ली, 1965
न्यू एज	न्यू देलही, वीकली
न्यूयॉर्क टाइम्स	न्यूयॉर्क डेली
परिपूर्ण मानव	मा.स. गोलवलकर, प्रकाशक राष्ट्रधर्म पुस्तक प्रकाशन, लखनऊ
पाञ्चजन्य	सं. यादवराज, प्र. राष्ट्रधर्म प्रकाशन, गौतमबुद्ध मार्ग, लखनऊ, साप्ताहिक
पाकिस्तान टाइम्स	लाहौर, डेली
पार्टी पॉलिटिक्स इन इंडिया	एम. वेनर, प्रिंस्टन यूनिवर्सिटी प्रेस–1957
प्राचीन राजवंश और गौतम बुद्ध धर्म	ले. डॉ. अच्युतानंद घिल्डियाल, प्र. विवेक घिल्डियाल बंधु, श्रीनगर, गढ़वाल, वाराणसी
प्रिंसपल्स फॉर ए न्यू पॉलिटिकल पार्टी	के.आर. मलकानी, दिल्ली विजय पुस्तक भंडार, 1951
पॉलिटिक टेंड्स इन इंडिया	प्रो. बलराज मधोक, दिल्ली, एस. चंद, 1959
प्रगम मेमोरी	फिरोज खाँ नून, लाहोर, 1966।।
फिलॉसफी ऐंड ऐक्शन ऑफ दि आर.एस.एस. पगर हिंद स्वराज, द्वारा	एलिजिमिटन, लक्ष्मी पब्लिकेशंस, बॉम्बे, 1951
फ्यूचर ऑफ इंडिया	कमलैंड, आर., ऑक्सफोर्ड यूनिवर्सिटी प्रेस, 1944।
बँगलादेश मार्न्यता—आत्मघाती बिलंब	प्रकाशक—भारतीय जनसंघ, केंद्रीय कार्यालय, विट्ठलभाई पटेल भवन, रफी मार्ग, नई दिल्ली
बेंच ऑफ थाट एम.एस. गोलवलकर	प्र. विक्रमा प्रकाशन, चमराजपेत, बंगलौर–18

बिहार आंदोलन (वार्षिकी) 21 जून, 1975	सं. राय बहादुर राय, प्र. अखिल भारतीय विद्यार्थी परिषद्, बिहार।
ब्लिट्ज बैंकों का राष्ट्रीयकरण या सरकारीकरण	दत्तोपंत ठेंगड़ी, महामंत्री, भारतीय मजदूर संघ, प्र. भारतीय जनसंघ, नई दिल्ली
भारत जनगणना	पेपर सं.—1, 1963, नई दिल्ली।
भारत-संदर्भ-ग्रंथ	प्रकाशन विभाग, नई दिल्ली, 1966
भारतीयकरण एक अध्ययन	सं. अशोक कौशिक, प्र. ज्ञात
भारतीयकरण	प्रो. बलराज मधोक, भारतीय जनसंघ, नई दिल्ली
भारतीय जनसंघ	एक अध्ययन—ले. चौधरी श्रीनारायण सिंह, प्र. हरिहर प्रकाशन रामनगर, वाराणसी
भारतीय जनसंघ	अध्यक्षीय भाषण द्वारा प्रो. बलराज मधोक, दिल्ली, 1966
भारतीय जनसंघ	1962 चुनाव घोषणा-पत्र, दिल्ली, 1962
भारतीय जनसंघ	अध्यक्षीय भाषण 1952 से 1975 तक, प्र. भारतीय जनसंघ, नई दिल्ली
भारतीय जनसंघ	इंटीग्रेट कमिश्नर, दिल्ली, लेखक, 1962
भारतीय जनसंघ—दि ग्रेट बिट्रायल	दिल्ली, जुलाई 1, 1965
भारतीय जनसंघ	जनदीप स्मारिका, राजेश प्रेस, नई दिल्ली, 1966
भारतीय जनसंघ	तेरहवाँ वार्षिक अधिवेशन का प्राप्ति प्रस्ताव तथा अखिल भारतीय कार्य-परिषद्, जालंधर, अपैल 30, मई 1 तथा 2, 1966
भारतीय जनसंघ	प्रिंसिपुल्स ऐंड पॉलिसी, अर्जुन प्रेस, दिल्ली, 1962
भारतीय जनसंघ संविधान एवं नियम	प्र. भारतीय जनसंघ, अजमेरी द्वार, अर्जुन प्रेस, दिल्ली

भारतीय जनसंघ	स्मारिका, नई दिल्ली, गुटनबर्ग प्रिंटिंग वर्क्स, 1966
भारतीय नवजागरण प्रणेता तथा आंदोलन	गौरीशंकर भट्ट, प्र. साहित्य सदन, देहरादून
भारतीय राजनीति एवं शासन, दीनानाथ वर्मा,	प्र. भारतीय भवन, पटना
भारतीय शासन एवं राजनीति,	ले. डब्ल्यू.एस.
मोरिस जोंस,	प्र. सुरजीत पब्लिकेशन, 7–के, कोल्हापुर रोड, कमलानगर
भारतीय संस्कृति एवं कला	वाचस्पति गेरोला, प्र. ब्रह्मदत्त दीक्षत, निदेशक, उ.प्र. हिंदी ग्रंथ अकादमी, लखनऊ, प्रथम संस्करण, 1973
मर्डर ऑफ महात्मा गांधी	जगरीश चंद्र जैन, बॉम्बे चेतना, 1961
महासमाज न्यू स्टेंड	आशुतोष लहरी, नई दिल्ली, हिंदू महासभा भवन, 1949
मिलिटेंट हिंदूइज्म इन इंडियन पॉलिटिक्स	ए स्टडी ऑफ आर.एस.एस. द्वारा—करन जे., न्यूयॉर्क इंस्टीट्यूट ऑफ पेसिफिक रिलेशंस, 1951
मुसलिम लीग यस्टर्डे ऐंड टुडे	ए.वी. राजपूत, लाहौर, असरफ, 1948
मैन ऐंड हिज मिशन	श्रीगुरुजी, दिल्ली, भारत प्रकाशन, 1957
यूनाइटेड स्टेट्स, इंडिया ऐंड पाकिस्तान	कैंब्रिज हार्वर्ड यूनिवर्सिटी प्रेस, 1963
योजना बदलो	(चतुर्थ पंचवर्षीय योजना पर विचार) प्र. भारतीय जनसंघ, अजमेरी द्वार, दिल्ली
रविवार	आनंद बाजार पत्रिका प्रकाशन, कलकत्ता, सं. एम.जे. अकबर
राजा राममोहन राय	दीपेंद्र नाथ सरकार, प्र. कदम कुआँ, पटना–3

राष्ट्रधर्म, सं. बचनेश त्रिपाठी, प्र.	संस्कृति भवन, डॉ. रघुबीर नगर, लखनऊ-4
राष्ट्रसेवा के व्रती हम (भाषण गुरुजी)	प्र. भानु प्रताप शुक्ल, भारतीय संस्कृति पुनरुत्थान समिति, उत्तर प्रदेश
राष्ट्रीय स्वयंसेवक संघ और राजनीति रिपोर्ट ऑफ द क्रिश्चियन मिशनरी एक्टीविटीज	इन्क्वायरी कमीशन, मध्य प्रदेश सरकार, नागपुर, 1956
रिपोर्ट ऑफ द क्रिश्चियन मिशनरी एक्टीविटीज	इन्क्वायरी कमीशन, संक्षिप्त संस्करण, दिल्ली, ऑल इंडिया आर्य धर्म सेवा संघ, 1956
रिपोर्ट ऑन दि इलेक्शंस इन द पंजाब	1951-22-बोधराज शर्मा, जालंधर, खन्ना बुक डिपो, 1952
रिपोर्ट्स ऑन द इंडियन जनरल इलेक्शंस 1951-52	कोगेकर ऐंड पार्क, बॉम्बे पापुलर बुक डिपो, 1956
रिव्यू ऑफ द हिस्टरी ऐंड वर्क ऑफ द हिंदू महासभा ऐंड द हिंदू संगठन मूवमेंट	इंद्रप्रकाश, दिल्ली, अखिल भारतीय हिंदू महासभा, 1952
रिलीजन ऐंड पॉलिटिक्स इन यू.पी. कॉन्स्टीट्वएंसी	साउथ एशियन पॉलिटिक्स ऐंड रिलिजन, डी.ई. स्मिथ द्वारा संपादित, पृष्ठ-51, 73, प्रिंस्टन यूनिवर्सिटी प्रेस, 1966
लिंक	न्यू दिल्ली, वीकली
लोकतंत्र स्वरूप एवं समस्याएँ	ले. रघुकुल तिलक, प्र. हिंदी ग्रंथ अकादमी, उत्तर प्रदेश
वर्ल्ड ऐंड दि वेस्ट	ए. टायनबी, ऑक्सफोर्ड यूनिवर्सिटी प्रेस, न्यूयॉर्क, 1953
वार्षिक प्रतिवेदन संख्या	20, कार्य समिति का प्रस्ताव, प्र. भारतीय जनसंघ, नई दिल्ली
विजय ही विजय है (गुरुजी का अंतिम भाषण)	प्र. पु.मो. सोनटक्के, नागपुर-2
विश्व हिंदू परिषद्	श्री श्यामसुंदर, प्र.—16/10, आर्य समाज मार्ग, करोल बाग, नई दिल्ली

विश्वासघात	प्र. भारतीय जनसंघ अजमेरी द्वार, दिल्ली-6
श्यामाप्रसाद मुकर्जी	बलराज मधोक, नई दिल्ली, दीपक प्रकाशन, 1954
श्यामाप्रसाद मुकर्जी	शत्रुघ्न लाल शुक्ल, प्र. मधुकर पॉकेट बुक्स, मथुरा
श्यामाप्रसाद मुकर्जी	हिज डेथ इन डिटेंशन, ए केस पगर इन्क्वायरी, द्वारा उमा प्रसाद मुखर्जी, कलकत्ता, ए. मुखर्जी, 1953
सन्मार्ग	वाराणसी, दैनिक
संस्कृति के चार अध्याय	रामधारी सिंह दिनकर, प्र. एस. चंद ऐंड कंपनी, उद्यांचल, पटना
साप्ताहिक हिंदुस्तान	सं. श्याम जोशी, प्र. हिंदुस्तान टाइम्स प्रकाशन, नई दिल्ली
सोर्सेज ऑफ इंडियन टेडिशन	डे वरी तथा अन्य, न्यूयॉर्क-कोलंबिया यूनिवर्सिटी प्रेस, 1958
सोसल रिनेसा इन इंडिया	के.सी. व्यास, प्र. वोरा ऐंड कं., बॉम्बे
स्टेट्समैन	न्यू देहली, दैनिक।
स्वामी दयानंद सरस्वती	'सत्यार्थ प्रकाश' एकादश समुल्लास, प्र. वैदिक प्रेस, अजमेर
स्वामी विवेकानंद ऐंड अमेरिका	प्र. यूनाइटेड स्टेट्स इन्पगमेंशन सर्विस
हत्यारा कौन—रामाचार्य पांडेय	प्र. कमला प्रसाद केशरी, केशरी प्रकाशन, सी.के. 62/60 काशीपुरा, वाराणसी-1, 1971
हिंदुत्व	रामदास गौड़ प्र. शिव प्रसाद गुप्त सेवा उपवन, नगवाँ, वाराणसी
हिंदुत्व	वी.डी. सावरकर, पूना, वी.जी. केलकर, 1942
हिंदुस्तान टाइम्स	न्यू देलही, डेली
हिंदू आउटलुक	देलही मंथली

हिंदू कम्युनल ग्रुप्स इन इंडियन पॉलिटिक्स	आर.एल. लेम्बर्ट (लीडरशिप ऐंड पॉलिटिकल इंस्टिट्यूशन इन इंडिया) द्वारा रिचर्ड ऐंड टिंकर, प्रिंस्टन यूनिवर्सिटी प्रेस, 1959
हिंदू	मद्रास, डेली
हिंदू वीकली रिव्यू	मद्रास, वीकली
हिंदू विश्व, संपादक	नारायण राव तर्टे, प्र. अज्ञात
हिंदू संगठन का विश्वव्यापी लक्ष्य (भाषण)	गुरुजी, प्र. राष्ट्रीय स्वयंसेवक संघ, केशव कुंज, झंडेवाला, देशबंधु गुप्ता मार्ग, नई दिल्ली-55
हिस्टरी ऑफ इंडियन नेशनल कांग्रेस	वी. पट्टाभि सीता रमैया, बॉम्बे—पद्मा पब्लिकेशन, 1946
हिस्टरी ऑफ दि प्रजा सोशलिस्ट पार्टी	हरी किशोर सिंह, लखनऊ, नरेंद्र प्रकाशन, 1959
हिस्टरी ऑफ दि फ्रीडम मूवमेंट इन इंडिया	आर.सी. मजूमदार, कलकत्ता, एफ. मुखोपाध्याय, 1962-63
हूज हू इन द काउंसिल ऑफ द स्टेट्स, 1952	काउंसिल ऑफ स्टेट्स, सेक्रेटेरिएट, नई दिल्ली, 1952
हूज हू इन राज्यसभा 1958	राज्य सभा सेक्रेटेरिएट, नई दिल्ली, 1958
हूज हू इन लोकसभा 1962	लोकसभा सेक्रेटेरिएट, नई दिल्ली, 1962
हिंदू राष्ट्र	प्र. किशोरी प्रेस, बंगलौर
अखंड भारत क्यों	भारतीय जनसंघ, उत्तर प्रदेश
अगला मोर्चा	पं. दीनदयाल उपाध्याय, प्रकाशक भारतीय जनसंघ, उत्तर प्रदेश
ऑर्गनाइजर	दिल्ली, साप्ताहिक, वीकली
आज	दैनिक, वाराणसी
आटोबायोग्राफिकल राइटिंग्स	दिल्ली यूनिवर्सिटी प्रकाशन, 1965
आटोबायोग्राफी	पं. जवाहरलाल नेहरू, एलाइड पब्लिशर्स, बॉम्बे, सन् 1962

आर.एस.एस.	इन पंजाब, लाहोर गवर्नमेंट प्रिंटिंग प्रेस, 1948
आर्य समाज	लाला लाजपतराय, लाहौर, उत्तमचंद कपूर ऐंड संस, 1932
इंडिया ऐंड पाकिस्तान	एच. टिंकर, लंदन, 1962
इंडिया ऐज ए सेक्युलर स्टेट	डीव. ई. स्मिथ, प्रिंस्टन यूनिवर्सिटी प्रेस, 1963
इंडियाज स्वतंत्र पार्टी	पेसिफिक अफेयर्स, 26 : चार, 1963-64
इंडिया फॉर द हिंदूज	
सेज द जनसंघ	लुकाज, जे.ए., न्यूयॉर्क टाइम्स मैगजीन, 14 अगस्त, 1966
इंडिया विंस फ्रीडम	आजाद मौ. अब्दुल कलाम, कलकत्ता, ओरिएंट लांगमेंस, 1959
इंडियन एक्सप्रेस	न्यू देलही, दैनिक
इंडियन नेशनलिज्म ऐंड हिंदू सोशल रिफॉर्म्स	हिमसथ चार्ल्स एच., प्रिंस्टन यूनिवर्सिटी प्रेस, 1964
इंडियन पार्लियामेंट	ए.बी. लाल, इलाहाबाद, चैतन्य, 1956।
इंडोमाइटेकुल सरदार	के.एल. पंजाबी, भारतीय विद्या भवन, बॉम्बे 1962
इनसाइड कांग्रेस	श्रद्धानंद स्वामी, बॉम्बे, फीनिक्स, 1946
द इंटिग्रेशन ऑफ द इंडियन स्टेट्स	ओरिएंट लांगमेंस, बॉम्बे, 1961
ईस्टर्न इकोनॉमिस्ट	कलकत्ता, साप्ताहिक
इसलाम इन मॉडर्न हिस्टरी	डब्लू.सी. स्मिथ, न्यूयॉर्क, न्यू अमेरिकन लाइब्रेरी, 1957
उत्तर मुंबई में चुनाव 1962	एन.डी. पामर, पेसिफिक अफेयर्स, 36 दो, 1963
1962 एलक्शंस : पॉलिटिकल एनालिसिस	सुरिंदर सूरी, नई दिल्ली, सुधा पब्लिकेशंस, 1962
1962, जनरल इलेक्शंस इन इंडिया	एस.एल. पोपले, बॉम्बे, एलाइड पब्लिशर्स, 1962

उमाकांत केशव आम्टे	स. गणेश बहुगुणा, प्रकाशक राष्ट्रोत्थान प्रकाशन, नई दिल्ली
ऋग्देव सूक्त विकास	प्रा. ह.रा. दिवेकर, प्रकाशक मोतीलाल बनारसीदास
एकात्म मानववाद	दीनदयाल उपाध्याय, प्रकाशक राष्ट्रधर्म प्रकाशन, लखनऊ
आइडियोलाजी ऑफ मौलाना मोदूदी	एडम्स चार्ल्स जे., डी.ई. स्मिथ द्वारा संपादित साउथ एशियन पॉलिटिक्स ऐंड रिलीजन, पृ. 371-397, प्रिंस्टन यूनिवर्सिटी प्रेस, 1966
कच्छ प्रकरणी	
घोर विश्वासघात	प्र. गजानन नामजोशी, भारतीय जनसंघ कार्यालय, दादर, बंबई
कंजरवेटिव पॉलिटिक्स इन	
इंडिया-एशियन सर्वे-छह-6	अर्डमेन, जून 1966
कम्युनिज्म इन इंडिया	आनर स्ट्रीट ऐंड विंड माइलर, कैलीफोर्निया यूनिवर्सिटी प्रेस, 1959
कश्मीर अफेयर्स	नई दिल्ली, मासिक
कश्मीर : द सेंटर ऑफ	
न्यू एलाएनमेंट	प्रो. बलराज मधोक, नई दिल्ली, दीपक प्रकाशन, 1963
कश्मीर सागा	सरदार एम. इब्राहिम खाँ, लाहौर, रिशन प्रिंटिंग प्रेस, 1965
कृष्ण मेनन	जॉर्ज टी.जे.एस., लंदन, जोनाययन केप, 1964
केरला मिडटर्म इलेक्शंस ऑफ 1960	बॉम्बे, पापुलर बुक डिपो, 1963

□□□